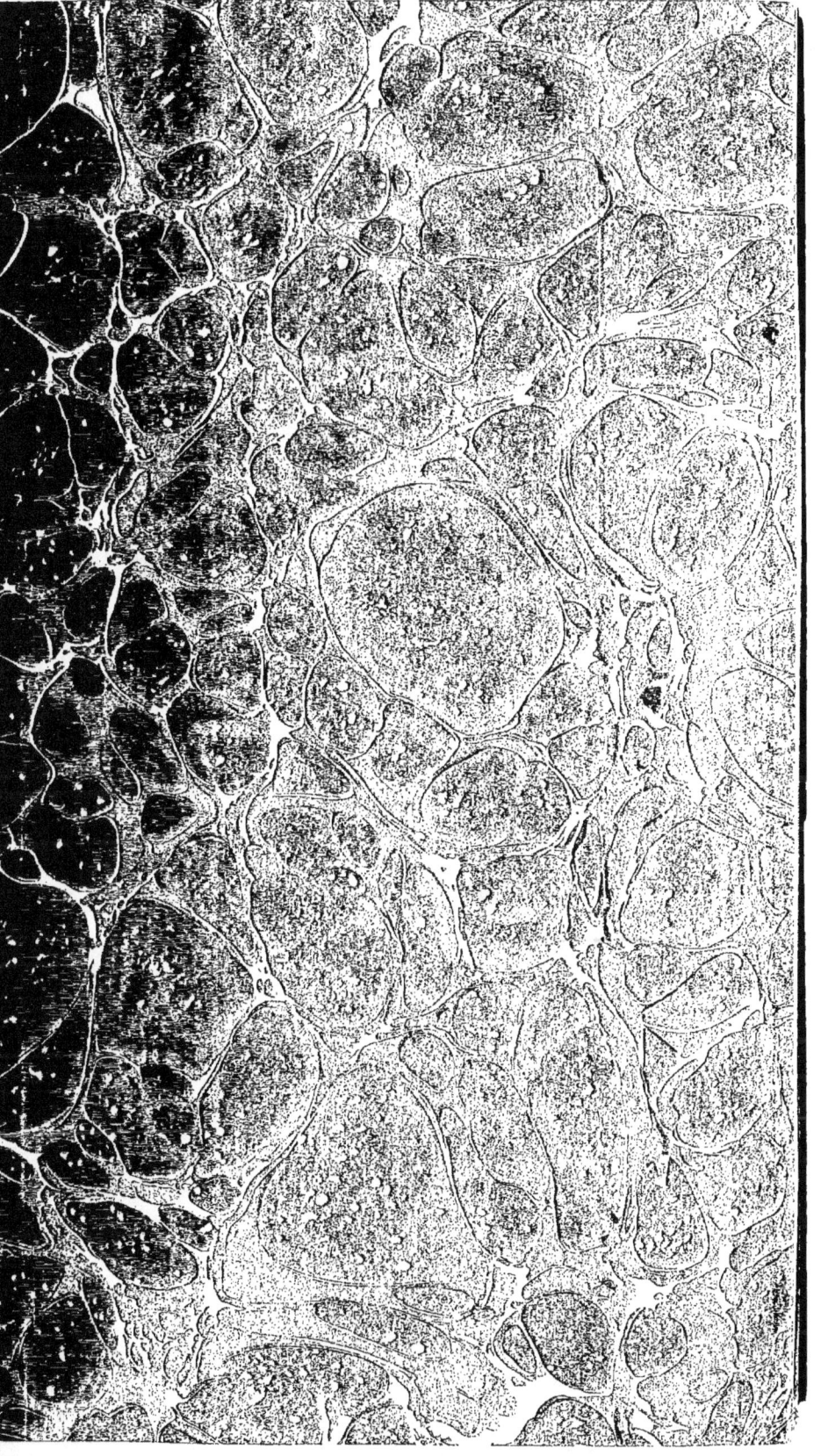

ROBERT 1988

DICTIONNAIRE
DE
MUSIQUE MODERNE.

I.

DICTIONNAIRE
DE
MUSIQUE MODERNE

ADRIEN ÉGRON,
IMPRIMEUR DE MONSEIGNEUR LE DAUPHIN,
rue des Noyers, n° 37.

DICTIONNAIRE
DE
MUSIQUE MODERNE,

Par M. Castil-Blaze,

.... Vestigia græca
Ausi deserere.
HORACE, *Art Poétique.*

Deuxième Édition.

Tome Premier.

PARIS,
AU MAGASIN DE MUSIQUE DE LA LYRE MODERNE,
RUE ET PASSAGE VIVIENNE, N° 6.

M. DCCC. XXV.

PRÉFACE.

C'est à Jean Tinctor, maître de chapelle du roi de Naples, Ferdinand Ier, que nous devons le premier *Dictionnaire de Musique* qui ait été fait. Il le publia, vers 1460, sous le titre de *Definitorium terminorum Musicæ*. Sébastien de Brossard, grand-chapelain et maître de musique de la cathédrale de Meaux, en fit paraître un second en 1703. J.-J. Rousseau qui, en 1750, avait fourni un grand nombre d'articles sur la musique à la première Encyclopédie, les reprit pour les réunir à d'autres qu'il venait de composer sur le même sujet, et forma ainsi son Dictionnaire, qui fut imprimé en 1764. Nous ne parlerons pas de cette première Encyclopédie, ses articles ayant été refondus dans la nouvelle, qui renferme un *Dictionnaire de Musique* en deux volumes.

Voilà donc quatre *Dictionnaires de Musique*. Il semble d'abord que notre littérature musicale pourrait se passer de la publication d'un cinquième. Restait-il encore quelque chose à dire après Tinctor, Brossard, Rousseau et l'Encyclopédie surtout, dont le *Dictionnaire de Musique* a occupé plus de vingt rédacteurs? Le

PREFACE.

succès que celui-ci vient d'obtenir semble répondre suffisamment à cette question. Examinons cependant ces différens ouvrages, et nous n'aurons pas besoin de prouver que celui que nous livrons à l'impression était d'une nécessité absolue.

Plusieurs parties de l'art musical n'avaient pas encore reçu tous leurs développemens aux époques où Tinctor et Brossard ont écrit; il n'est pas étonnant que leurs Dictionnaires, quoique fort estimés, ne soient plus d'aucun usage maintenant. Si celui de Rousseau est venu jusqu'à nous, on ne doit l'attribuer qu'aux déclamations éloquentes qu'il contient. La partie didactique en est vicieuse presque sur tous les points, et ses développemens obscurs et estropiés; l'auteur prouve à chaque page qu'il ignorait lui-même ce qu'il prétend nous expliquer. Son ouvrage est incomplet, en ce qu'il ne contient pas la moitié des mots du Vocabulaire musical. Rédigés d'après les idées qu'il avait adoptées et qu'il croyait devoir défendre avec opiniâtreté à force de sophismes, la plupart de ses articles frappent à faux; d'autres sont insuffisans. L'art s'est prodigieusement agrandi depuis un demi-siècle, il faut donc que les préceptes reçoivent une plus grande extension.

Pour avoir trouvé quelques mélodies assez agréables, Rousseau s'est cru grand mélodiste,

PRÉFACE.

et le voilà déclamant contre l'harmonie qu'il n'avait point étudiée. Jaloux de tout ce qui l'entourait, il a cherché à exalter le lourd plain-chant des Grecs et leurs misérables unissons, pour avoir l'occasion de dénigrer la musique moderne, et surtout les musiciens dont la réputation l'offusquait. Si un ouvrage doit être exempt de passion, certes c'est bien un Dictionnaire. Il me paraît absurde que vous médisiez de l'harmonie parce que vous ne la connaissez pas et que votre rival y excelle. Rousseau ne haïssait point l'harmonie, et je pourrais citer bien des endroits où la force de la vérité l'a entraîné à lui rendre un hommage éclatant : c'est Rameau qu'il détestait en elle. Tout ce qui sort de la plume d'un grand homme porte le cachet du génie : le Dictionnaire de Rousseau, malgré tous ses défauts, ne passera pas moins à la postérité. Le littérateur qui écrit sur la musique doit le consulter et se livrer à l'enthousiasme que plusieurs pages sublimes et ravissantes lui inspireront. Mais il faut être déjà passé maître, ferme sur la doctrine, et armé jusqu'aux dents de toutes les subtilités de l'école, pour le lire avec fruit, rejeter de séduisantes erreurs, et ne s'attacher qu'aux pensées ingénieuses et justes que l'on y rencontre de temps en temps.

Pour donner une idée du *Dictionnaire de*

PREFACE.

Musique de l'Encyclopédie méthodique, je rapporterai ce que M. de Momigny en dit lui-même aux pages 184 et 189 du second volume, qu'il a rédigé en partie.

« Ce qu'il y a de fatigant, ce sont les com-
« bats que je suis obligé de livrer sans cesse aux
« doctrines contraires à la vérité que contient
« cet ouvrage, où les fausses idées de Rameau,
« les fausses idées de d'Alembert, de l'abbé
« Feytou et de bien d'autres sont recueillies,
« et où l'on trouve TOUT CE QUE L'ON PROFESSE
« DE PLUS FAUX, en dépit du jugement et de
« l'expérience.

« Je plains ceux qui ont eu la bonhomie de
« farcir leur esprit de pareilles sottises ; ils sont
« bien moins avancés que ceux qui n'ont jamais
« ouvert aucun livre de théorie. Comme le pa-
« pier blanc, sur lequel rien n'est écrit encore,
« est plus propre à recevoir la vérité que celui
« qui est déjà barbouillé des expressions de
« l'erreur, de même l'homme qui n'a nulle opi-
« nion encore est moins éloigné de se rendre à la
« vraie, que celui qui en a embrassé de fausses. »

Cela n'est-il pas bien satisfaisant pour les souscripteurs de l'Encyclopédie? Sur de pareils aveux consignés dans l'ouvrage même, ne doit-on pas s'empresser d'en faire l'acquisition?

Tout en estimant les excellentes choses contenues dans les Dictionnaires de J. J. Rousseau

PRÉFACE.

et de l'Encyclopédie, on doit convenir que ces ouvrages ne peuvent servir qu'aux maîtres, et qu'il serait dangereux de les confier à un élève sans expérience qui prendrait tout, bon et mauvais, et, comme il y a beaucoup plus de mauvais que de bon, les probabilités ne seraient pas en sa faveur.

Le Dictionnaire que nous publions est composé principalement pour les personnes peu exercées dans la musique. Il est le plus complet qui ait jamais paru. Notre doctrine est celle que l'on suit dans toute l'Europe musicale; la partie didactique en est puisée dans les ouvrages d'un mérite reconnu, et adoptés dans les écoles les plus illustres, tels que le *Cours d'Harmonie* de M. Catel, celui d'Albrechts-Berger, le *Traité d'Accompagnement* de Fénaroli, etc., les *Principes de Composition des Écoles d'Italie*, recueillis et publiés par M. Choron, les Méthodes du Conservatoire, le Traité de M. Perne, ceux de M. Fetis. Les Encyclopédies nous ont fourni la matière de plusieurs articles de goût. Parmi les termes grecs, nous n'avons admis que ceux en usage dans notre musique. Tout ce qui ne se rapporte qu'à celle des anciens ou à celle des peuples modernes qui sont encore dans la barbarie, tels que les Chinois, les Égyptiens, les Persans, les Turcs, les Nègres, a été rejeté comme inutile.

PREFACE.

Les auteurs des Dictionnaires publiés jusqu'à ce jour, n'ont point parlé des instrumens de musique, attendu, disent-ils, que cela concerne la lutherie. J'en conviens, si l'on veut se borner à considérer le piano, la harpe, le violon, le hautbois, le cor, etc., comme des machines, et si l'on n'a égard qu'à leur structure; mais leurs résultats sont trop importans dans la musique pour les passer sous silence. Ces auteurs auraient pu se servir d'une excuse semblable pour ce qui regarde les voix, et dire que cet objet concernait l'anatomie. Nous avons consacré un long article à chacun de ces instrumens; et, traitant brièvement la partie du facteur, nous avons donné toutes les notions nécessaires à leur diapason, à leurs propriétés, à leur caractère, et à la manière de les employer.

Il semble que l'auteur d'un Dictionnaire devrait se contenter de donner la signification de chaque mot, et former un recueil de définitions: nos articles contiennent cependant des explications assez étendues pour faire connaître à fond la partie à laquelle ils se rapportent. Mais nous n'avons pas prétendu faire un traité alphabétique, comme Rousseau et les encyclopédistes; ainsi, l'on ne trouvera pas, à l'article *Composition*, les principes nécessaires pour apprendre à composer, ni au mot *Accord* la manière d'enchaîner et de faire marcher les accords; ces deux articles, traités convenablement, fourniraient seuls la matière de dix volumes de la force de celui-ci. D'ailleurs, il est impossible d'apprendre les hautes sciences musicales dans un livre sans suite, où chaque article dépend de tous ceux qui ont des rapports directs avec son objet.

Nous l'avons déjà dit, ce livre est destiné aux gens du monde qui désirent connaître la signification des termes admis dans ce Vocabulaire musical. S'ils veulent pénétrer jusqu'à l'harmonie, à la composition et à la fugue, il existe beaucoup d'excellens traités qui leur en révèleront les mystères.

Il y a plusieurs points sur lesquels les auteurs didactiques ne sont pas parfaitement d'accord; et, dans les sources les plus pures, on rencontre de temps en temps quelques petites erreurs. Nous ne les avons pas toujours combattues. Il eût fallu, pour cela, remonter trop haut, établir un système, et le justifier par des raisonnemens et des preuves qui auraient outrepassé de beaucoup les bornes dans lesquelles nous avons voulu circonscrire cet ouvrage. Ces points douteux se réduisent à deux ou trois, leur solution n'est d'aucun intérêt pour les musiciens ordinaires, et les savans verront que nous avons toujours adopté l'opinion la plus généralement reçue dans l'Ecole.

PRÉFACE.

Les rédacteurs de l'Encyclopédie ont voulu conserver avec respect le texte de J.-J. Rousseau. Cet hommage, rendu au philosophe musicien, mériterait des éloges, si chacun de ses articles n'était accompagné, dans leur ouvrage, d'un examen plus ou moins sévère, dans lequel on ne craint pas de dire que Rousseau est mauvais théoricien, qu'il n'entend rien à la géométrie, qu'il se contredit à chaque instant, que ses raisonnemens n'ont pas le sens commun, qu'il ignore même les premiers principes de son art, etc., etc., ce qui n'est pas très-respectueux. Un Dictionnaire ne doit renfermer que la doctrine la plus pure et la plus généralement suivie; tout système rejeté par l'École doit en être banni. A quoi bon donner un article de Rousseau, si vous ne le reproduisez que pour avoir ensuite la facile satisfaction de le mettre en pièces, et de le présenter comme un insignifiant radotage?

Pour épargner à nos lecteurs des commentaires inutiles, nous nous sommes bornés à prendre, dans son Dictionnaire, les fragmens que la doctrine de l'École permet de laisser subsister. Cela le réduit à quelques articles purement métaphysiques dans lesquels l'auteur a parlé en poète éloquent et sensible, et à ceux qui concernent les signes de la musique ou le plain-chant, dont la constitution n'a

PREFACE.

éprouvé aucun changement depuis plusieurs siècles.

Ces fragmens ne pouvaient cependant pas cadrer avec notre Dictionnaire; il fallait renoncer à cette précieuse dépouille ou se décider à retoucher leur texte, que dis-je, à lui donner quelquefois un sens tout-à-fait opposé (1). Rousseau cite les virtuoses connus de son temps, tels que Pergolèse, Durante, Lulli, Rameau, Mondonville, Rebel, Chassé, Géliotte; mesdemoiselles Lemaure, Fel. Il cite aussi des sonates, des symphonies, des motets, des opéras inconnus aujourd'hui. Au lieu de chercher à les tirer de l'oubli dans lequel ils sont tombés, nous avons cru faire mieux en puisant nos exemples dans les partitions de *Don Juan*, de *la Flûte enchantée*, des *Noces de Figaro*, du *Mariage Secret*, d'*Orphée*, de *Didon*, d'*Œdipe à Colone*, des *Danaïdes*, de *Sémiramis*, de *la Vestale*, des *Bardes*, des *Deux Journées*, de *Joseph*, de *Montano*, de *Richard*, de *Monténéro*, de *Joconde*, de *ma Tante Aurore*, d'*Otello*, de *Robin des Bois*, des *Folies Amoureuses*, etc., etc., et dans les belles compositions religieuses et instrumentales de l'École moderne. Sans vouloir porter atteinte à des noms justement célèbres, nous avons d'autres

---

(1) *Voyez* les mots Diminué, Volume.

noms à leur substituer. Lorsqu'il s'agira d'un compositeur, d'un chanteur ou d'un instrumentiste, les noms des Mozart, des Cimarosa, des Méhul, des Garat, des Fodor, des Viotti, des Duport, etc., frapperont plus vivement l'imagination du lecteur, en lui rappelant des chefs-d'œuvre et des effets qu'il a admirés et dont il a pu juger lui-même.

Je ne pense pas que personne regrette les sarcasmes dirigés par Rousseau contre la musique française de son temps, ils sont maintenant sans objet. Cette musique n'existe plus depuis que Gluck a régénéré notre grand théâtre lyrique, et que la même réforme a été portée à l'Opéra-Comique.

Les articles de Rousseau n'étant pas reproduits avec fidélité, je n'ai pas cru devoir les présenter sous son nom. Il eût été absurde de faire citer Mozart, Haydn, Méhul, etc., par l'écrivain qui n'en a jamais entendu parler. Ces articles, imprimés cent fois, lus et relus, insérés dans vingt ouvrages, sont trop généralement connus pour que l'on me soupçonne de vouloir m'en faire honneur. En les signant du nom de Rousseau, je me serais montré son correcteur ; j'aime mieux que l'on m'accuse d'être son plagiaire. On a pardonné aux encyclopédistes qui l'ont pillé pour le dénigrer. Moi qui ne veux montrer le grand homme que du beau côté, ne puis-je pas prétendre à la même indulgence?

Un Dictionnaire n'est pas un œuvre du génie. On reprochera au poëte d'avoir volé une tirade, un quatrain, un trait ingénieux à ses prédécesseurs; mais voudrait-on réclamer une définition, l'exposition d'un précepte, la description d'un tuyau ou d'un instrument de musique? Celui qui a fait mille articles, en eût fait onze cents avec d'autant plus de facilité, qu'il lui était permis d'avoir recours aux fragmens qu'il a reproduits, et de calquer ses articles sur ces œuvres déjà publiées. S'il a pris çà et là une page, un alinéa, une phrase, une pensée, c'est pour donner plus de lustre et surtout plus de garantie à son ouvrage, en s'appuyant de l'autorité des écrivains qui l'ont devancé dans la même carrière. S'il ne les a pas cités dans le cours de l'ouvrage en marquant par des guillemets les fragmens empruntés à tel ou tel auteur, c'est que la plupart de ces fragmens ont été pris sans suite dans des traités dont les développemens et les formes ne convenaient point à un Dictionnaire, et présentés par conséquent avec aussi peu de fidélité que ceux de Rousseau.

Quelques mots italiens, tels que *quintetto*, *contralto*, *stretta*, etc., ont été francisés dans ce Dictionnaire. En voici la raison. Les per-

PRÉFACE.

sonnes qui habitent le centre et le nord de la France prononcent ordinairement très-mal l'italien. Sans observer que la dernière syllabe de ces mots est muette, et que l'on doit faire résonner principalement la pénultième longue, elles forment un anapeste du mot *quintetto*, en lui donnant la prononciation de *chapiteau, baliveau, larigot*. Quelques-unes, plus barbares, se servent, au singulier, du pluriel *quintetti*; *un quintetti, un beau quintetti*, ce qui est aussi ridicule que si l'on disait *un chevaux, un bel animaux*. En francisant le mot, nous fixons invariablement son orthographe, sa prononciation et la manière de le décliner. La différence qui existe entre le son de l'*o* muet des Italiens et notre *e* muet étant presque insensible, le mot *quintette*, dans la bouche d'un Parisien, sera plus réellement italien que celui de *quintetto*, défiguré par une prononciation vicieuse.

Si nous n'avons pas cité tous les ouvrages qui nous ont servi pour composer ce Dictionnaire, c'est que les passages empruntés n'étaient ni assez importans, ni assez exacts pour les signaler et les faire suivre du nom de leur auteur. Cela eût embarrassé nos articles d'une foule de citations parfaitement inutiles.

DICTIONNAIRE

DICTIONNAIRE
DE
MUSIQUE MODERNE.

A.

A. Cette lettre désigne la sixième note de notre gamme; on lui donne le nom de *la*.

Les anciens se servaient des lettres de l'alphabet pour désigner les tons de leur échelle et les cordes de leurs instrumens. La lettre *A*, appliquée au ton de *la*, prouve que ce ton était le premier dans la composition de leur échelle. Il est devenu le sixième de notre gamme par une suite des changemens que Guido d'Arezzo, au onzième siècle, et d'autres savans après lui y ont introduits pour la perfectionner.

Les sept lettres *a*, *b*, *c*, *d*, *e*, *f*, *g* signifiaient donc la même chose que *la*, *si*, *ut*, *ré*, *mi*, *fa*, *sol*.

Dans l'ancienne gamme française, la lettre *A* était nommée *mi*, quinte de *la*, quand on chantait au naturel; et *la*, quinte de *ré*, quand on chantait par bémol. *A* n'était donc dans cette gamme que tantôt *mi* et tantôt *la*; c'est pourquoi les Français l'appelaient *A mi la*. Les mêmes dénominations s'appliquaient à toutes les lettres représentant les notes de la gamme, et l'on disait par conséquent aussi *B fa si*, *C sol ut*, *D la ré*, *E si mi*, *F ut fa*, *G ré sol*.

Les Italiens, solfiant selon les trois propriétés, nommaient la lettre *A*, *A mi ré la*, ou *A la mi ré*; ce qui leur retraçait à la fois les trois noms que cette lettre avait dans les trois propriétés, savoir *mi* dans la propriété de bémol, *ré* dans la propriété de bécarre, et *la* dans la propriété naturelle. Les mêmes dénominations s'appliquaient à toutes les lettres représentant les notes de la gamme, et ils disaient par conséquent aussi *B fa mi si*, *C sol fa ut*, *D la sol ré*, *E si la mi*, *F ut si fa*, *G ré ut sol*.

Ces dénominations multiples ont été réformées depuis que l'on solfie tout au naturel et sans nuances. Il est bon cependant de connaître leur origine et leur usage, que la constitution primitive du système et non la routine, comme plusieurs l'ont pensé, avait rendu nécessaire dans le premier âge de la musique.

Quelques vieux amateurs disent encore *une sonate en C sol ut*, *des cors en D la ré*, et vont même jusqu'à désigner par une dénomination complexe la note isolée qui ne fait partie d'aucun accord, par exemple : *Ce chanteur monte jusqu'au B fa si, jusqu'au D la ré*. On se borne maintenant à dire *une sonate en ut*, *des cors en ré*, etc. toute autre distinction étant devenue inutile.

Comme la désignation par de simples lettres est aussi brève que claire, on l'emploie pour faire connaître les tons dans lesquels certains instrumens doivent jouer, et l'on trouve assez ordinairement dans les partitions allemandes et italiennes, *corni in F, clarinetti in B, trombe in C*, au lieu de *cors en fa, clarinettes en si bémol, trompettes en ut*. On a soin de graver sur les différens corps de rechange des instrumens à embouchure les lettres qui correspondent à leurs tons. (*Voyez* MUANCES.)

A BATTUTA. (*Voyez* A TEMPO.)

A CAPELLA. Ce terme italien, qui n'est en usage que pour la musique d'église, signifie que les instrumens doivent marcher à l'unisson avec les voix.

A DEUX. Ce terme indique qu'un trait, noté sur une seule portée, doit être exécuté par deux instrumens, ou par plusieurs instrumens divisés en deux quantités égales. Par exemple, un passage destiné au premier violon, au second violon, ou à la viole, est-il écrit en octaves, en sixtes, en tierces, etc. ces mots *à deux* signifient que la moitié des premiers violons, des seconds violons, ou des violes, jouent les notes d'en haut, et l'autre moitié celles d'en bas. Les Italiens se servent du mot *divisi*, séparés, pour exprimer la même chose; on le rencontre dans les partitions de Rossini, toutes les fois que ce compositeur emploie trois ou quatre parties de violon.

A deux, écrit sur un trait d'instrumens à vent, signifie que les deux parties marchent à l'unisson. En donnant de doubles queues aux notes qui ont des queues, et en doublant les rondes, on indique la même chose. Si le passage est à deux parties distinctes, ces indications deviennent inutiles, attendu que les instrumens à vent ne peuvent pas faire entendre deux notes à la fois.

(*Voyez* Divisi, Double note, Double queue.)

À la première vue. (*Voy*. Livre ouvert.)

À l'ordinaire. (*Voyez* Ponticello.)

A piacere, terme italien qui signifie *selon votre plaisir*. Il indique que l'exécutant peut retarder ou presser la mesure du trait sous lequel on l'a placé. On se sert aussi quelquefois des mots *ad libitum* dans le même sens. (*Voyez* A tempo.)

À punta d'arco, avec l'extrémité de l'archet.

A tempo, *en mesure, mesuré*. Lorsqu'après un récitatif, un trait de chant dont l'expression a fait suspendre toute marche réglée et uniforme, on revient à la mesure, ces mots *a tempo* ou *mesuré* marquent le lieu et l'instant où le chanteur et l'orchestre doivent de nouveau se soumettre à ses lois.

A tempo est opposé à ces mots *ad libitum, a piacere*, qui laissent à la partie principale la liberté de mesurer à son gré les traits qui sont désignés pour être exécutés ainsi. *A battuta* signifie la même chose.

Abréviations, s. f. pl. Nous avons en musique un grand nombre d'*abréviations* ; on les figure avec des barres placées au-dessous d'une ronde, à la queue d'une blanche ou d'une noire, ou seules à chaque temps, ou au milieu de la mesure. Dans le premier cas la barre signifie que la note ronde, blanche ou noire doit être divisée en autant de croches que sa valeur en contient, et en doubles ou triples croches, si la barre est double ou triple. La barre seule après un groupe de notes signifie que l'on doit répéter ce même groupe autant de fois qu'il y a de barres. Les mots *arpège*, *bis*, *segue*, *simili*, *crome*, *biscrome* accompagnent quelquefois les *abréviations* et servent à expliquer ce qu'elles pourraient présenter de douteux.

L'*abréviation* diminue le travail du copiste. Placée avec intelligence dans les parties séparées et les partitions, elle fait connaître d'avance que le trait à redire est exactement le même que l'on vient d'exécuter, et qu'il ne faut par conséquent pas changer d'intonation ni de position. Dans les passages en trémolo, le violoniste saisit mieux le rhythme et le caractère de la mélodie, quand elle est écrite en grosses notes barrées, que si les trente-deux doubles ou les soixante-quatre triples croches qu'elles représentent clairement dans un très-petit espace, s'étendaient d'un bout à l'autre de la portée en étant écrites tout au long. On trouvera à la *fig.* 1 un trait de mélodie qui renferme les *abréviations* les plus usitées dans la notation musicale. Voici le tableau des *abréviations* de mots :

F. *Forte*.

FF. *Fortissimo.*
P. *Piano.*
PP. *Pianissimo.*
FP. *Forte piano.*
MF. *Mezzo forte.*
Rinf. ou RF. *Rinforzando.*
Fz. *Forzando.*
Cres. *Crescendo.*
Dim. *Diminuendo.*
Sf. *Sforzando.*
Cal. *Calando.*
Smorz. *Smorzando.*
Al S. *Al segno.*
Unis. *Unissoni.*
All°. *Allegro.*
W. *Violons.*
Ad l. *Ad libitum.*
Dol. *Dolce.*
Chal. *Chalumeau.*
8^a. *Ottava.*
Scherz. *Scherzando.*
C. B. *Col basso* et *Contre-basse.*
C. C. *Col canto.*
D. C. *Da capo.*
C°. 1°. *Canto primo.*
V. S. *Volti subito.*
Div. *Divisi.*
Clar. *Clarinette.*
Arp. *Arpège.*
B. C. *Basse continue.*

(*Voyez* Barres, Arpèges, Bis, Crome, Bis-crome, Segue, Simili, Chalumeau, Octave).

Académie de musique. C'est ainsi que l'on appelait autrefois une assemblée de musiciens qui se réunissaient pour exécuter des symphonies, des airs de chant, ou pour représenter des opéras. Baïf avait formé dans sa maison du faubourg Saint-Marceau une *académie de musique*, où Charles IX et Henri III assistaient avec leur cour.

Les lettres patentes accordées à Perrin, le 28 juin 1669, portent privilége pour l'établissement d'*académies* d'opéra en musique et en vers français dans tout le royaume. C'est de là que vient le titre d'*Académie royale* que l'Opéra de Paris a toujours conservé.

Nous appelons maintenant *concert* toute réunion de musiciens ou d'amateurs de musique. Les Italiens lui donnent encore le nom d'*académie*, *academia*.

Accent musical. C'est une énergie plus marquée, attachée à un trait, à une note particulière de la mesure, du rhythme, de la phrase musicale, soit 1° en articulant cette note plus fortement ou avec une force graduée; 2° en lui donnant une valeur de temps plus grande; 3° en la détachant des autres par une intonation distincte au grave ou à l'aigu. Ces différentes sortes d'*accent musical* appartiennent à la mélodie pure; on peut en tirer d'autres de l'harmonie, en réunissant plusieurs instrumens pour donner plus de force et d'éclat à certaines notes de la mesure et marquer ainsi les figures du rhythme.

Dans la musique, l'intonation de la voix ou de l'instrument étant déterminée, ce n'est pas là qu'il faut chercher l'*accent*, mais dans la manière de faire cette intonation. Ainsi chaque chanteur, chaque instrumentiste donnera un *accent* particulier à la même mélodie. L'*accent* appartient en entier à l'exécution; il éprouvera donc comme elle des variations, selon que l'exécutant aura plus ou moins de talent ou de sensibilité.

ACCIACATURA, s. f. Agrément d'exécution qui consiste à frapper rapidement et d'une manière successive toutes les notes d'un accord, pour leur donner une plus grande résonnance. L'*acciacatura* se pratique sur le piano, la harpe, la guitare. Elle se marque en écrivant en petites notes, et dans leur ordre successif, toutes les notes de l'accord et ensuite l'accord lui-même, que l'on tient pendant toute la durée qu'il doit avoir. On se borne cependant le plus souvent à couper l'accord par une ligne diagonale ou à le faire précéder par une espèce de zig-zag perpendiculaire. (*Fig.* 2.)

L'*acciacatura* consistait autrefois à frapper dans un accord une ou plusieurs notes qui ne lui appartenaient pas, mais qui se trouvaient entre les notes qui le formaient. L'*acciacatura* de cette espèce ne se pratiquait que sur les instrumens à touches; elle n'est plus en usage maintenant.

Acciacatura vient du verbe italien *acciacare*, *écraser*. C'est pour ainsi dire l'*écrasement* d'un accord que l'on fait entendre à parties brisées avant de réunir les différentes notes qui le composent.

ACCIDENTEL, adj. On appelle *accidentels* les dièses et les bémols qui, n'étant point placés à la clef, se rencontrent dans le courant d'un air et s'y maintiennent quelquefois d'un bout à l'autre. Dans le ton de *la* mineur, le *sol* est dièse accidentellement dans tous les accords qui portent la note sensible de ce ton.

ACCOLADE, s. f, en musique, est un trait tiré à la marge de haut en bas, par lequel on joint ensemble dans une partition les portées de toutes les différentes parties. Comme toutes ces parties doivent s'exécuter en même temps, on compte les lignes d'une partition non par le nombre des portées, mais par celui des *accolades*; car tout ce qui est sous une *accolade* ne forme qu'une seule ligne.

ACCOMPAGNATEUR, s. m. Celui qui, à l'église, au théâtre et dans un concert, accompagne de l'orgue, du piano ou de tout autre instrument d'accompagnement.

ACCOMPAGNEMENT, s. m. Nos prédécesseurs donnaient ce nom à une théorie fondée en partie sur diverses routines, à une nomenclature des accords que l'élève apprenait de mémoire pour les plaquer sur le clavier en lisant la basse chiffrée de l'auteur. *Accompagnement* dans ce sens signifie à peu près la même chose qu'*harmonie* : c'était la science des accords. On disait par conséquent *enseigner* l'accompagnement, *apprendre* l'accompagnement, comme on dit à présent *enseigner, apprendre* l'harmonie.

ACCOMPAGNEMENT DE LA MÉLODIE. Le trait de mélodie placé en première ligne dans une composition, reçoit plusieurs parties qui le suivent, le soutiennent, ajoutent à sa force expressive et font entendre simultanément l'harmonie qu'il sollicite et dont il a déterminé l'ordonnance et le dessin. La réunion de ces parties diversement ajustées s'appelle *accompagnement*.

La mélodie qui articule le discours musical et règle la marche des compositions par ses rhythmes divers, la mélodie, objet essentiel sur lequel l'attention est portée, semble devoir obtenir et conserver la place la plus apparente et se trouver toujours au faîte de l'édifice. En effet si la partie aiguë plane sur les masses de son de l'orchestre, elle réussira mieux que toute autre à donner de l'éclat au chant. On a senti la justesse de ce raisonnement, et le plus grand nombre des compositions est disposé d'après le principe qui en dérive. Cependant comme dans l'expression des passions il faut que tout se ressente du désordre qu'elles entraînent, les musiciens, abandonnant une marche régulière et symétrique, ont préféré se livrer aux écarts de leur imagination ; et se servant indifféremment des puissances mélodiques dans tous les diapasons, ils ont forcé la flûte et le violon à se soumettre aux basses et aux violes. Les effets merveilleux de ce trouble sublime, de cette confusion concertée, firent naître l'idée d'employer un moyen aussi ingénieux dans les compositions brillantes et gracieuses, en se conformant néanmoins à leur caractère pour donner plus de force au jeu des motifs et ajouter à la variété du coloris.

Si le chant, qui occupe ordinairement le rang le plus élevé, est rejeté dans les cordes basses ou retenu dans le médium, il faut que l'*accompagnement* lui cède sa place accoutumée et soit disposé de manière à former ses masses au médium et à l'aigu, ou aux deux extrémités opposées. Une composition ne pouvant recevoir ses développemens que sur une échelle fort étendue, les changemens de face qu'on lui fait éprouver empêchent d'assigner un domaine particulier au chant et à l'*accompagnement*. Celui-ci s'élève aux tons les plus hauts, comme la mélodie descend aux cordes les plus basses; et par la même raison que nous avons des chants à l'aigu, au médium et au grave, il existe des *accompagnemens* dont la position et la marche leur sont parfaitement opposées. Ainsi dans l'ouverture de *Panurge*, la belle phrase de basse s'avance à pas majestueux sous le tremolo des violons et les tenues des cors et des hautbois; et dans l'air de ténor de *la Création*, la basse répond au premier violon, tandis que les seconds violons et les violes forment une harmonie intermédiaire qui soutient ce dialogue.

Comme l'*accompagnement* est toujours subordonné au chant, bien des personnes l'ont regardé comme un accessoire peu important, et l'ont comparé mal à propos au cadre d'un tableau, au piédestal d'une statue. Quoique avec une apparence de justesse, cette comparaison est de la plus grande absurdité. De quoi se compose un œuvre musical ? De mélodie et d'harmonie, de chant et d'*accompagnement* ; voilà les deux parties essentielles : en les réunissant vous avez un tout parfait; retranchez l'une ou l'autre, il ne reste plus rien.

On me fera observer peut-être que l'*O salutaris* de Gossec, la prière de *Fernand Cortez*, l'invocation à l'hymen de *Montano*, sont exécutés sans orchestre. J'en conviens ; mais par plusieurs voix qui portent l'accord. S'il y a harmonie, il y a donc *accompagnement* : l'un ne peut pas exister sans l'autre ; peu importe que les diverses notes qui soutiennent la mélodie soient produites par des ténors et des basses, ou par des violes et des violoncelles. Le duo n'offrant pas assez de ressources pour ces sortes de compositions, on emploie au moins trois voix pour fournir en même temps au chant et à l'*accompagnement*. Leurs combinaisons doivent être conçues avec autant d'adresse que de talent pour obtenir de l'effet dans l'ensemble, et leur ménager à chacune des repos sans que le discours éprouve la moindre solution de continuité. Le ténor chante-t-il, le bariton et la basse forment l'*accompagnement*, et s'il se rencontre quelque trait au grave, les deux parties aiguës reposent leurs notes de remplissage sur le contre-point de la basse. Le même raisonnement s'applique aux canons et aux fugues : chaque sujet est un chant figuré ; mais ce chant devient *accompagnement* dès qu'une autre partie le domine et captive l'attention par un intérêt plus puissant.

Si les parties diverses qui forment l'*accompagnement* sont disposées pour un grand nombre d'instrumens, on a recours à l'orchestre pour l'exécuter. On peut réduire l'harmonie pour la mettre à la portée du piano, de la harpe, de la guitare même, pour qu'un seul instrument puisse suffire à l'exécution de l'*accompagnement*. Ainsi l'on écrit un air avec *accompagnement* à grand orchestre, ou bien avec un simple *accompagnement* de piano, de harpe, de guitare.

ACCOMPAGNER, v. a. C'est exécuter, en même temps que le chanteur ou l'instrumentiste qui récite, les parties qui soutiennent et suivent la mélodie. *Cet orchestre* accompagne *bien. Ce pianiste montre beaucoup d'intelligence en* accompagnant *la voix.*

Un chanteur peut s'*accompagner* lui-même; cependant sa voix se développera mieux s'il confie ce soin à un excellent musicien. Cette double exécution donne de fréquentes distractions et fait négliger le chant ou les parties d'orchestre; d'ailleurs la position qu'il faut prendre pour jouer des instrumens d'accompagnement est nuisible au chant, en ce qu'il s'oppose au développement des moyens du chanteur.

ACCORD, s. m. Plusieurs sons résonnant ensemble forment un tout harmonique que l'on nomme *accord*.

Il n'existe en harmonie qu'un seul *accord* qui contient tous les autres.

Cet *accord* est formé des premiers produits du corps sonore, ou des premières divisions du monocorde. Une corde tendue donne dans sa totalité un son que je nommerai *sol*. Sa moitié donne un *sol* à l'octave du premier; son tiers donne un *ré* à la douzième; son quart donne un *sol* à la double octave; son cinquième donne un *si* à la dix-septième; son sixième donne un *ré* octave du tiers; son septième donne un *fa* à la vingt-unième; son huitième donne un *sol* à la triple octave; son neuvième donne un *la* à la vingt-troisième.

Ainsi, en partant du quart de la corde, ou de la double octave du premier son, on trouve en progression de tierces l'*accord sol*, *si*, *ré*, *fa*, *la*.

En commençant cette opération à la triple octave, qui est le huitième de la corde, et laissant les notes intermédiaires, on trouve l'*accord sol*, *si*, *ré*, *fa*, *la* ♭, qui est le même *accord* que le précédent dans le mode mineur.

Cet *accord* contient tous ceux qui sont pratiqués dans l'harmonie, savoir :

L'*accord* parfait majeur,	*sol, si, ré.*
L'*accord* parfait mineur,	*ré, fa, la.*
L'*accord* de quinte diminuée,	*si, ré, fa.*
L'*accord* de 7ᵉ dominante,	*sol, si, ré, fa.*
L'*accord* de 7ᵉ de sensible,	*si, ré, fa, la.*
L'*accord* de 7ᵉ diminuée,	*si, ré, fa, la* ♭
L'*accord* de 9ᵉ majeure dominante,	*sol, si, ré, fa, la.*
L'*accord* de 9ᵉ mineure dominante,	*sol, si, ré, fa, la* ♭

Ces *accords* et leurs renversemens sont les seuls qu'on puisse faire sans aucune préparation. Ils forment l'*harmonie simple* ou *naturelle*.

Les autres *accords* introduits dans l'harmonie se forment par la prolongation d'une ou plusieurs notes d'un *accord* sur l'*accord* suivant, ou par altération d'intervalles. Ils forment l'*harmonie composée*. (*Fig*. 3.)

ACCORDER les instrumens, c'est augmenter ou diminuer les proportions ou la tension des corps élastiques destinés à rendre le son. On tend ou lâche les cordes du violon, les peaux des timbales; on raccourcit ou l'on allonge les tuyaux de l'orgue, de la flûte, du cor; on ajoute ou l'on retranche aux cylindres de cristal ou à la quantité d'eau contenue par les verres d'un harmonica, pour les *accorder*.

Avant d'*accorder* un ou plusieurs instrumens, il faut d'abord déterminer un son qui serve de terme de comparaison; c'est ce que l'on appelle *prendre* ou *donner le ton*. L'*ut* étant la première note de notre gamme, semblait devoir être ce régulateur; on a choisi le *la*, comme étant porté à vide par tous les instrumens à corde. On peut encore justifier cette préférence, en disant que les anciens commençaient leur système par *la*, la plus basse de toutes les notes de leur échelle vocale, et la plus basse du diapason particulier de chaque voix. Cette disposition a été suivie par Boëce, Guido d'Arezzo, et par les modernes, attendu que les voix les plus graves ne descendent guère plus bas que le *la*, et que les voix aiguës ne montent pas beaucoup au-dessus. Ce *la* s'obtient au moyen d'un diapason. Dans les orchestres, c'est le hautbois ou la clarinette qui le font résonner pour servir de base à l'*accord*. On a observé que ces deux instrumens n'éprouvaient presque pas de variations dans leur intonation.

Dans les orchestres militaires où tous les instrumens sont ajustés pour le système de *fa* ou de *mi bémol*, on s'accorde sur l'*ut* ou le *si bémol*, dominantes de ces deux tons. (*Voyez* DIAPASON.)

ACCORDEUR, s. m. On appelle *accordeurs* d'orgue ou de piano ceux qui vont dans les églises ou les maisons accorder ces instrumens.

ACOUSTIQUE, s. f., doctrine ou théorie de l'appréciation des sons. Ce mot est de l'invention de M. Sauveur, et vient du grec ἀκούω, *j'entends*.

L'*acoustique* est proprement la partie théorique de la musique : c'est elle qui donne ou doit donner les raisons du plaisir que nous font l'harmonie et le chant, qui détermine les rapports des intervalles harmoniques, qui découvre les affections ou propriétés des cordes vibrantes, etc.

ACOUSTIQUE est aussi quelquefois adjectif ; on dit : l'organe *acoustique*, un phénomène *acoustique*, etc.

ACTE, s. m. Partie d'un opéra séparée d'une autre dans la représentation par un espace appelé entr'acte. Un opéra se compose ordinairement de trois *actes*; c'est la coupe la plus régulière. On ne devrait jamais leur en donner plus de trois ni moins de deux. Nos petits *actes* ne donnent pas les moyens de déployer les forces musicales, attendu qu'il ne s'y rencontre jamais de finale et rarement un morceau de facture.

ACTEUR, s. m. chanteur qui fait un rôle dans la représentation d'un opéra. Outre toutes les qualités qui doivent lui être communes avec l'*acteur* dramatique, il doit en avoir beaucoup de particulières pour réussir dans son art. Ainsi il ne suffit pas qu'il ait un bel organe pour la parole, s'il ne l'a tout aussi beau pour le chant; car il n'y a pas une telle liaison entre la voix parlante et la voix chantante, que la beauté de l'une suppose toujours celle de l'autre. Si l'on pardonne à un *acteur* le défaut de quelque qualité qu'il a pu se flatter d'acquérir, on ne peut lui pardonner d'oser se destiner au théâtre, destitué des qualités naturelles qui y sont nécessaires, telles entre autres que la voix dans un chanteur. Mais par ce mot *voix*, j'entends moins la force du timbre, que l'étendue, la justesse et la flexibilité. Je pense qu'un théâtre dont l'objet est d'émouvoir le cœur par les chants, doit être interdit à ces voix dures et bruyantes qui ne font qu'étourdir les oreilles; et que, quelque peu de voix que puisse avoir un *acteur*, s'il l'a juste, touchante, facile et suffisamment étendue, il en a tout autant qu'il faut; il saura toujours bien se faire entendre, s'il sait se faire écouter.

Avec une voix convenable l'*acteur* doit l'avoir cultivée par l'art, et quand sa voix n'en aurait pas besoin, il en aurait besoin lui-même pour saisir et rendre avec intelligence la partie musicale de ses rôles. Rien n'est plus insupportable et plus dégoûtant que de voir un héros dans les transports des passions les plus vives, contraint et gêné dans son rôle, peiner et s'assujétir en écolier qui répète mal sa leçon; montrer, au lieu des combats de l'amour et de la vertu, ceux d'un mauvais chanteur avec la mesure et l'orchestre, et plus incertain sur le ton que sur le parti qu'il doit prendre. Il n'y a ni chaleur ni grâce sans facilité, et l'*acteur* dont le rôle lui coûte, ne le rendra jamais bien.

Il ne suffit pas à l'*acteur* d'opéra d'être un excellent chanteur, s'il n'est encore un excellent pantomime; car il ne doit pas seulement faire sentir ce qu'il dit lui-même, mais aussi ce qu'il laisse dire à la symphonie. L'orchestre ne rend pas un sentiment qui ne doive sortir de son âme: ses pas, ses regards, son geste, tout doit s'accorder sans cesse avec la musique, sans pourtant qu'il paraisse y songer; il doit intéresser toujours, même en gardant le silence; et quoique occupé d'un rôle difficile, s'il laisse un instant oublier le personnage pour s'occuper du chanteur, ce n'est qu'un musicien sur la scène; il n'est plus *acteur*. Tel excella dans les autres parties, qui s'est fait siffler pour avoir négligé celle-ci.

Acuïté, s. f. C'est cette modification du son par laquelle on le considère comme *aigu* ou *haut* par rapport à d'autres sons qu'on appelle *graves* ou *bas*. Ce mot *acuïté* n'est point français; mais l'absolue nécessité de donner au moins en musique un corrélatif à celui de *gravité*, nous engage à le proposer.

Les Italiens possèdent ce mot, *acutezza*.

AD LIBITUM, *à volonté*. Ces mots placés sous un trait, laissent à l'exécutant la liberté de l'abandonner, s'il le trouve trop difficile. On rencontre souvent *ad libitum* sous des points d'orgue très-compliqués, des roulades rapides, des gammes chromatiques; le musicien peu exercé passe les points d'orgue sous silence, et substitue aux roulades et aux volubilités les grosses notes que l'on a eu soin d'écrire au-dessous pour l'aider à simplifier le passage scabreux.

Un accompagnement de violon ou de basse *ad libitum* peut être supprimé sans que la sonate à laquelle il devait se joindre perde beaucoup de son effet. (*Voy.* A PIACERE.)

ADAGIO, adv. Ce mot, écrit à la tête d'un air, désigne le second, du lent au vite, des cinq principaux degrés de mouvement distingués dans la musique. *Adagio* est un adverbe italien qui signifie *à l'aise, posément*, et c'est aussi de cette manière qu'il faut battre la mesure des airs auxquels il s'applique.

Le mot *adagio* se prend quelquefois substantivement, et s'applique par métaphore aux morceaux de musique dont il détermine le mouvement : il en est de même des autres mots semblables. Ainsi l'on dira un *adagio* de Bocchérini, un *andanté* de Haydn, un *agitato* de Mozart, etc.

Additional keys, terme anglais qui signifie *touches ajoutées*. (*Voyez* Clavier.)

Aevia, abréviation du mot *alleluia*, comme *evovae* l'est de *sæculorum amen*.

Affettuoso, adj. *affectueux*, avec une expression très-douce et très-mélancolique. Son mouvement est relatif à son caractère, et tient le milieu entre l'*adagio* et l'*andanté*.

Aggraver la fugue. C'est doubler la valeur de chacune des notes qui forment le sujet; de sorte qu'une phrase qui d'abord a été présentée en blanches et en noires, se trouve composée de rondes et de blanches, ce qui retarde la marche du sujet et la rend par conséquent plus grave. On n'emploie guère ce moyen que dans les fugues d'école: ses résultats sont peu satisfaisans, l'oreille ne pouvant plus suivre aussi facilement le dessin d'une phrase qui se traîne plutôt qu'elle ne marche.

Agitato, adj. Ce mot, écrit au commencement d'un morceau de musique, indique un caractère d'expression qui rende le sentiment vague du trouble et de l'agitation. Comme l'agitation ne saurait exister sans la vitesse, le mot *allegro* le précède ordinairement; s'il y a seulement *agitato*, on sous-entend *allegro*. La symphonie, en *sol mineur*, de Mozart, le duo de violons, en *fa mineur*, de Viotti, renferment chacun un bel *agitato*.

Agrémens. Les *agrémens* sont des sons, des tenues,

des groupes de sons ajoutés par l'exécutant à ceux qui sont notés, pour amener les intonations, lier les sons en remplissant les intervalles qui les séparent, et donner ainsi plus de variété, d'effet et d'expression aux compositions. Les principaux *agrémens* sont : le port de voix, la roulade, le trille, le groupe, la mise de voix, l'appoggiature, le mordant. Ils sont employés aux mêmes lieux et de la même manière par les chanteurs et les instrumentistes.

Aigu, adj. Se dit d'un son perçant ou élevé par rapport à quelque autre son. En ce sens, le mot *aigu* est opposé au mot *grave*. Plus les vibrations du corps sonore sont fréquentes, plus le son est *aigu*.

La nature du son *aigu* tient non-seulement à la force avec laquelle l'air vibré agit sur l'organe, mais encore à la réitération de ses vibrations.

Une corde qui donne l'octave au-dessus du son d'une autre corde, fait deux vibrations, tandis que l'autre en fait une. Il en résulte que les fibres sensibles de l'oreille, non-seulement en reçoivent une impression plus vive, mais doivent conserver cette impression plus long-temps.

Air, s. m. Pièce de musique à une seule partie principale, composée d'une ou plusieurs phrases régulièrement ajustées, et se terminant dans le même ton où elles ont commencé.

Nous avons des *airs* de chant et des *airs* de danse.

De grands *airs* et de petits *airs*.

Le grand *air*, proprement dit, se compose maintenant d'un cantabilé tendre ou mélancolique, aimable ou plein de sensibilité, et même de tristesse, dont le repos se fait sur la dominante ou le rélatif. Ce cantabilé est suivi d'un allégro véhément, d'une belle expression qui se termine dans le ton primitif. Nous citerons comme exemples les airs : *O Richard ! ô mon roi !* de *Richard* : *Oui, c'est demain que l'hyménée*, de *Montano*; et l'admirable : *Pria che spunti*, du *Mariage secret*.

Quelquefois le cantabilé se trouve placé au milieu de l'*air* qui a commencé par un allégro, que l'on reprend ensuite : *Hélas ! pour nous il s'expose !* de *Didon* : *La Fauvette*, de *Zémire et Azor* : *Quelle peine le tourmente !* d'un *Jour à Paris*, sont disposés de cette manière.

Mais si la passion est si forte que son explosion se déclare tout à coup, le musicien s'affranchit des lenteurs d'une introduction, et débute soudain par un allégro d'un mouvement impétueux qu'il conduit à son dénouement en lui donnant toujours de nouvelles forces et des effets plus éclatans. Tel est le bel *air* d'*Evélina* : *Oui, vous pouvez tout sur moi*; celui d'*Echo et Narcisse* : *O transports ! ô désordre extrême !* celui de *la Vestale* : *Impitoyables dieux !*

Dans l'opéra-comique et l'opéra-héroïque les grands *airs* sont souvent précédés par un récitatif, pour que la transition du dialogue parlé au chant passionné se fasse moins sentir.

Un *air* savant et agréable, un *air* trouvé par le génie et composé par le goût, est le chef-d'œuvre de la musique ; c'est là que se développe une belle voix, que brille une belle symphonie ; c'est là que la passion vient insensiblement émouvoir l'âme par le sens. Après un bel *air*, on est satisfait, l'oreille ne désire plus rien ; il reste dans l'imagination, on l'emporte avec soi, on le répète à volonté ; sans pouvoir en rendre une seule note, on l'exécute dans son cerveau tel qu'on l'entendit au spectacle ; on voit la scène, l'acteur, le théâtre ; on entend l'accompagnement, l'applaudissement, le véritable amateur ne perd jamais les beaux *airs* qu'il entendit en sa vie ; il fait recommencer l'opéra quand il veut.

Les paroles des *airs* ne vont point toujours de suite, ne se débitent point comme celles du récitatif : quoique assez courtes pour l'ordinaire, elles se coupent, se répètent, se transposent au gré du compositeur : elles ne sont pas une narration qui passe : elles peignent, ou un tableau qu'il faut voir sous divers points de vue, ou un sentiment dans lequel le cœur se complaît, duquel il ne peut, pour ainsi dire, se détacher, et les différentes phrases de l'*air* ne sont qu'autant de manières d'envisager la même image. C'est par ces répétitions bien entendues, c'est par ces coups redoublés, qu'une expression qui d'abord n'a pu vous émouvoir, vous ébranle enfin, vous agite, vous transporte hors de vous, et c'est encore par le même principe que les roulades qui, dans les *airs* pathétiques, paraissent si déplacées, ne le sont pourtant pas toujours ; le cœur, pressé d'un sentiment très-vif, s'exprime souvent par des

sons inarticulés plus vivement que par des paroles.
(*Voyez* NEUME.)

Les petits *airs* se composent d'une, deux ou trois phrases, et leur développement s'étend de seize à trente mesures. Le premier grand *air* a été fait par G. Peri, qui le plaça dans son opéra d'*Euridice*, joué en 1600; d'autres attribuent cette invention à F. Cavalli, et prétendent que le premier *air* a été entendu en 1649, dans le *Giasone* de ce maître. Avant cette époque, le récitatif seul occupait la scène lyrique. A. Scarlatti augmenta l'effet de l'*air* en le faisant précéder par le récitatif obligé, dont on lui doit la découverte. Les formes de l'*air* furent perfectionnées et variées par Jomelli; Piccinni a fait les premiers et les plus beaux *airs* à deux reprises, qui sont: *Se il ciel mi divide* et *Lasciami o ciel pietoso*; Paisiello fit entendre ensuite dans *Pirro* un *air* accompagné par le chœur; et Sarti ayant disposé l'*air* en rondeau, enrichit la scène lyrique de ce nouveau genre de composition.

La musique des ballets était jadis restreinte aux cadres uniformes de certains *airs* de danse, tels que les chaconnes, les passe-pieds, les menuets, les gavottes, les gigues. Les *airs* de danse ne sont plus calqués sur un modèle connu: le compositeur s'accorde avec le chorégraphe pour les formes, le caractère et l'extension qu'il convient de leur donner. Le pas des Scythes, d'*Iphigénie en Tauride*, de Gluck, celui des Africains, de *Sémiramis*, sont des modèles dans le style énergique; ils rappellent la pyrrhique des anciens, et valent certainement beaucoup mieux. Les gavottes d'*Orphée* et d'*Armide* se font remarquer par une grâce charmante, une délicieuse suavité.

A LA MI RÉ. (*Voyez* A.)

AL SEGNO, *au signe*. Ces mots, écrits à la fin d'un *air* en rondeau, signifient qu'il faut reprendre la première partie, non tout-à-fait au commencement, mais à l'endroit où se trouve le signe qui marque le renvoi.

ALIQUOTES, adj. Parties contenues juste dans un tout plusieurs fois. Telle est la définition du géomètre. Le musicien se sert de ce terme pour désigner les sons secondaires ou concomitans qu'une corde fait entendre en même temps que le son principal. Si l'on fait résonner une corde, au premier moment on n'entendra qu'un seul son; mais si l'on écoute plus attentivement de plus près, on distinguera facilement, outre ce premier son, un assez grand nombre de sons secondaires. Ceux qui se font connaître les premiers sont d'abord la douzième (quinte) et la dix-septième majeure (tierce); et si l'on prête l'oreille plus attentivement, on reconnaîtra l'octave et la double-octave. Les opérations faites sur le monocorde ou corps sonore, donnent encore la septième et la neuvième pour *aliquotes*, et l'analogie porte à conclure que les sons rendus par les autres *aliquotes*, sont aussi produits par la corde.

Le cor et la trompette, qui sont des tuyaux ouverts

seulement par les deux bouts, et par conséquent de véritables corps sonores d'une autre espèce, ne font résonner naturellement que la tonique *ut* son principal et ses *aliquotes mi, sol, si* ♭, *ré*. Les autres sons s'obtiennent par artifice.

(*Voyez* ACCORD, CORPS SONORE.)

ALLA BREVE. Terme italien qui marque une sorte de mesure à deux temps fort vite, et qui se note pourtant avec une ronde ou demi-brève par temps. Elle n'est plus en usage que dans la musique d'église et les solféges.

ALLA MILITARE, *à la militaire*. Ces mots, placés en tête d'un air, d'un chœur ou de toute autre pièce de musique, signifient qu'il faut lui donner le caractère d'expression, le style d'exécution des marches militaires.

ALL' OTTAVA. (*Voyez* OCTAVE.)

ALLA PALESTRINA. C'est ainsi que l'on nomme quelquefois le contre-point fugué, parce que le fameux *Palestrina* l'a porté à son plus haut degré de perfection. Ce contre-point consiste à prendre pour sujet un trait de plain-chant tiré de la pièce de plain-chant que portent les paroles, et à les développer en manière de fugue.

Alla Palestrina, dans le style de *Palestrina*.

ALLA POLACCA, *à la Polonaise*, avec le style d'exécution et le caractère des Polonaises.

ALLA ZOPPA. Terme italien qui annonce un mouvement contraint et syncopant, entre deux temps, sans syncoper entre deux mesures, ce qui donne aux notes une marche inégale et comme boiteuse. C'est un avertissement que cette même marche continue jusqu'à la fin de l'air.

ALLEGRO, adj. Quoique ce mot signifie *gai*, il ne faut pas croire que le mouvement qu'il indique ne soit propre qu'à des sujets joyeux ; c'est son degré de vitesse qu'il faut considérer et non pas son caractère, puisque ce mouvement s'applique à des morceaux qui ne respirent que l'emportement et le désespoir.

L'*allégro* est le mouvement le plus vif après le *presto*; mais il reçoit tant de modifications, selon la mesure et les passions des divers morceaux de musique, et même selon la nature des compositions, que l'on pourrait parcourir les deux tiers du métronome sans sortir du domaine de l'*allégro*. Ainsi, en allant du lent au vite, on peut compter *allégro giusto*, *allégro moderato*, *allégro commodo*, *allégro maestoso*, *allégro brillante*, *allégro fiero*, *ALLEGRO*, *allégro mosso*, *allégro con brio*, *allégro animé*, *allégro agitato*, *allégro molto*, *allégro assai*, *allégro vivace*, *allégro impetuoso*. L'*allégro giusto*, à quatre temps, est aussi lent que l'*andante*, et l'*allégro impetuoso* diffère peu du *presto*.

Le mot *allégro*, écrit en tête d'un concerto, d'un air de bravoure, d'une polonaise, marque un mouvement modéré. Le même mot commande une grande vitesse, s'il s'agit d'un menuet de symphonie ou d'une ouverture d'opéra.

ALLEGRETTO, diminutif d'*allégro*, indique un mouvement gracieux et léger qui tient le milieu entre l'*allégro* et l'*andantino*.

ALLEMANDE, s. f. Air de danse mesuré à deux-quatre, et dont le mouvement est un *allégretto* animé.

ALTÉRATION, s. f. C'est le changement que l'on fait éprouver à une note en élevant ou en abaissant son intonation. Lorsque, dans une partie quelconque, une note monte ou descend d'un ton entier, cette note peut éprouver une *altération*, savoir : par dièse, si elle monte ; par bémol, si elle descend ; et cette *altération* produit quelquefois des accords d'une espèce particulière.

L'*altération* par dièse, de la quinte, produit un accord parfait composé de deux tierces majeures, que l'on appelle *accord parfait superflu*. Cet accord a aussi ses renversemens.

L'accord de dominante tonique est susceptible d'éprouver une modification du même genre.

ALTÉRÉS, adj. pl. Les intervalles sont *altérés* dès que l'on élève ou que l'on abaisse une des notes qui les composent dans l'ordre diatonique. Ainsi la tierce d'*ut* s'altère au moyen d'un bémol placé devant le *mi* et la quinte d'*ut*, par l'augmentation d'un demi-ton produite par le *sol dièse*.

ALTO, ALTO-VIOLA. (*Voyez* VIOLE.)

ALTO, ALTUS, ALTITONANS. (*Voyez* HAUTE-CONTRE.)

AMATEUR, celui qui, sans être musicien de profession, fait sa partie dans un concert pour son plaisir et par amour pour la musique. On appelle encore *amateurs*, ceux qui, sans savoir la musique, ou du moins sans l'exercer, s'y connaissent, et fréquentent les concerts et les théâtres lyriques. Ce mot est traduit de l'italien *dilettante*.

AMBITUS, s. m. Nom qu'on donnait autrefois à l'étendue de chaque ton ou mode du grave à l'aigu : car, quoique l'étendue d'un mode fût en quelque manière fixée à deux octaves, il y avait des modes irréguliers dont l'*ambitus* excédait cette étendue, et d'autres imparfaits où il n'arrivait pas.

Dans le plain-chant, ce mot est encore usité : mais l'*ambitus* des modes parfaits n'y est que d'une octave : ceux qui la passent s'appellent *modes superflus*; ceux qui n'y arrivent pas, *modes diminués*. (*Voy*. MODES, TONS DE L'EGLISE.)

AMBROSIEN. (*Voyez* CHANT AMBROSIEN.)

AME, s. f. Avoir de l'*âme*, chanter avec *âme*, c'est mettre dans son chant et dans son action une expression vive et passionnée.

AME, s. f. On appelle *âme* un petit cylindre de bois qu'on place debout entre la table et le fond du violon et de quelques autres instrumens à cordes, pour maintenir toujours ces parties dans le même degré d'élévation.

A-MI-LA. (*Voyez* A.)

AMOROSO, indique un mouvement un peu lent, mais très-gracieux et une expression tendre.

ANCHE, s. f. Deux languettes de roseau, fort minces dans leur extrémité, placées horizontalement l'une sur l'autre et assujéties sur un petit tuyau de métal, forment l'*anche* du hautbois; celles du cor anglais et du basson, faites de la même manière, ont des proportions plus grandes. L'*anche* du basson vient se joindre au bocal de cet instrument, qui remplace le petit tuyau de métal; celle du hautbois s'adapte à l'instrument par ce tuyau. L'exécutant place les languettes dans sa bouche, et c'est au moyen du frémissement qu'il excite sur elles que l'air jeté dans l'instrument acquiert les vibrations nécessaires pour produire le son, que l'on modifie en donnant plus ou moins de souffle et en pressant plus ou moins les languettes avec les lèvres.

L'*anche* de la clarinette n'a qu'une seule languette de roseau, qui produit les vibrations en frémissant contre le bec de cet instrument où elle est fixée. Une part des tuyaux de l'orgue sont armés d'*anches* de métal qui ressemblent assez au bec de la clarinette. Ces tuyaux forment ce qu'on appelle les *jeux d'anches*, tels que la *trompette*, le *clairon*, le *cromorne*, etc. (*Voyez* ROSEAU.)

ANDAMENTO, *promenade*. Ce mot italien, pris dans le sens musical, n'a point de correspondant dans notre langue. Il désigne cette partie de la fugue qui succède aux premiers développemens du sujet et de ses réponses, et pendant laquelle le compositeur laisse reposer son thème pour le reprendre ensuite.

Andante est le participe du verbe italien *andare*, aller. Il indique un mouvement modéré qui tend plutôt à la lenteur qu'à la vitesse. Ce mot se prend aussi substantivement, et l'on dit *un andanté de Haydn, de Bocchérini.*

Andantino, diminutif d'*andanté*. Pourquoi a-t-on imaginé les diminutifs ? C'est pour apporter un tempérament dans les mouvemens, multiplier leurs diverses modifications et les séparer par des nuances imperceptibles. Ces diminutifs ont une signification différente selon la nature du mouvement. Est-il lent, vous diminuez sa lenteur; est-il vif, vous diminuez sa vitesse. Ainsi par la même raison que l'*allégretto* est moins animé que l'*allégro*, l'*andantino* doit être conduit avec un peu plus de prestesse que l'*andanté*, pour lui faire tenir le juste milieu entre ce mouvement et l'*allégretto*.

Cette observation est d'autant plus essentielle, que beaucoup de musiciens, et Rousseau même, donnent à l'*andantino* plus de lenteur qu'à l'*andanté*, en le rangeant dans la catégorie de l'*allégretto*, ce qui est une erreur.

Anglaise, s. f. Sorte de danse qui nous vient de l'Angleterre. L'air en est à deux temps, d'un mouvement vif et d'un rhythme très-marqué.

Animé, adj. Ce mot mis à la tête d'un morceau de musique, et joint ordinairement à un autre mot qui indique le mouvement, ajoute un degré de plus à sa vivacité.

Anonner, v. n. C'est déchiffrer avec peine et en hésitant la musique que l'on a sous les yeux.

Anticipation. L'*anticipation* a lieu lorsque deux parties marchant diatoniquement en consonnances, par mouvement semblable, l'une d'elles, dans la seconde mesure, abandonne la consonnance actuelle pour passer à la consonnance suivante, et forme par là, sur cette seconde moitié de la mesure, une dissonnance de passage qui redevient ensuite consonnance dans la première moitié de la mesure suivante. (*Fig.* 4.)

Antienne, s. f. en latin *antiphona*, du grec ἀντὶ, *contre* et φωνὴ, *voix, son*.

Les *antiennes* ont été ainsi nommées, parce que dans l'origine on les chantait à deux chœurs qui se répondaient alternativement ; et l'on comprenait sous ce titre les hymnes et les psaumes que l'on chantait dans l'église à deux chœurs. Aujourd'hui la signification de ce terme est restreinte à certains passages courts, tirés de l'Ecriture, qui conviennent au mystère, à la vie, ou à la dignité du saint dont on célèbre la fête ; et qui, soit dans le chant, soit dans la récitation de l'office, précèdent ou suivent les psaumes et les cantiques. Il y a des *antiennes* qui se chantent seules : telles sont celles de station, de commémoraison, de procession, et les *grandes antiennes* dont le chant est plus pompeux et plus solennel que celui des *antiennes* ordinaires. Il y a quelques églises où l'on chante entièrement l'*antienne* avant et après le psaume ; mais l'usage le plus généralement reçu est d'entonner seulement les deux ou trois premiers mots de l'*antienne*, et quelquefois un seul, avant le psaume, afin de donner le ton, et de ne chanter entièrement l'*antienne* qu'après le psaume ou cantique.

Antiphonier ou Antiphonaire, s. m. Livre qui contient en notes les antiennes et autres chants dont on use dans l'église.

A plomb, terme métaphorique qui indique de la précision dans la mesure, soit pour la voix, soit pour les instrumens.

Apollon, fils de Jupiter et de Latone, dieu de la musique. On le peint souvent sur le Parnasse, au milieu des neuf Muses, avec sa lyre en main, et une couronne de laurier sur la tête.

Marsyas, habile joueur de flûte, osa provoquer *Apollon* à un combat musical : les Muses étaient ses juges. D'abord le son des flûtes surpassa en effet les doux accens de la lyre du dieu, et Marsyas se voyait sur le point de remporter la victoire : mais *Apollon* retourna son instrument, joua également, et accompagna ses sons de sa voix. Marsyas ne put l'imiter. Alors les Muses décidèrent en faveur d'*Apollon* : le vaincu fut écorché pour sa punition, et perdit la vie ; son corps fut ensuite remis à son élève Olympus, pour l'inhumer.

Appel, s. m. C'est le nom de certains airs de chasse que l'on sonne sur la trompe pour appeler les chasseurs ou les chiens. On se sert aussi de ce terme pour désigner, dans la symphonie et la musique dramatique, un trait de cors qui offre quelque ressemblance avec les *appels* de chasse. Méhul a placé des *appels* de cors dans l'introduction du second acte d'*Ariodant*, et M. Berton dans l'ouverture de *Françoise de Foix*. Reprenons à *l'*appel *de cors. Cet* appel *doit être attaqué avec vigueur.*

APPOGGIATURE, s. f. On donne ce nom à une petite note sur laquelle on s'appuie avant d'attaquer la note principale de certains traits. *Appoggiatura* vient du verbe italien *appoggiare*, *appuyer*. Cette petite note peut être appliquée au-dessus comme au-dessous de la grande note.

Lorsqu'on la pose dessus, elle peut former avec la note qui suit un intervalle d'un ton ou d'un demi-ton.

Quand elle est posée dessous, elle doit former constamment un intervalle d'un demi-ton.

L'*appoggiature* vaut ordinairement la moitié de la valeur de la note dont elle est suivie, et cette valeur est prise sur celle de cette note même.

Lorsque l'*appoggiature* est préparée, sa valeur qui doit être égale à la moitié de la note qui la suit, est de rigueur.

On l'appelle *appoggiature* préparée quand elle est précédée d'une grande note située au même degré qu'elle.

L'*appoggiature* en dessus doit être articulée avec plus de force que l'*appoggiature* en dessous ; mais l'une et l'autre doivent être plus fortement prononcées que la note à laquelle elles sont appliquées.

On pratique aussi dans le chant un trait qui s'exécute en ajoutant une petite note à l'*appoggiature*, et auquel on peut donner le nom de *double appoggiature*.

L'*appogiature* ne s'écrit pas toujours ; les compositeurs laissent alors à l'exécutant le soin de la placer partout où l'expression, la grâce du chant l'exigent. Elle ne doit cependant jamais être employée sur la note qui commence un chant, ni sur les notes précédées par des silences, quels qu'ils soient. (*Fig.* 5.)

APPRÉCIABLE, adj. Les sons *appréciables* sont ceux dont on peut trouver ou sentir l'unisson et calculer les intervalles. On compte huit octaves et demie depuis le tuyau de trente-deux pieds du grand orgue jusqu'au son le plus aigu du même instrument *appréciable* à notre oreille. Il y a aussi un degré de force au-delà duquel le son ne peut plus s'apprécier. On ne saurait apprécier le son d'une grosse cloche dans le clocher même; il faut en diminuer la force en s'éloignant pour le distinguer; de même les sons d'une voix qui crie cessent d'être *appréciables* : c'est pourquoi ceux qui chantent fort sont sujets à chanter faux. A l'égard du bruit, il ne s'apprécie jamais ; et c'est ce qui fait sa différence d'avec le son.

ARBITRIO. (*Voyez* CADENZA.)

ARCHET, s. m. L'*archet* se compose d'une baguette de bois dur et d'un faisceau de crins de cheval, assujétis à ses deux bouts et tendus au moyen d'une vis. C'est en frottant l'*archet* sur les cordes que l'on obtient le frémissement qui agite l'air et le fait vibrer dans la table d'harmonie des violons, des violes et des basses. Pour donner plus de force à l'action de l'*archet* sur les cordes, on enduit les crins de colophane.

C'est Tartini qui a appris aux violonistes à se servir de l'*archet* et leur en a révélé la magie. C'est de la manière de le tenir et de le gouverner que dépendent la force, la douceur, l'intensité, la durée du son. C'est pour leur faire acquérir une belle qualité de son que la nouvelle école retient si long-temps les jeunes élèves à l'exercice des gammes. Ces faciles leçons, cette musique lente et uniforme ne donnent aucune distraction, et l'on s'occupe exclusivement de la position de l'instrument et de l'action de l'*archet*.

ARCHILUTH, s. m. Espèce de grand luth qui avait ses cordes étendues comme le théorbe et était à deux jeux. Cet instrument n'est plus en usage.

ARCO, s. m. Ce mot marque qu'il faut reprendre l'archet que l'on avait quitté pour l'exécution d'un passage *pizzicato*.

ARIA. (*Voyez* AIR.)

ARIETTE, s. f. Ce diminutif signifie proprement un petit air; on donnait cependant ce nom à de grands morceaux et même à des airs de bravoure, puisque la *Belle Arsène*, l'*Ami de la maison* sont intitulés comédies mêlées d'*ariettes*. Ce mot n'est plus en usage parmi les musiciens.

Arioso, adj. pris adverbialement. Ce mot italien placé à la tête d'un air, indique une manière de chant soutenue, développée et affectée aux grands airs.

Armer la clef, c'est y mettre le nombre de dièses ou de bémols convenables au ton et au mode dans lequel on veut écrire la musique.

Arpège, s. m. Manière de faire entendre successivement et rapidement les divers sons d'un accord, au lieu de les frapper tous à la fois. *Arpège*, *arpéger* vient du mot *harpe*, attendu que cet instrument ne donnant que des sons qui ne tiennent pas, on est obligé de faire résonner les notes les unes après les autres pour les prolonger et former ainsi une masse d'harmonie. Cette manière d'exécuter, très-familière aux harpistes, est d'un bon effet sur leur instrument. (*Fig.* 6.)

Dans les opéras de notre ancienne école, la partie du second violon est écrite le plus souvent en batteries et en *arpèges*. Ce dernier moyen donne souvent de mauvais résultats dans la musique d'orchestre, et c'est par cette raison que les bons compositeurs s'en servent très-rarement.

L'*arpège* faisant résonner tour à tour toutes les notes d'un accord, ne devrait être employé que dans le cas où le chant ne porte que les notes de l'accord arpégé. S'il s'y rencontre des notes de passage, un accompagnement de cette nature frappe trop souvent à faux et son effet devient insupportable. On peut en faire la remarque dans l'air de l'*Amant jaloux*, Qu'*une fille de quinze ans*, et surtout dans le premier duo de *Pierre le Grand*.

Lorsqu'il y a plusieurs *arpèges* de suite, on n'écrit que le premier et on se contente de figurer en accord les notes dont se composent les autres, et de mettre au-dessous le mot *arpège*, ou son abrégé *arp*.

Arpège, *arpéger* viennent incontestablement du mot *harpe* : comment se fait-il que leur orthographe soit différente ? En voici la raison : ces mots ont été créés en Italie où l'on écrit *arpa* ; on a par conséquent écrit *arpeggio*, *arpeggiare* : nous avons fait passer ensuite ces mots dans la langue française, sans songer à les mettre en rapport avec leur type radical.

ARPÉGER, v. n. C'est faire une suite d'arpèges.

ARRANGER, v. a. C'est mettre à la portée d'un ou plusieurs instrumens ce qui a été composé pour un ou plusieurs instrumens d'une nature différente. Il signifie encore resserrer le dessin harmonique dans ses formes et ses moyens, pour que les exécutans puissent rendre en sextuor, en quatuor, ou simplement sur le piano, la harpe et même la guitare, une symphonie ou un accompagnement destinés pour le grand orchestre.

Dans le premier cas, le mot *arranger* exprime bien ce qu'on veut qu'il exprime. Arranger *un concerto de violon pour le piano* ; arranger *une ouverture d'opéra pour les instrumens militaires*. Mais lorsqu'il s'agit de resserrer le cadre de l'harmonie, on devrait se servir du mot *réduire* que les Italiens ont

adopté avec raison, et dire avec eux : *L'ouverture de
la Flûte enchantée réduite en quatuor ; les symphonies de Mozart réduites en septuors ; le finale de
Jean de Paris réduit pour le piano.*

Arrêt, *Point d'arrêt*. Ce point placé sur une
note et couronné par un ⌒ renversé est le signe d'un
repos général qui dure jusqu'au moment où le chef
d'orchestre, ou le principal exécutant, reprend le fil
du discours musical un instant suspendu. Si le *point
d'arrêt* est placé sur un silence, toute musique cesse
pendant sa durée ; s'il est au-dessus d'une note, elle
doit être prolongée tant qu'il sera nécessaire. Ce point
se rencontre quelquefois sur les dernières notes d'un
chœur, d'un air, d'une symphonie ; il indique alors
que l'on doit les soutenir pendant une période égale
à peu près autant qu'il faut au chanteur pour reprendre sa respiration.

Arsis et **Thesis**. Termes de musique et de prosodie. Ces deux mots sont grecs. *Arsis* vient du verbe
ἄιρω, *tollo*, j'élève, et marque l'élévation de la voix
ou de la main ; l'abaissement qui suit cette élévation
est ce qu'on appelle θεσις, *depositio*, *remissio*.

Par rapport donc à la mesure, *per arsin* signifie *en
levant*, ou *durant le premier temps ; per thesin, en
baissant*, ou *durant le dernier temps*. Sur quoi l'on
doit observer que notre manière de marquer la mesure est contraire à celle des anciens ; car nous frappons le premier temps et nous levons le dernier. Pour
ôter toute équivoque, on peut dire qu'*arsis* indique

le *temps fort*, et *thesis* le *temps faible*. (*Voy*. Mesure, Temps, Battre la mesure.)

Par rapport à la voix, on dit qu'un chant, un contre point, une fugue, sont *per thesin*, quand les notes montent du grave à l'aigu; *per arsin*, quand elles descendent de l'aigu au grave. Fugue *per arsin* et *thesin* est celle qu'on appelle aujourd'hui fugue renversée ou contre-fugue, dans laquelle la réponse se fait en sens contraire, c'est-à-dire en descendant si la guide a monté, et en montant si la guide a descendu.

Articuler, v. a. Ce mot désigne en musique une manière d'exécuter nette et distincte qui ne laisse pas perdre une syllabe des paroles ni une note de la musique. *Voilà une roulade bien* articulée. *Il y a de la confusion dans ce trait; il faut tâcher de l'articuler mieux*.

Assai, ad. *assez*, *beaucoup*. L'observation que nous avons faite au sujet du mot *andantino* peut s'appliquer au mot *assai* qui est un augmentatif: s'il ajoute à la vitesse de l'*allegro*, à l'intensité du *forte*, il augmente aussi la lenteur du *largo*, la douceur du *piano*. *All° assai*, *forte assai* signifient *bien vite*, *bien fort*, comme *largo assai*, *piano assai*, *bien lent*, *bien doux*.

Attacare, attaquer: *attaca subito*, attaquez tout de suite. (*Voyez* Attaquer.)

Attacco. Ce mot italien signifie une petite partie

de la fugue, trop peu étendue pour en former le sujet principal, et qui par la même raison n'est pas astreinte aux règles strictes du sujet. (*Fig. 7.*)

Attaquer, v. a. est l'action du chanteur ou de l'instrumentiste qui commence un morceau de musique ou le continue après un silence. Ainsi l'attaque se renouvelle chaque fois que l'on reprend le son après l'avoir abandonné. On *attaque* le son, on *attaque* la corde avec grâce, franchise, force, netteté.

Après la courte ritournelle du premier duo d'*Ariodant,* l'orchestre *attaque* vigoureusement avec Othon. Les traits de trompette qui ouvrent la seconde partie de l'ouverture de l'*Hôtellerie portugaise* doivent être *attaqués* avec autant de franchise que d'éclat.

Le petit passage de fugue dont nous venons de parler a été appelé *attacco,* parce qu'il est placé au commencement des phrases et des entrées, et que par conséquent il figure toujours à l'instant de l'attaque. (*Voyez* Chef d'attaque.)

Aubade, s. f. Concert qui se donne à l'aube du jour en plein air, sous les fenêtres de quelqu'un.

Authentique ou Authente, adj. Quand la finale d'un chant est aussi la tonique, et que le chant ne descend pas jusqu'à la dominante au-dessous, le ton s'appelle *authentique;* mais si le chant descend ou finit à la dominante, le ton est plagal. Je prends ici ces mots de tonique et de dominante dans l'acception musicale. Ces différences d'*authente* ou de plagal ne s'observent plus que dans le plain-chant ; et soit qu'on place la finale au bas du diapason, ce qui rend le ton *authentique*, soit qu'on la place au milieu, ce qui le rend plagal ; pourvu qu'au surplus la modulation soit régulière, la musique moderne admet tous les chants comme *authentiques* également, en quelque lieu du diapason où puisse tomber la finale. Il y a dans les huit tons de l'église romaine quatre tons *authentiques*; savoir, le premier, le troisième, le cinquième et le septième. (*Voy.* Tons de l'église.)

B.

B. Cette majuscule, placée à la tête d'une partie, marque la basse chantante, pour la distinguer de la basse continue, *B. C.* Cette observation ne regarde que la musique ancienne.

B ou Col B, écrit sur une partition, indique que la partie où il se trouve doit marcher avec la basse, *Col basso.*

B-FA-SI. (*Voyez* A.)

BAGUETTES. Ce sont deux petits morceaux de bois dur, tournés, de quinze pouces de longueur sur neuf lignes de diamètre par le bout qu'on tient à la main, d'où ils vont toujours en diminuant jusqu'à l'autre bout, qui a la forme d'une grosse olive. On se sert de ces *baguettes* pour battre le tambour; une seule, plus mince, suffit pour jouer du tambourin. Les *baguettes* de timbales, plus courtes et plus minces que celles du tambour, sont terminées par une espèce de champignon plat et arrondi par les bords. On a aussi de très-petites *baguettes* pour jouer du timpanon.

BALLADE, s. f. On entend par *ballades*, en Angleterre, des chansons ou espèces d'odes à plusieurs couplets ou strophes que l'on chante ordinairement, mais qui servent aussi quelquefois d'airs de danse, comme les vaudevilles. Il y a de ces *ballades* très-anciennes, qui sont fameuses et méritent de l'être par leur simplicité, la naïveté et le pittoresque des pensées; telle est la *ballade* des deux enfans dans le bois (*The two children in the vood*).

Il est probable que ce mot vient de *Ballet*.

BALLET, s. m. Action théâtrale qui se représente par la danse, guidée par la musique. Ce mot vient de l'italien *ballare*, danser.

Le mot *ballet* désigne quatre différens genres de spectacles; savoir : le *ballet*, la *comédie-ballet*, l'*opéra-ballet*, et le *ballet d'action* ou *ballet-pantomime*.

Dans le premier, la danse est une partie accessoire de l'action représentée : dans le second et le troisième, elle est partie principale ; la poésie et la musique vocale sont alors accessoires à leur tour : dans le quatrième enfin, la danse est tout ; et pour représenter une action, les hommes ne parlent pas, ils ne chantent pas ; ils jouent la pantomime et dansent.

Le *Mariage Forcé*, de Molière, était une *comédie-ballet* ; l'*Europe Galante*, un *opéra-ballet*. Ces deux genres ont été abandonnés depuis long-temps; on n'emploie plus sur nos théâtres lyriques que le *ballet*, partie accessoire de l'opéra, tel que celui que l'on exécute au premier acte de *la Vestale*, au deuxième acte de *la Caravane*; et le *ballet d'action* ou *ballet-pantomime*, tels que *Psyché*, *Pâris*, *Flore et Zéphyre*, *Nina*, *la Dansomanie*, etc.

Deux célèbres danseurs furent, en Grèce, les inventeurs des *ballets*, et les unirent à la tragédie et à la comédie.

Bathyle, d'Alexandrie, inventa ceux qui représentaient les actions gaies, et Pilade introduisit ceux qui représentaient les actions graves, touchantes et pathétiques.

Leurs danses étaient un tableau fidèle de tous les mouvemens du corps, et une invention ingénieuse, qui servait à les régler, comme la tragédie, en représentant les passions, servait à rectifier les mouvemens de l'âme.

Les Romains eurent aussi des *ballets*. On peut voir, dans le Traité du père Ménétrier, des détails très-intéressans sur les grands *ballets* exécutés dans toutes les cours de l'Europe avant l'invention du drame lyrique. Balthasarini, italien, plus connu sous le nom de Beaujoyeux, fut le premier qui apporta une certaine régularité dans les ballets composés pour les rois de France : c'est lui qui fit le fameux *ballet* comique de la Reine, pour les noces du duc de Joyeuse, et dont la dépense s'éleva à douze cent mille écus. Il paraît que ces *ballets* n'étaient dansés que par des hommes. Ce ne fut qu'en 1681, à la représentation du *Triomphe de l'Amour*, de Lulli, que l'on introduisit des danseuses sur le théâtre de l'Opéra ; les rôles de femmes, dans les *ballets*, avaient été remplis jusqu'alors par des hommes travestis.

Noverre, et après lui MM. Gardel et Milon, ont porté le *ballet-pantomime* au dernier point de perfection ; l'habileté de nos danseurs leur a donné les moyens de tenter des effets extraordinaires et d'une nouveauté piquante.

L'exécution de la musique des *ballets* est confiée entièrement à l'orchestre. Placé au second rang dans un opéra, le chant instrumental n'a plus de rival dans les *ballets*. Les belles symphonies de Haydn, les ouvertures, la musique dramatique, les concertos, les duos de violons, les sonates, les romances, les barcarolles, toutes ces pièces diverses servent à la composition des *ballets d'action*. Il en est dont la musique est absolument neuve : mais je donne la préférence aux premiers, en ce que les airs de situation ont une expression mémorative très-précieuse pour expliquer les énigmes du langage mimique; et tous les autres étant choisis dans le riche répertoire des symphonistes et des compositeurs dramatiques, il y a à parier qu'on ne nous donnera que de l'excellent; tandis que celui qui crée la musique d'un *ballet*, fatigué par l'immensité de son œuvre, admet beaucoup de choses faibles ou communes, et garde quelquefois en portefeuille de beaux morceaux qu'il craindrait de sacrifier dans un tel ouvrage, les réservant pour un opéra où ils seront placés avec plus d'avantage. (*Voyez* AIR, CHANT INSTRUMENTAL, PROVERBES MUSICAUX, RHYTHME.)

BARCAROLLE, s. f. Sorte de chanson en langue vénitienne que chantent les gondoliers à Venise. Quoique les airs des *barcarolles* soient faits pour le peuple, et souvent composés par les gondoliers mêmes, ils ont tant de mélodie et un accent si agréable, qu'il n'y a pas de musicien dans toute l'Italie qui ne se pique d'en savoir et d'en chanter. L'entrée gratuite qu'ont les gondoliers à tous les théâtres, les met à portée de se former, sans frais, l'oreille et le goût; de sorte qu'ils composent et chantent leurs airs en gens qui, sans ignorer les finesses de la musique, ne veulent point altérer le genre simple et naturel de leurs *barcarolles*. Les paroles de ces chansons sont communément plus que naturelles, comme les conversations de ceux qui les chantent; mais ceux à qui les peintures fidèles des mœurs du peuple peuvent plaire, et qui aiment d'ailleurs le dialecte vénitien, s'en passionnent facilement, séduits par la beauté des airs; de sorte que plusieurs curieux en ont de très-amples recueils.

N'oublions pas de remarquer, à la gloire du Tasse, que la plupart des gondoliers savent par cœur une grande partie de son poëme de la *Jérusalem délivrée*, que plusieurs le savent tout entier, qu'ils passent les nuits d'été sur leurs barques à le chanter alternativement d'une barque à l'autre, que c'est assurément une belle *barcarolle* que le poëme du Tasse; qu'Homère seul eut avant lui l'honneur d'être ainsi chanté, et que nul autre poëme épique n'en a eu depuis un pareil.

Les chansons des gondoliers vénitiens ont tant d'agrément, que les compositeurs ont imaginé d'en placer dans leurs opéras, en leur donnant cependant un cadre plus étendu. *A Venise, jeune fillette*, de Michel-Ange; *Blondinette, joliette*, d'*Aline*, sont des *barcarolles*: celle du *Roi Théodore*, à plusieurs voix, est d'un effet charmant; celle *O pescator dell' fidelin*, après avoir obtenu un succès prodigieux, comme pièce fugitive, a été arrangée en trio, et introduite dans l'opéra de *la Sérénade*.

Barcarolle, c'est-à-dire chanson de barque, de batelier. Ce mot, emprunté de l'italien, vient de *barca*, barque. La *barcarolle* s'écrit ordinairement à six-huit, quelquefois à deux-quatre; son mouvement est plutôt gracieux que rapide.

BARDES, s. m. Hommes très-respectés chez les Germains, les Gaulois, les Bretons et les Calédoniens; ils étaient à la fois poëtes, musiciens et guerriers. Fingal et son fils Ossian sont regardés comme les plus fameux : ils vivaient vers l'an 260.

Fergus, *barde*, contemporain de Fingal et d'Ossian, fut aussi grand poëte qu'eux. C'était surtout dans les combats que son génie brillait de tout son éclat, et qu'il exerçait tout son empire. A la bataille de Fiatry, Ossian ayant engagé un combat singulier, commençait à plier; Fergus l'aperçut, et des hauteurs où il était placé, il lui adressa des chants qu'Ossian entendit, et qui lui rendirent le courage et la victoire.

BAROQUE, adj. Une musique *baroque* est celle dont l'harmonie est confuse, chargée de modulations et de dissonnances, le chant dur et peu naturel, l'intonation difficile et le mouvement contraint.

Il y a bien de l'apparence que ce terme vient du mot grec *baros*, chose désagréable.

BARRÉ, s. m. Le *barré* consiste à prendre, sur la guitare et dans la même touche, deux ou trois cordes avec l'index de la main gauche. On l'appelle *grand barré*, lorsque, au lieu de deux ou trois cordes, on en prend cinq ou six. Le *barré* simplifie beaucoup le doigter, et donne ainsi les moyens d'exécuter avec facilité un grand nombre de passages scabreux.

Les Italiens l'appellent *capo tasto*.

BARRÉ, C BARRÉ, sorte de mesure. (*Voyez* C.)

BARRES, s. f. pl. Traits tirés perpendiculairement à la fin de chaque mesure, sur les cinq lignes de la portée, pour séparer la mesure qui finit, de celle qui recommence. Ainsi les notes contenues entre deux *barres* forment toujours une mesure complète, égale, en valeur et en durée, à chacune des autres mesures comprises entre deux autres *barres*, tant que le mouvement et la mesure ne changent pas.

Le principal usage des *barres* est de distinguer les mesures et d'en indiquer le *frappé*, lequel se fait toujours sur la note qui suit immédiatement la *barre*. Elles servent aussi, dans les partitions, à montrer les mesures correspondantes dans leur portée; et pour rendre leur effet plus sensible, on les prolonge même sur les espaces blancs qui séparent les portées, en exceptant cependant ceux qui renferment les paroles du chant.

Il y a à peine deux cents ans que l'on s'est avisé de tirer des *barres* de mesure en mesure; la marche d'un morceau de musique n'était réglée auparavant que par la seule valeur des notes.

1. 4

Les *barres* sont encore employées dans les abréviations.

Une *barre* courte, fortement marquée et inclinée de droite à gauche, sert à indiquer qu'une ronde, une blanche, une noire, doivent être divisées en autant de croches que leur valeur en représente. Pour une ronde barrée on articulera huit croches, quatre pour une blanche, deux pour une noire; si la ronde porte deux *barres*, on articulera seize doubles croches; trente-deux triples croches, soixante-quatre quadruples, si elle en porte trois ou quatre: on suivra la même progression à l'égard des valeurs moindres que la ronde. Les *barres* se placent au-dessus ou au-dessous des notes, selon que leur position l'exige; on barre les blanches, les noires et les croches au travers de leur queue. Les croches liées peuvent aussi être barrées, pour marquer une double, une triple articulation.

Une *barre* placée dans la mesure après un groupe de notes, indique qu'il faut répéter autant de fois ce même groupe qu'il y a de *barres*. (*Fig.* 1.)

Nos prédécesseurs appelaient improprement *crochets* ces sortes de *barres* dont on se sert pour les abréviations. (*Voyez* ABRÉVIATION.)

BARITON, s. m. C'est la seconde espèce de voix d'homme, en comptant du grave à l'aigu. Soit par goût ou par nécessité, les Français ont toujours préféré la voix de *bariton* à celle de basse. Les rôles d'Oreste, d'Agamemnon, de Sylvain, du Déserteur, d'Erasistrate, du Sénéchal de *Jean de Paris*, sont écrits pour le *bariton*. Cette voix tient le milieu entre la voix de basse, qui est plus grave, et le ténor, qui lui succède immédiatement à l'aigu.

Le *bariton* se désigne aussi par les noms de concordant, seconde taille, bas-ténor et basse-taille. On devrait noter la partie de *bariton* sur la clef de *fa* troisième ligne, ainsi que cela se pratiquait autrefois; mais on lui donne maintenant la clef de basse, et cet usage est trop généralement établi pour chercher à le détruire.

Le diapason du *bariton* commence au *si bémol* placé sur la seconde ligne, la clef étant celle de *fa* quatrième ligne, et s'élève jusqu'au *fa* hors des lignes.

Pellegrini, Martin, Lays ont des voix de *bariton*.

Ce mot est composé de deux mots grecs, *barys*, grave, et *tonos*, ton.

On donne encore le nom de *bariton* à une espèce de basse de viole, montée de sept cordes à boyau, ayant sous le manche des cordes de laiton que l'on faisait résonner en les pinçant avec le pouce, tandis qu'on touchait les autres avec un archet. Haydn a composé beaucoup de musique pour cet instrument, dont l'usage s'est perdu depuis peu.

BAS, adj. En musique, signifie la même chose que *grave*, et ce terme est opposé à *haut* ou *aigu*. On dit que le ton est trop *bas*, qu'on chante trop *bas*, qu'il faut renforcer les sons dans le *bas*. *Bas* signifie aussi quelquefois doucement, à demi-voix; et, en ce sens, il est opposé à *fort*. On dit *parler bas*, chanter ou psalmodier à *basse*-voix.

Bas se dit encore, dans la subdivision des dessus, de celui des deux qui est au-dessous de l'autre. *Un bas-dessus*.

BASSE, s. f. Celle des quatre parties de la musique qui est au-dessous des autres, la plus basse de toutes, d'où lui vient le nom de *basse*.

La *basse* est la plus importante des parties; c'est sur elle que s'établit le corps de l'harmonie.

Il y a plusieurs sortes de *basse*.

Basse fondamentale, est celle qui n'est formée que des sons fondamentaux de l'harmonie; de sorte qu'au-dessous de chaque accord elle fait entendre le vrai son fondamental, qui est le plus grave lorsque l'accord est divisé par tierces : toute autre disposition donnant des accords dérivés des fondamentaux.

Comme le système de la *basse fondamentale* que nous devons à Rameau est aujourd'hui universellement rejeté, nous ne ferons connaître ni les beautés ni les défauts de cette théorie qui a fait tant de bruit dans le monde musical, pendant le siècle dernier, et que tant de fanatiques prôneurs ont exaltée en proclamant Rameau comme le fondateur de la science de l'harmonie, et comme celui qui avait enfin trouvé, dans la nature, le principe et le lien des règles éparses avant lui, etc., etc. Si ces éloges ont été répétés par des académies entières et par des écrivains du premier ordre, tels que d'Alembert, Rousseau, Condillac et autres, cela ne prouve absolument rien, sinon le danger qu'il y a à parler de ce que l'on ne connaît pas.

Basse continue, ainsi appelée parce qu'elle dure pendant toute la pièce. Nos prédécesseurs donnaient ce nom à la simple *basse* d'orchestre, pour la distinguer des récits de violoncelle et des *basses* figurées de diverses manières.

Basse contrainte, dont le sujet ou le chant, borné à un petit nombre de mesures, recommence sans cesse, tandis que les parties supérieures poursuivent leur chant et leur harmonie en les variant. Cette *basse* appartenait originairement aux couplets de chaconne ; mais on ne s'y asservit plus aujourd'hui.

BASSE (*voix de*). C'est la voix d'homme la plus basse ; son diapason commence au second *fa* grave du piano, et s'élève jusqu'au *ré* hors des lignes. Cette voix n'a qu'un seul registre, celui de poitrine. Les compositeurs français, après l'avoir long-temps négligée, on pourrait dire méconnue, commencent à écrire pour cette voix. OEdipe, Duntalmo, Tamerlan, Fonboni, des *Artistes par occasion*, Rodrigo, de l'*Hôtellerie portugaise*, sont de beaux rôles de *basse*. C'est en lisant les partitions allemandes et italiennes que l'on pourra se faire une idée des effets ravissans que l'on obtient en employant avec art cette *voix de basse*, la plus riche de toutes. Les voix de Dérivis, Porto, Levasseur, sont des *voix de basse*.

BASSE, *instrument*. (*Voy.* CONTRE-BASSE, VIOLONCELLE.)

BASSES. On désigne de cette manière la réunion des

instrumens qui, dans un orchestre, jouent la partie de la basse, comme la contre-basse, le violoncelle, le basson, le trombone. On peut se servir du même terme s'il s'agit d'un orchestre militaire, quoiqu'il n'ait pour *basses* que des bassons, des trombones et des serpens.

BASSE-CONTRE, nom que l'on donnait autrefois en France à la voix de basse, attendu qu'elle chantait contre la basse-taille ou concordant, seule voix grave admise à l'Opéra pour les rôles de récit. On réservait la *basse-contre* pour les chœurs. Ce n'est que depuis peu de temps que nos compositeurs ont écrit des rôles pour ce genre de voix dont les Allemands et les Italiens ont toujours tiré un si grand parti.

Ceux qui veulent établir une différence entre la voix de basse et celle de *basse-contre*, ont tort, et sont égarés par une erreur de mots provenant de ce que l'on confond mal à propos la basse avec le bas-ténor ou basse-taille. Le diapason de la voix de basse commence au *fa*, qui est le deuxième *fa* grave du piano : cette note et le *sol* qui le suit immédiatement, abondent dans la musique destinée à la basse. Dans le premier finale du *Mariage secret* et certaines compositions allemandes, on fait descendre cette voix jusqu'au *mi*, au *ré*, et même à l'*ut*, qui est le premier *ut* grave du piano et du violoncelle. Je ne pense pas qu'il soit possible d'établir un diapason vocal au-dessous de ce point.

BASSET-HORN. (*Voyez* COR DE BASSET.)

Basse-Taille, s. f. Bien des personnes confondent la *basse-taille* avec la basse. Cette erreur vient de ce que les rôles écrits pour ces deux sortes de voix sont chantés, en France, par les mêmes acteurs. Comme nous n'avons presque pas de rôles de basse dans nos opéras, les chanteurs dont les moyens seraient disposés, par la nature et l'art, à remplir convenablement cette partie, sont obligés d'avoir recours à ceux écrits pour des voix plus aiguës, et forcent leur organe pour atteindre aux tons élevés de la *basse-taille* : ils ne donnent par conséquent que le rebut de leur voix, et négligent sa quinte grave dont on aurait pu tirer un grand parti.

Je citerai Thévénard, Cailleau, Lays, Martin, comme ayant possédé des voix de *basse-taille* de la plus grande beauté. (*Voyez* Bariton, Taille.)

Bassiste. s. de t. g. Musicien qui joue de la contre-basse ou du violoncelle.

Basso, ou *Col basso*. (*Voyez* B.)

Basson, s. m. Instrument de musique à vent et à anche, qui, dans la famille du hautbois, tient le même rang que le violoncelle dans celle du violon. Le diapason du *basson* est de trois octaves, à partir du premier *si* ♭ grave du piano ; il commence par conséquent un ton plus bas que celui du violoncelle. Le *basson* joue dans tous les tons. Ses tons favoris sont : *ut*, *fa*, *si* ♭, *mi* ♭, et leurs relatifs mineurs.

Les compositeurs italiens, après avoir fait entendre

le *basson* dans un chant suivi ou dans un solo d'apparat, le renvoient à la partie de basse qu'il suit avec fidélité. Nous avons adopté la manière de l'école allemande, en considérant cet instrument comme devant figurer dans les masses intermédiaires, et se joindre à la viole plutôt que de porter un secours, souvent inutile, à la partie grave, lui réservant ce renfort pour les unissons, les marches travaillées, les entrées de fugue et tous les passages où la basse, placée en première ligne, doit se faire jour à travers le trémolo des violons et les tenues des instrumens à vent. Les contrebasses et les violoncelles suffisent pour les grosses notes de la simple basse.

Quoique le caractère du *basson* soit tendre et mélancolique, ses accens, pleins de vigueur et de sentiment, servent à exprimer les grandes passions dans l'agitato, invitent au recueillement, inspirent une douce piété s'ils accompagnent des chants religieux. Si le *basson* ne saurait être très-brillant, il s'unit du moins parfaitement aux instrumens qui ont cette qualité; et, lorsque les violons suspendent leur discours pour laisser le champ libre aux flûtes, aux clarinettes, aux cors, c'est lui qui sert de base à leur harmonie éclatante. Instrument universel, il module un solo avec autant de grâce que de suavité, et porte ensuite sa voix sur tous les points où elle peut servir utilement, soit pour remplir les vides qui existent entre les parties intermédiaires, soit pour lier un accompagnement ou renforcer un staccato. Possédant le timbre qui s'accorde le mieux avec tous les diapasons, il double successivement la basse, la viole, la clarinette, la flûte; il suit la marche rapide des violons ou la paisible lenteur des cors. Ses pédales ronflantes, ses notes du médium fournissent à l'accompagnement, et sa dernière octave donne une mélodie aussi pure que sonore. Gluck, Haydn, Mozart ont eu pour lui une telle affection, qu'ils semblent ne se décider qu'avec peine à l'exclure du plus petit fragment de leurs compositions.

Comme la voix du *basson* a peu d'éclat, on ne la distingue pas toujours dans les masses; mais les bienfaits qu'elle répand, l'harmonie qu'elle y introduit, n'existent pas moins, et l'on doit lui en savoir d'autant plus de gré, qu'on les attribue quelquefois à d'autres instrumens. Telle la violette, cachée sous l'herbe, parfume la prairie et ne se montre point parmi les fleurs qui l'embellissent.

On se sert de la clef de *fa* quatrième ligne, et de la clef d'*ut* quatrième ligne, pour la musique de *basson*.

Le nom de *basson* vient de ce que cet instrument donne des *sons bas*. Les Italiens l'ont appelé *fagotto*, à cause de la ressemblance que ses trois pièces, réunies ou démontées, ont avec un *fagot*.

Basson (*jeu de*), est un jeu d'anches qui, dans l'orgue, complète le jeu de hautbois et lui sert de basse. Le *jeu de basson* a une étendue de deux octaves.

Bassoniste, s. de t. g. Musicien qui joue du basson.

Bataille, s. f. On donne ce nom à une sorte de composition instrumentale dans laquelle le musicien croit imiter, avec des sons, le bruit de guerre et les divers résultats d'une *bataille*.

L'expression musicale, riche en images et en effets, a ses bornes qu'il faut bien se garder de passer. Toute tentative, en ce genre, ne sert qu'à montrer l'impuissance de l'art et la sottise de l'artiste. L'un imagine de peindre un orage, l'autre le lever de l'aurore, l'autre une noce villageoise; enfin, il y en a qui poussent leur ridicule présomption jusqu'à tenter l'imitation d'une *bataille*. Que produisent-ils? du bruit, et rien que du bruit. L'expression instrumentale est trop vague: Il n'y a que les paroles ou la représentation muette des objets qui puissent donner à la musique cette clarté qui lui manque, et rectifier les fausses interprétations de l'esprit sur les sensations que l'on veut faire éprouver à l'âme.

L'auteur d'une *bataille* n'a pas cette ressource; c'est vainement qu'il couvre sa partition grotesque de burlesques explications. Les écoutans n'ont pas sous les yeux un livret qui les aide à débrouiller ce chaos infernal, cet amas indigeste de lieux communs triviaux, dont l'effet assourdissant ne peut être comparé qu'au vacarme que font les paysans pour arrêter leurs abeilles fugitives.

Je veux supposer qu'un orchestre colossal, avec des gammes et des pétarades, des arpèges et des fanfares, des fusées et des roulemens, imite en quelque façon le bruit d'une *bataille*. L'explosion de l'artillerie, les cris des soldats, les plaintes des mourans, le cliquetis des armes, les trompettes, les cornets, les tambours, les pieds des chevaux, cela fait un mélange affreux, épouvantable. Mais comme tout marche en même temps, ce bruit est toujours le même. Pour se piquer d'une certaine fidélité, le musicien abusera-t-il de la patience de ses auditeurs en prolongeant le fracas de ses machines sonores? Où trouver des contrastes, lorsque l'extrême fortissimo atteint à peine aux premiers degrés de l'imitation? Comment porter la moindre variété dans un tableau si uniforme? Comment? — Par les moyens les plus simples et les plus naturels. Il impose silence aux combattans, aux tambours, aux trompettes, aux canons même, pour que les cris plaintifs et les sanglots des blessés arrivent jusqu'à nous; et quand ces malheureux ont assez gémi, on reprend les armes pour se battre avec une nouvelle ardeur, jusqu'à ce que la fanfare de la *Caravane* vienne proclamer la victoire.

Un organiste, fort des moyens extraordinaires de son instrument, peut tenter des effets gigantesques. Vogel, exécutant la prise de la Bastille, faisait souvent illusion. Le tonnerre de l'orgue de Saint-Sulpice lutterait avec une batterie de campagne. Mais qu'un pianiste, en se précipitant sur son clavier, croie me faire entendre le canon; et, ce qui est encore plus risible, qu'un joueur de guitare me dise gravement, en pinçant de pitoyables amphigouris, *c'est un combat, c'est une tempête*; et, passant ensuite à la démonstration, m'explique des détails que mon esprit obtus n'a pu saisir, c'est le comble de l'absurdité. Ce serait s'abaisser au niveau de ces inepties, que de les combattre par le raisonnement.

On nous a donné successivement les batailles de Prague, de Jemmapes, de Marengo, d'Austerlitz, de Waterloo, etc., etc., lesquelles ont été réduites ensuite pour piano, pour deux flûtes, et même pour deux flageolets. Tous ces œuvres singuliers ont été achetés par la foule ignorante. Ne doit-on pas compter sur le succès d'une spéculation fondée sur la sottise?

Baton, s. m. sorte de barre épaisse qui traverse perpendiculairement une ou plusieurs lignes de la portée, et qui, selon le nombre des lignes qu'il embrasse, exprime une plus grande ou moindre quantité de mesures qu'il faut passer en silence.

Ces *bâtons* ne sont plus en usage, et l'on marque le nombre des pauses avec des chiffres posés au-dessus de la portée.

Baton de mesure, est un *bâton* fort court, ou même un rouleau de papier dont le chef d'orchestre se sert, dans les grandes réunions musicales, pour régler le mouvement, et marquer la mesure et les temps.

Rousseau, dans ses écrits sur l'ancienne musique française, a dirigé particulièrement ses traits satiriques sur la manière d'exécuter adoptée à l'Académie royale. Il appelle le chef d'orchestre le bûcheron, à cause des coups redoublés qu'il frappait sur le pupitre avec un gros *bâton* de bois bien dur. Malgré la réforme que notre musique dramatique a subie, ce *bâton* existe toujours, mais avec des dimensions moindres, et celui qui le tient en main se contente de le promener dans l'espace, pour marquer les premiers temps de la mesure. Dès que le mouvement est bien senti et l'impulsion donnée, il abandonne les chanteurs et l'orchestre, jusqu'au moment où l'on aura de nouveau besoin de son secours pour hâter ou retarder la marche du discours musical.

Le bruit du *bâton* tombant à coups égaux sur le pupitre, détruisait l'illusion et contrariait l'amateur attentif. Ce vice d'exécution était inhérent aux compositions françaises du temps de Rousseau. L'orchestre suivait les chanteurs à la piste sans observer ni rhythme ni mesure; et, lorsqu'il se rencontrait quelque morceau d'une marche régulière, les symphonistes et les chanteurs étaient si surpris de se voir assujétis à la mesure, que leur chef ne pouvait les retenir dans le bon chemin qu'en leur marquant chaque pas.

Quoique l'Académie royale de musique obéisse au *bâton de mesure* comme autrefois, les sarcasmes de Rousseau ne lui sont pas plus applicables, que ceux qu'il a lancés contre la musique française ne le seraient aux œuvres de Gluck et de Méhul. On ne doit pas considérer le *bâton*, mais la manière dont il est employé. Lorsqu'il s'agit de faire mouvoir les grandes masses, qu'un chœur de chant doit partir du dehors, ou qu'une foule de danseurs attend dans la coulisse l'instant de s'élancer sur la scène, il faut nécessairement donner le signal du départ; le *bâton de mesure* se fait entendre alors. Ce signal, que les acteurs saisissent subtilement, est peu sensible pour les auditeurs, distraits par la pompe du spectacle. D'ailleurs l'orchestre donne, pour l'ordinaire, des sons plus éclatans dans ces occasions, ils couvrent le bruit désagréable du *bâton*, et lorsque le maître de musique se borne au seul geste, il n'est aperçu que de ceux qui doivent le voir. Le virtuose qui, à la manière des Italiens, conduit son orchestre avec le violon, n'est-il pas obligé de frapper aussi de temps en temps sur le pupitre avec l'archet pour éveiller l'attention des symphonistes, au début de l'air ou du chœur qui succèdent au récitatif ou au dialogue parlé?

L'orchestre de l'Opéra-Comique, et ceux de la plupart des théâtres de province, sont dirigés avec l'archet. Le maître de musique se place ordinairement au centre, en face du théâtre, et quelquefois à l'extrémité de l'orchestre, laissant le théâtre à sa gauche. Lahoussaye avait disposé l'orchestre de Feydeau de cette manière, que M. Grasset a adoptée pour celui de l'Opéra Italien.

BATTERIE, s. f. Manière de frapper et répéter successivement, sur diverses cordes d'un instrument, les divers sons qui composent un accord, et de passer ainsi d'accord en accord par un même mouvement de notes. On distingue la *batterie* de l'arpège, en ce que celui-ci ne contient que les notes d'un même accord; tandis que la *batterie* en contient de plusieurs accords, et qu'elle emploie même des notes de passage qui ne sont pas dans l'harmonie. (*Fig.* 8.)

Battre la mesure. C'est en marquer les temps par des mouvemens, de la main ou du pied, qui en règlent la durée, et par lesquels toutes les mesures semblables sont rendues parfaitement égales, en valeur chronique ou en temps, dans l'exécution.

Il y a des mesures qui ne se battent qu'à un temps (1), d'autres à deux, à trois ou à quatre, ce qui est le plus grand nombre de temps marqués que puisse renfermer une mesure : encore une mesure à quatre temps peut-elle toujours se résoudre en deux mesures à deux temps. Dans toutes ces différentes mesures, le temps frappé est toujours sur la note qui suit la barre immédiatement; le temps levé est toujours celui qui la précède.

Le degré de lenteur ou de vitesse qu'on donne à la mesure dépend de plusieurs choses : 1° de la valeur des notes qui composent la mesure; 2° du mouvement indiqué par le mot qu'on trouve à la tête de l'air; *lento, andante, allegro, presto*, etc. : tous ces mots indiquent autant de modifications dans le mouvement d'une même sorte de mesure: 3° enfin, du caractère de l'air même qui, s'il est bien fait, en fera certainement sentir le vrai mouvement.

Les Français ne *battent* pas la *mesure* comme les Italiens. Ceux-ci, dans la mesure à quatre temps, frappent successivement les deux premiers temps et lèvent les deux autres; ils frappent aussi les deux premiers

---

(1) Il n'existe point de mesure à un temps; mais, comme dans le presto à trois temps on ne peut en marquer qu'un, la *mesure* des menuets de symphonie ne se *bat* réellement qu'à un temps, quoiqu'elle en ait trois.

dans la mesure à trois temps, et lèvent le troisième. Les Français ne frappent jamais que le premier temps, marquent les autres, savoir : pour la mesure à quatre temps, en portant la main à gauche, à droite et en haut, et, dans la mesure à trois temps, en portant la main à droite et en haut, pour retomber ensuite sur le temps frappé.

Bec, s. m. Partie de la clarinette que l'on place dans la bouche lorsqu'on veut jouer de cet instrument. C'est sur le *bec* que l'on adapte l'anche, au moyen d'une virole à écrou.

Bécarre, s. m. Caractère de musique qui s'écrit ainsi ♮, et qui, placé à la gauche d'une note, marque que cette note ayant été précédemment haussée par un dièse, ou baissée par un bémol, doit être remise à son élévation naturelle.

Le *bécarre* a été inventé par Guido d'Arezzo. Cet auteur, qui donna des noms aux six premières notes de l'octave, n'en laissa point d'autres que la lettre *B* pour exprimer le *si* naturel, car chaque note avait dès-lors sa lettre correspondante; et comme le chant diatonique de ce *si* est dur quand on y monte depuis le *fa*, il l'appela simplement *B dur*, *B carré*, ou *bécarre*, par une allusion dont nous parlerons à l'article Bémol.

Le *bécarre* servit dans la suite à détruire l'effet du bémol antérieur sur la note qui suivait le *bécarre*; c'est que le bémol se plaçant ordinairement sur le *si*, le *bécarre* qui venait ensuite ne produisait, en détruisant ce bémol, que son effet naturel, qui était de représenter la note *si* sans altération. A la fin, on s'en servit par extension, pour détruire aussi l'effet du dièse; et c'est ainsi qu'il s'emploie aujourd'hui. Le *bécarre* efface également le dièse ou le bémol qui l'ont précédé.

Il y a cependant une distinction à faire. Si le dièse ou le bémol étaient accidentels, ils sont détruits sans retour par le *bécarre* dans toutes les notes qui le suivent immédiatement ou immédiatement sur le même degré, jusqu'à ce qu'il s'y présente un nouveau bémol ou un nouveau dièse. Mais si le bémol ou le dièse sont à la clef, le *bécarre* ne les efface que pour la note qu'il précède immédiatement, ou tout au plus pour toutes celles qui suivent dans la même mesure et sur le même degré; et à chaque note altérée à la clef, dont on veut détruire l'altération, il faut autant de nouveaux *bécarres*.

On ne se servait autrefois du *bécarre* que pour effacer le bémol, et jamais pour effacer le dièse; c'est le bémol seulement que l'on employait dans ce dernier cas. Il est bon d'y faire attention en lisant les anciennes musiques.

Le *bécarre* se place, pour l'ordinaire, accidentellement. On le met à la clef lorsque le morceau de musique, commencé avec trois ou quatre dièses ou bémols, passe dans un ton qui n'en exige qu'un ou deux, ou même point du tout; mais, dans ce cas, le *bécarre* ne figure à la clef qu'au lieu même où le changement de ton s'opère, et à la ligne suivante on ne trouve que les dièses et bémols dont le nombre a été réduit.

Il est bon quelquefois de mettre un *bécarre* devant une note qui n'a point été altérée encore, si cette note vient d'être tenue en bémol ou en dièse par divers instrumens qui jouent, avec celui dont la partie porte cette note au naturel. Il peut arriver aussi que la même note soit tenue en même temps en altération et au naturel; la seconde mesure de l'allégro de l'ouverture de *Don Juan* en offre un exemple. (*V.* Bémol, Dièse.)

Beffroi, s. m. ou Tam-Tam. Instrument de percussion en usage chez les Orientaux, et admis dans notre musique militaire et nos orchestres. C'est, dans sa forme, une espèce de tambour de basque, tout entier d'un métal composé, qui a une vibration extraordinaire quand on le frappe avec un marteau.

Le *beffroi* s'emploie avec succès dans les marches lugubres et funèbres, dans les chœurs qui expriment des passions exaspérées, et dont l'effet doit être terrible, tel que celui qui termine le deuxième acte de la *Vestale*.

Bémol, s. m. Caractère de musique auquel on donne la figure d'un *b*, et qui fait baisser d'un demi-ton mineur la note à laquelle il est joint.

Guido d'Arezzo ayant autrefois donné des noms à six notes de l'octave, desquelles il fit son célèbre hexacorde, laissa la septième sans autre nom que celui de la lettre *B* qui lui est propre, comme le *C* à l'*ut*, le *D* au *ré*, etc. Or ce *B* se chantait de deux manières, savoir à un ton au-dessus du *la*, selon l'ordre naturel de la gamme, ou seulement à un demi-ton du même *la*, lorsqu'on voulait conjoindre les tétracordes; car il n'était pas encore question de nos modes ou tons modernes. Dans le premier cas, le *si* sonnant assez durement à cause des trois tons consécutifs, on jugea qu'il faisait à l'oreille un effet semblable à celui que les corps anguleux font à la main : c'est pourquoi on l'appela *B dur* ou *B quarre*, en italien *B quadro*. Dans le second cas, au contraire, on trouva que le *si* était extrêmement doux : c'est pourquoi on l'appela *B mol*.

Il y a deux manières d'employer le *bémol* ; l'une accidentelle, quand dans le cours d'un chant on le place à gauche d'une note. Dans ce cas il n'altère que la note qu'il touche, celles qui la rebattent dans la même mesure et celle qui est liée avec elle par un trait d'union, quoiqu'elle se trouve dans une mesure suivante.

L'autre manière est d'employer le *bémol* à la clef, et alors il la modifie; il agit dans toute la suite de l'air et sur toutes les notes placées sur le même degré, à moins que ce *bémol* ne soit détruit accidentellement par le bécarre, ou que la clef ne vienne à changer.

Les *bémols* se posent à la clef dans l'ordre suivant :

Si, mi, la, ré, sol, ut, fa.

On ne saurait employer les derniers *bémols* à la clef sans employer ceux qui les précèdent : ainsi le *bémol* du *mi* ne se pose qu'avec celui du *si*, celui du *la* qu'avec les deux précédens, et chacun des suivans qu'avec tous ceux qui les précèdent.

Lorsqu'après avoir employé le *bémol* accidentellement ou à la clef, la modulation exige que la note bémolisée soit baissée encore d'un demi-ton, on a recours au double *bémol* ♭♭, qui diminue la note d'un ton entier; ce signe ne peut être placé qu'accidentellement. (*Fig.* 51.)

BÉMOLISER, v. a. Marquer une note d'un *bémol*, ou armer la clef par *bémol*. *Bémolisez* ce *mi*. Il faut *bémoliser* la clef pour le ton de *fa*.

BINAIRE, adj. des deux genres. Qui est composé de deux unités. On donne le nom de *binaire* à la mesure à deux temps, attendu qu'elle se partage en deux temps égaux : elle est opposée à la triple, ou mesure ternaire.

La mesure *binaire* était appelée imparfaite, et la mesure ternaire avait le titre de parfaite, parce que les anciens prétendaient que le nombre *trois*, qui ne se divise point, est plus parfait que le nombre *deux*. C'est pour cette raison qu'ils marquaient la mesure ternaire par un cercle divisé, ou par un cercle avec un point au milieu, ou par un cercle simple, comme la plus parfaite de toutes les figures; et la mesure *binaire* par un demi-cercle ou cercle imparfait, soit simple, soit barré, ou avec un point au milieu; de là viennent le *C* simple et le *C* barré, dont nous nous servons encore pour indiquer les mesures à deux et à quatre temps.

Bis, mot latin qui signifie *deux fois*, et dont on se sert en musique, soit pour faire recommencer un air quand il est fini, en disant *bis* à celui qui l'a chanté, soit pour marquer dans une pièce de musique qu'un même trait de chant doit être exécuté deux fois de suite ; et alors on l'écrit au-dessus du trait de chant qu'on a soin de renfermer entre deux marques, afin que le musicien sache où commence et finit le *bis*. On met encore *bis* à côté d'un vers, d'une chanson, qui doit être chanté deux fois.

BISCROME, s. f. plur. Mot italien qui signifie *triples croches*. Quand ce mot est écrit sous une suite de notes égales et de plus grande valeur que des triples croches, il marque qu'il faut diviser en triples croches les valeurs de toutes ces notes, selon la division réelle qui se trouve ordinairement faite au premier temps. Cette abréviation n'est plus en usage et ne se rencontre que sur les anciennes partitions.

BLANCHE, s. f. C'est le nom d'une note qui vaut deux noires ou la moitié d'une ronde. (*Fig.* 5 L.)

BOCAL, s. m. Est le petit tuyau de cuivre recourbé qui porte le vent de la bouche de l'exécutant dans le corps du basson. On appelle encore *bocal* un petit hémisphère concave de métal, d'ivoire ou de bois dur, percé par le milieu, qui sert d'embouchure pour jouer du serpent, du trombone ou du buccin.

BOLERO, s. m. Sorte d'air de chant et de danse qui nous vient des Espagnols. Le *bolero* est presque toujours en mode mineur; son caractère tient du pays où il a pris naissance, et l'on trouve dans ses accompagnemens le rhythme et l'effet du rasgado de la guitare. Le *bolero* de *Cendrillon* est dans le style noble; ceux de *Joconde* et de la *Fête du village voisin* ont de l'enjouement et de la grâce. L'ouverture des *Aveugles de Tolède* est un *bolero*.

BOMBARDE. C'est dans l'orgue le plus grand des jeux d'anches; ses tuyaux sont de forme conique.

BON, adj. *bon temps*. (*Voyez* FORT.)

BOUCHE, s. f. On donne ce nom à l'ouverture horizontale, pratiquée au bas d'un tuyau d'orgue pour laisser échapper l'air qu'il contient. Quoique le tuyau soit ouvert par les deux bouts, c'est par cette *bouche* qu'il parle. Si elle est trop ouverte le tuyau ne résonne presque pas; si elle l'est trop peu, il ne fait entendre qu'un sifflement désagréable.

Les tuyaux à anches n'ont point de *bouche*; l'air mis en vibration par le frémissement de la languette de métal parcourt toute l'étendue du tuyau et sort par son extrémité supérieure.

On divise les jeux d'orgue en deux classes; savoir les jeux à *bouche*, tels que les bourdons, prestants, flûtes, cornets, etc., et les jeux à anches ou d'anches, tels que la trompette, le hautbois, le basson, le cromorne, etc.

BOUCHÉ. (*Voyez* TUYAU.)

BOUCHÉS. (*Voyez* TONS BOUCHÉS.)

BOUFFON, opéra *bouffon*. C'est le titre que l'on donne à un certain genre de drame lyrique en opposition avec le genre sérieux. Cette dénomination est particulièrement en usage en Italie, ou affectée aux ouvrages italiens. Les drames français de ce genre s'appellent plus ordinairement opéras comiques. Cependant le *Tableau parlant*, l'*Irato*, *Ma Tante Aurore*, sont des opéras *bouffons*.

BOURDON est le nom des tuyaux ou cordes d'instrumens qui donnent toujours le même son dans le grave, comme dans les musettes, les vielles.

BOURDON, ou basse de flûte, est le jeu le plus essentiel de l'orgue. Les Italiens le nomment *principale* en huit pieds. Dans les très-grandes orgues il y a toujours un *bourdon* de seize pieds et des *bourdons* auxiliaires en trente-deux. Tous les *bourdons* sont des jeux à bouche.

BOURRÉE, s. f. Sorte d'air à deux temps, propre à une danse du même nom, qui est en usage en Auvergne.

BRAILLER, v. n. C'est excéder le volume de sa voix et chanter tant qu'on a de force.

BRANLE, s. m. Sorte de danse fort gaie, qui se danse en rond, sur un air court et en rondeau ; c'est-à-dire avec un même refrain à la fin de chaque couplet.

BRAVO ! Exclamation que nous avons empruntée des

Italiens, et qui nous sert aujourd'hui, comme à eux, pour exprimer l'admiration due à un artiste qui excelle dans son art.

En adoptant ce mot, nous en avons changé la prononciation, en faisant une brève de sa première syllabe, qui est longue en italien. C'est de cette manière que M. Boïeldieu l'a prosodié dans son quatuor de *Ma Tante Aurore*; et nous disons indifféremment *bravo* à un homme, à une femme, à plusieurs hommes et à plusieurs femmes, tandis que les Italiens déclinent et crient, selon l'occasion, *bravo, brava, bravi, brave*. C'est ainsi qu'il faudrait dire; mais cette affectation paraîtrait peut-être singulière à un grand nombre de Français, qui regardent ce mot comme indéclinable.

Les Romains actuels ont l'habitude, flatteuse pour le compositeur, de crier, au théâtre, pendant un morceau de musique où l'orchestre domine : *Brava la viola! bravo il fagotto! bravo l'oboe!* Si c'est un chant mélodieux et pathétique qui les flatte, ils s'adressent à l'auteur, ou ils soupirent et pleurent; mais ils ont aussi la terrible manie de crier tour à tour : *Bravo Sacchini! bravo Cimarosa! bravo Paisiello!* aux représentations de l'opéra d'un autre auteur; supplice bien propre à réprimer le crime de plagiat.

BRAVOURE (*air de*). Air dans lequel se trouvent plusieurs passages d'une certaine étendue, composés de notes rapides que la voix exécute sur une seule syllabe, et destinés, pour l'ordinaire, à faire briller l'habileté du chanteur.

C'est là, même en italien, le vrai sens du mot *bravura*, qui vient de *bravo*. L'adjectif *bravo* signifie habile, excellent dans un art ou dans une profession quelconque. Le substantif *bravurá* est l'habileté, l'excellence; et l'*aria di bravura*, un air qui exige et qui prouve, dans un chanteur, cette excellence et cette habileté.

L'air de *la Fausse Magie : Comme un Eclair ;* et celui d'*Euphrosine : Quand le Guerrier vole aux combats*, sont des *airs de bravoure*.

BRÈVE, s. f. Note qui passe deux fois plus vite que celle qui la précède : ainsi la noire est *brève* après une blanche pointée, la croche après une noire pointée. On ne pourrait pas de même appeler *brève* une note qui vaudrait la moitié de la précédente : ainsi la noire n'est pas une *brève* après la blanche simple, ni la croche après la noire, à moins qu'il ne soit question de syncope.

C'est autre chose dans le plain-chant. Pour répondre exactement à la quantité des syllabes, la *brève* y vaut la moitié de la longue. De plus, la longue a quelquefois une queue pour la distinguer de la *brève* qui n'en a jamais; ce qui est précisément l'opposé de la musique, où la ronde, qui n'a point de queue, est double de la blanche qui en a une. (*Voyez* MESURE, VALEUR DES NOTES.)

Brève est aussi le nom que donnaient nos anciens musiciens, et que donnent encore aujourd'hui les Italiens à cette vieille figure de note que nous appelons *carrée*. Il y avait deux sortes de *brèves*, savoir, la droite ou parfaite, qui se divise en trois parties égales, et vaut trois rondes ou demi-brèves dans la mesure triple, et la *brève* altérée ou imparfaite, qui se divise en deux parties égales, et ne vaut que deux demi-brèves dans la mesure double. Cette dernière sorte de *brève* est celle qui s'indique par le signe du *C* barré, et les Italiens nomment encore *alla breve* la mesure à deux temps fort vites, dont ils se servent dans les musiques *da capella*. (*Voyez* ALLA BREVE.)

BRODERIES. Se dit, en musique, de plusieurs notes que le musicien ajoute à sa partie, dans l'exécution, pour varier un chant souvent répété, pour orner des passages trop simples, ou pour faire briller la légèreté de son gosier ou de ses doigts. Rien ne montre mieux le bon ou mauvais goût d'un musicien, que le choix ou l'usage qu'il fait de ces ornemens.

BRUIT, s. m. C'est, en général, toute émotion de l'air qui se rend sensible à l'organe auditif; mais, en musique, le mot *bruit* est opposé au mot *son*, et s'entend de toute sensation de l'ouïe qui n'est pas sonore et appréciable.

On donne, par mépris, le nom de *bruit* à une musique étourdissante et confuse, où l'on entend plus de fracas que d'harmonie, et plus de clameurs que de chant. *Ce n'est que du* bruit, *cet opéra fait beaucoup de* bruit *et peu d'effet*.

BUCCIN, s. m. Espèce de trombone que l'on a

adopté pour la musique militaire : il ne diffère du trombone ordinaire que par son pavillon taillé en gueule de serpent. Cette forme pittoresque pour l'œil nuit essentiellement aux résultats de l'instrument, dont elle arrête et raccourcit les vibrations. Le son du *buccin* est plus sourd, plus dur, plus sec que celui du trombone. (*Voyez* TROMBONE.)

C.

C. Cette lettre sert à marquer la mesure à quatre temps. Il devient le signe de celle à deux temps, si on le traverse d'une ligne perpendiculaire : c'est ce qu'on appelle *C* barré.

Nous nous servons de chiffres pour indiquer les autres mesures : pourquoi ne les adopterait-on pas pour les mesures à deux et à quatre temps ? Un 2 ou un 4 exprimeraient bien plus clairement la volonté du compositeur, que des *C* que l'on néglige souvent de barrer. Sont-ils barrés ? ils présentent encore des doutes au musicien peu exercé qui, ne sachant pas bien à quelle mesure ces signes se rapportent, leur donne une fausse application.

Lorsqu'à la clef d'un *canon fermé* à deux parties on trouve un *C* simple et un *C* barré l'un sur l'autre, c'est une marque qu'une des parties exécute le chant tel qu'il est noté, et que l'autre donne à toutes les notes, pauses, silences, le double de leur valeur. La partie dont la marque est en haut commence la première.

Le *C* placé hors des lignes signifie *Canto* : *C.* 1, *C.* 2, *Canto primo*, *Canto secondo*. S'il est placé dans les lignes et accompagné d'un *B*, il signifie *Col basso*.

C sol ut, ou simplement *C*, caractère ou terme de

musique qui indique la première note de la gamme, que nous appelons *ut*. (*Voyez* A, Gamme.)

Cachée, ou *couverte*, adj. Epithète que l'on donne aux quintes et aux octaves qui ne se trouvent pas réellement entre deux parties, mais qui s'y trouveraient, si l'on remplissait l'intervalle d'une de ces parties, ou de toutes deux. Il ne faut pas seulement éviter d'écrire plusieurs quintes de suite, par mouvement semblable et entre les deux mêmes parties, mais il faut éviter que l'oreille ne puisse les pressentir dans la marche des deux mêmes parties. (*Fig.* 9.)

Cacophonie, s. f. Union discordante de plusieurs sons mal choisis ou mal accordés. Ce mot vient du grec *cacos*, mauvais, et *phoné*, son.

Cadence, s. f. La *cadence* est la terminaison d'une phrase musicale sur un repos. On nomme aussi *cadence* la résolution d'un accord dissonant sur un accord consonnant.

Il y a deux *cadences* principales : la *cadence* sur la tonique, et la *cadence* sur la dominante.

La *cadence* sur la tonique termine le sens musical, et se nomme *cadence* finale ou parfaite.

La *cadence* sur la dominante suspend le sens musical, sans le terminer.

La *cadence* parfaite se fait par l'accord de dominante résolu sur la tonique.

La résolution de la septième sensible et de la septième diminuée sur la tonique, est aussi une *cadence* parfaite, mais on l'emploie rarement comme *cadence* finale.

Les renversemens de septième dominante et de septième diminuée, qui sont résolus sur la tonique, font aussi *cadence* parfaite.

La *cadence* à la tonique peut encore être amenée par la sous-dominante, portant accord parfait, ou accord de sixte. Cette *cadence* ne termine pas le sens musical comme la *cadence* parfaite, cependant elle est quelquefois employée comme finale dans la musique d'un genre religieux : elle se nomme plagale. Le chœur du sommeil d'Ossian, dans *les Bardes*, celui qui ouvre le deuxième finale de *Montano et Stéphanie*, sont terminés par une *cadence* plagale.

La *cadence* à la dominante est le passage de la tonique faisant repos sur la dominante.

On peut éviter, interrompre ou rompre la *cadence* parfaite, en changeant la résolution de la septième dominante qui annonce cette *cadence*.

La *cadence* s'évite en ajoutant la septième mineure à l'accord parfait majeur, sur laquelle devait s'établir le repos, c'est-à-dire en faisant de la tonique une dominante portant septième, ce qui produit deux septièmes dominantes de suite descendant par quintes. Cette *cadence évitée* a été employée avec succès par M. Chérubini, dans le beau quatuor d'*Anacréon* : on la trouvera sous le premier point d'orgue de ce morceau. On peut faire une suite de *cadences évitées*.

La *cadence* parfaite s'interrompt en faisant succéder à la septième dominante, qui annonce la *cadence*, une autre septième dominante dont le son générateur sera une tierce au-dessous ou au-dessus de la première, une seconde en dessus, ou une quarte au-dessous de la première. On peut faire une suite de *cadences interrompues*. Dans le mode mineur, on peut employer les septièmes diminuées au lieu des septièmes dominantes.

La *cadence* parfaite se rompt, en faisant succéder à la septième dominante un accord consonnant, autre que celui de la tonique que cette septième avait annoncé. La *cadence* se rompt le plus ordinairement par l'accord parfait sur la sixième note; cette manière est la plus usitée, et c'est elle qu'on désigne quand on dit simplement *cadence rompue*.

Le mot *cadence* vient du verbe latin *cadere*, tomber, le résultat de la *cadence* parfaite étant toujours une véritable chute de la dominante sur la tonique. (*Fig.* 10.)

CADENCE est le battement de gosier qui se fait quelquefois sur la pénultième note d'une phrase musicale, d'où sans doute il a pris le nom de *cadence*.

Le mot de *cadence*, pris dans ce sens, n'est plus en usage parmi les musiciens; on l'a remplacé par celui de *trille*. Cependant les poëtes et les gens qui ne se piquent pas d'une grande exactitude dans leur manière de s'exprimer, se servent encore du mot *cadence* pour rendre la même idée. (*Voyez* TRILLE.)

CADENCE (la) est une qualité de la bonne musique, qui donne à ceux qui l'exécutent ou qui l'écoutent un sentiment vif de la mesure, en sorte qu'ils la marquent et la sentent tomber à propos, sans qu'ils y pensent, et comme par instinct. Cette qualité est surtout requise dans les airs de danse : *Cette gavotte marque bien la* cadence, *cette valse manque de* cadence. La *cadence*, en ce sens, étant une qualité, porte ordinairement l'article défini *la*, au lieu que la *cadence* harmonique porte, comme individuelle, l'article numérique : *une* cadence *parfaite*, *trois* cadences *évitées*, etc.

Cadence signifie encore la conformité des pas du danseur avec la mesure marquée par l'instrument. *Il sort de* cadence, *il est bien en* cadence. Mais il faut observer que la *cadence* ne se marque pas toujours comme se bat la mesure. Ainsi le maître de musique marque le mouvement du menuet en frappant au commencement de chaque mesure, au lieu que le maître à danser ne bat que de deux en deux mesures, parce qu'il en faut autant pour former les quatre pas du menuet.

CADENCÉ, ad. Une musique bien *cadencée* est celle où la cadence est sensible, où le rhythme et l'harmonie concourent le plus parfaitement qu'il est possible à faire sentir le mouvement.

CADENZA, s. f. Mot italien, par lequel on indique un point d'orgue non écrit, et que l'auteur laisse à la volonté de celui qui exécute la partie principale, afin qu'il y fasse, relativement au caractère de l'air, les passages les plus convenables à sa voix, à son instrument, ou à son goût.

Ce point d'orgue s'appelle *cadenza*, parce qu'il se fait ordinairement sur la première note d'une cadence finale, et il s'appelle *arbitrio*, à cause de la liberté qu'on y laisse à l'exécutant de se livrer à ses idées, et de suivre son propre goût.

CADENZA PER INGANNO, ou simplement *Inganno*, cadence par surprise.

Cette cadence consiste à donner une résolution différente de celle que l'on attend. Par exemple, la quinte diminuée promettait un repos sur la tonique; mais au lieu de faire monter la basse d'un degré, le compositeur la fait descendre de quarte, et produit ainsi un accord de sixte majeure sur le *fa* #, au lieu de l'accord parfait sur la tonique *ut*. Ces cadences trompeuses causent d'agréables surprises à l'oreille, et suspendent un instant la conclusion de la période musicale. (*Fig.* 10.)

L'*Inganno* se pratique de diverses manières.

CANARDER, v. n. C'est, en jouant du hautbois, tirer un sol nasillard et rauque, approchant du cri du canard : c'est ce qui arrive aux commençans, et surtout dans le bas, pour ne pas serrer assez l'anche avec les lèvres.

CANCRISANS, à la manière des écrévisses, à reculons. (*Voyez* CANON.)

CANEVAS, s. m. C'est ainsi qu'on appelait des paroles ajustées par le musicien aux notes d'un air à parodier; ces paroles insignifiantes servaient de guide au poëte en lui marquant le mètre et la coupe des vers, et l'ordre à suivre pour les rimes.

Canon, s. m. est une sorte de fugue qu'on appelle *perpétuelle*, parce que les parties, partant l'une après l'autre, répètent sans cesse le même chant.

Autrefois on mettait, à la tête des fugues perpétuelles, certains avertissemens qui marquaient comment il fallait chanter ces sortes de fugues, et ces avertissemens étant proprement les règles de ces fugues, s'intitulaient *canoni*, règles, *canons*. De là, prenant le titre pour la chose, on a, par métonymie, nommé *canon* cette espèce de fugue.

M. Choron définit le *canon*, une pièce de musique composée selon les règles de l'imitation canonique;

Ou bien une pièce de musique, dans laquelle toutes les parties se déduisent d'une ou de plusieurs parties principales, selon une règle ou loi donnée.

Il y a plusieurs espèces de *canons*. Pour les connaître toutes, il faut avoir égard,

1° *Au nombre des parties* : le *canon* peut être à deux, trois, quatre parties, ou davantage.

2° *Au nombre des solutions* : il y a des *canons* qui n'admettent qu'une solution, il y en a qui en admettent davantage. Un *canon* qui admet beaucoup de solutions, de même que celui dont les parties montent à un nombre très-haut, s'appelle *polymorphus*, mot tiré du grec, qui veut dire *de beaucoup de formes*.

3° *Au nombre des voix principales* : ou il n'y a qu'une seule voix qui sert de règle aux autres, ou il y en a plusieurs. Un *canon* d'une seule voix principale s'appelle *canon simple* ; un *canon* composé de plusieurs voix principales s'appelle *canon double, triple*, etc., selon le nombre de ses voix.

4° *Aux intervalles par lesquels se fait la reprise :* il y a des *canons* à l'unisson, à la seconde supérieure ou inférieure, la tierce supérieure ou inférieure, et de même à la quarte, à la quinte, à la sixte, à la septième supérieure ou inférieure.

Les *canons* à la neuvième, à la dixième, etc., se comptent au nombre de ceux à la seconde, à la tierce, etc. Quand un *canon* a plusieurs parties, si les différentes voix se suivent, les deux premières alternativement à l'octave, c'est un *canon* par intervalles égaux ; quand ce n'est pas à l'octave, mais par d'autres intervalles, c'est un *canon* à intervalles inégaux.

5° *A la durée de l'imitation :* tout *canon* se compose de façon, ou que la voix suivante répète le chant de la première en entier, et que, pendant que l'une des parties finit, l'autre puisse recommencer le chant de nouveau ; ou il ne se compose pas de cette façon, la voix suivante ne répétant le chant de la précédente que jusqu'à une certaine distance marquée, et la pièce finissant par là. Un *canon* de la première sorte se nomme *canon perpétuel* ou *obligé* ; le second s'appelle *canon libre*.

Quand le *canon* perpétuel est composé de façon qu'à chaque reprise on change de ton, et qu'il fait faire par conséquent le tour des douze modes, on l'appelle *canon circulaire*.

6° *A la figure des notes* : quand l'imitation des parties se fait par augmentation ou par diminution, il en résulte un *canon* par augmentation ou diminution; et cette augmentation ou diminution peut être double, triple, et davantage.

7° *Au mouvement* : il y a des *canons* par mouvement contraire, par mouvement rétrograde, et par mouvement rétrograde et contraire.

8° *A la qualité des parties* : on fait des *canons* sur un *canto fermo*; on en fait d'autres avec des parties accessoires à la tierce, ou avec une partie qui sert d'accompagnement.

9° *Aux temps de la mesure* : on fait des *canons* à contre-temps, dans la classe desquels on peut aussi ranger ceux par imitation interrompue.

10° *A la manière d'écrire le canon* : on les écrit de deux manières : 1° l'on ne met par écrit que la voix *principale* du *canon*, pour en faire deviner les autres aux lecteurs, ce qui s'appelle *canon fermé*.

2° On y joint toutes les voix consécutives à la voix principale, en les mettant en partition, ce qui s'appelle *canon ouvert*.

Le *canon* fermé a une inscription pour indiquer la manière dont on doit l'exécuter, ou n'en a pas : quand il n'a pas d'inscription, ou que celle qu'il porte n'est pas assez claire, quelques-uns le nomment alors *canon énigmatique*.

Nous ne pouvons point parler ici des subtilités d'harmonie, des nombreuses combinaisons dont on se sert pour présenter les *canons* sous des faces différentes. Les grands maîtres de l'ancienne école nous ont laissé dans ce genre des chefs-d'œuvre qui tiennent du prodige, et qu'on doit regarder comme ce que la science musicale peut produire de mieux ajusté. Quoiqu'on s'y exerce beaucoup moins à présent, on compose néanmoins toujours des *canons* comme morceaux d'étude, et leur emploi n'est pas si fréquent qu'autrefois; mais ils se montrent encore avec avantage dans la musique d'église, qui leur a servi de berceau; dans la symphonie, la sonate, le quatuor, les pièces fugitives, et même dans la musique dramatique.

Lorsque deux ou trois personnages doivent, avec les mêmes paroles, exprimer le même sentiment, et que, par conséquent, il n'y a pas lieu à se servir des formes du dialogue, le compositeur renferme le motif dans ses plus étroites limites, y revient sans cesse, et pour en varier les reprises, donne à son morceau la forme d'un *canon*.

Je te salue, ô tour du Nord! de *ma Tante Aurore*; *Ma Fanchette est charmante*, des *Deux Jaloux*; *Conservez encore l'espérance*, du *Nouveau Seigneur de village*, sont des *canons* à trois voix, mais dans un style libre, des *canons* irréguliers, en ce que les parties secondaires, les phrases qui suivent la première, n'ont pas un dessin particulier, un caractère qui les distingue du motif principal, et ne sont absolument que du remplissage. Mais comme à la scène il faut de la grâce et du chant, le compositeur vise à ce que son ensemble soit mélodieux et n'ait rien de baroque; ce qui arriverait peut-être par la réunion de trois chants absolument différens. Le *canon* de *Faniska*, de M. Chérubini, *l'espoir le plus flatteur,* prouve cependant qu'une mélodie délicieuse reçoit un nouveau lustre en étant disposée d'après les calculs de la science. Il n'est pas donné à tout le monde d'enchanter la multitude par des accens divins, et de frapper d'admiration le connaisseur qui les entend ou en examine la partition. (*Fig.* 11.)

CANTABILE, adjectif italien, qui signifie *chantable*, *chantant*, ce qui est fait pour être *chanté*, c'est-à-dire l'espèce de morceau où l'on doit réunir tous les moyens, tous les pouvoirs, tous les ornemens du chant.

Le mouvement qui lui appartient est extrêmement lent.

Le *cantabile* est, pour la musique vocale, ce que les adagios de Corelli, de Geminiani, de Tartini surtout, et de Nardini après lui, sont pour la musique instrumentale : ces adagios sont des modèles en ce genre.

Quant aux modèles du *cantabile* que nous avons pour le chant, on les trouve parmi les airs de ce caractère, composés par Léo, Vinci, Hasse, Caffaro, Piccini, Sacchini, Jomelli, Gluck, Mozart, Cimarosa, Rossini.

Un morceau de musique, tel que le *cantabile*, est le plus difficile qu'on puisse exécuter; aussi il n'appartient qu'aux grands talens de le bien chanter, car il exige les qualités de la voix les plus parfaites, et l'emploi le plus sévère de la méthode de chant.

Les qualités requises pour bien chanter le *cantabile* sont, 1° de posséder parfaitement l'art de filer les sons, de savoir bien prendre et retenir long-temps la respiration, car c'est dans ce caractère surtout qu'on trouve souvent l'occasion d'employer la mise de voix ; 2° d'exécuter les phrases de chant, les agrémens et les traits avec expression, et avec la noblesse qui distingue ce caractère de tous les autres ; 3° enfin de mettre beaucoup de moëlleux et d'onction dans le port de voix.

Le style du *cantabile* ne comporte pas beaucoup de traits ; il demande au contraire une grande simplicité ; il exige que tous les traits, et spécialement les agrémens qu'on y emploie, soient exécutés d'une manière large et analogue à la valeur du mouvement de ce caractère, c'est-à-dire qu'ils soient articulés plus lentement que partout ailleurs, mais toutefois sans leur donner de la pesanteur, sans leur faire perdre l'élégance, la légèreté et l'expression qui leur sont propres.

C'est dans le *cantabile* que l'on juge le chanteur, comme le violoniste dans l'adagio.

CANTATE, s. f. Sorte de petit poëme lyrique qui se chante avec des accompagnemens, et qui, bien que fait pour la chambre, doit recevoir du musicien la chaleur et les grâces de la musique imitative et théâtrale.

Les airs, les scènes, les chœurs d'opéras que l'on exécute dans les concerts et les réunions musicales ont fait perdre l'usage de la *cantate*. On en compose cependant encore de temps en temps pour certaines fêtes solennelles.

Cantatille, s. f. Petite cantate.

Cantatrice, s. f. Femme qui, après avoir reçu de la nature un organe sonore, a su le rendre propre au chant, en se livrant de bonne heure et avec assiduité à l'étude de la musique et à la pratique des exercices de la bonne école de chant.

A l'église, au concert, au théâtre, la *cantatrice* exécute la partie destinée au genre de voix qu'elle possède.

Parmi les femmes qui chantent dans nos concerts et sur nos théâtres lyriques, on compte beaucoup de chanteuses et bien peu de *cantatrices*. (*Voyez* Chanteuse.)

Cantilena, s. f., chanson. Nom que les Italiens donnaient autrefois à la musique mondaine pour la distinguer de la musique sacrée que l'on appelait *motets*.

Cantique, s. m. Hymne que l'on chante en l'honneur de la divinité.

Les premiers et les plus anciens *cantiques* furent composés à l'occasion de quelque événement mémorable, et doivent être comptés entre les plus anciens monumens historiques.

Ces *cantiques* étaient chantés par des chœurs de musique, et souvent accompagnés de danses, comme il paraît par l'Ecriture. La plus grande pièce qu'elle nous offre de ce genre, est le *Cantique des cantiques*, ouvrage attribué à Salomon.

Canto, s. m. Ce mot italien, qui signifie *chant*, désigne la partie de dessus ou soprano.

Canto primo, canto secondo, premier dessus, second dessus.

On se sert aussi de ce mot pour marquer les diverses entrées des voix dans un canon. *Canto* 1°, 2°, 3°, etc.

Canto, écrit dans une partition sur la partie vide d'un instrument, signifie que cet instrument doit jouer à l'unisson avec la partie chantante. S'il est écrit sur une partie séparée destinée à un instrument quelconque, sa position marque l'instant où la ritournelle étant finie, la voix fait son entrée.

CANTO-FERMO. (*Voyez* PLAIN-CHANT.)

CANZONE, s. f. Ce mot italien diffère de notre mot *chanson*, en ce que le petit poëme destiné à la musique et divisé en couplets, que les Italiens nomment *canzone*, a pour objet des sujets sérieux; tandis que notre *chanson* ne respire que l'amour et la joie: c'est ce qu'ils appellent *cantilena*. Cette différence n'est pas observée avec rigueur, et l'on a publié sous le titre de *canzoni* des pièces pleines de grâce et de sentiment, et même des chansons très-gaies.

CAPO-TASTO. (*Voyez* BARRÉ.)

CAPRICE, s. m. Sorte de pièce de musique libre, dans laquelle l'auteur, sans s'assujétir à aucun sujet, donne carrière à son génie et se livre à tout le feu de la composition. Les *caprices* de Locatelli ont joui d'une grande célébrité.

CARACTÈRE. Pour qu'une musique ait du *caractère*, il ne suffit pas qu'elle exprime les paroles auxquelles elle est appliquée, ni même la situation dramatique; car une symphonie exécutée dans un concert et dénuée de paroles, peut aussi avoir cette qualité. Il faut que son expression ait quelque chose de particulier qui saisisse l'oreille et l'âme de l'auditeur, et lui fasse croire que le sentiment qu'on a voulu peindre, ne pouvait être rendu d'aucune autre façon.

Le *caractère* est donc une certaine originalité qui se sent tout de suite, qui distingue un morceau de la foule, qui l'élève au-dessus de beaucoup d'autres peut-être mieux faits, plus remplis de mérite, mais auxquels il manque celui-là, qui lui attache enfin le sceau de l'immortalité. Pourquoi l'air des *Sauvages* de Rameau a-t-il survécu à tout ce que le même auteur a fait? C'est qu'il a du *caractère*; et les variations de la mode, les changemens des formes musicales ne peuvent rien contre cette qualité. La romance de Henri IV, *Charmante Gabrielle*; celle de Grétry, *D'une fièvre brûlante*; le duo des vieillards de la *Fausse Magie*; la marche de *Lodoïska*, de M. Kreutzer; l'air des Africains de *Sémiramis*; celui des Scythes d'*Iphigénie en Tauride*, ne passeront jamais: ils ont du *caractère*.

CARACTÈRES. Outre les qualités qui appartiennent au style considéré comme art d'écrire, il en est d'autres qui, tenant de plus près à l'expression, donnent à la composition une teinte générale et servent encore à déterminer les styles ; c'est ce que nous nommons *caractères*.

De ces *caractères*, les uns sont généraux, étant relatifs 1° à nos affections, 2° au degré dans lequel nous les ressentons, 3° au ton sur lequel nous les exprimons.

Le premier donne le *caractère* gai ou triste; le second, la vivacité ou la douceur; le troisième, la sublimité ou la simplicité. Chacun de ces trois états a un *caractère* moyen. En les combinant on aura un grand nombre de *caractères* mixtes dont voici les principaux:

1° Le *caractère* ou style tragique, qui réunit la tristesse avec la force et la sublimité; 2° le bouffon, qui réunit la gaîté avec la vivacité et la familiarité; 3° enfin le *demi-caractère*, qui réunit les situations moyennes.

Les autres *caractères* sont particuliers ; ils se rapportent à diverses circonstances, telles que les habitudes d'un peuple ou d'une classe d'hommes, souvent même d'un individu. Ainsi on a style religieux, style militaire, style pastoral, style chevaleresque, etc. style italien, français, espagnol, asiatique, etc. Dans toutes ces circonstances, le mot de style équivaut évidemment à celui de *caractère*, mais dans un sens moins étendu. (*Voyez* STYLE.)

CARACTÈRES DE MUSIQUE. Ce sont les divers signes qu'on emploie pour représenter tous les sons de la mélodie et toutes les valeurs des temps et de la mesure, de sorte qu'à l'aide de ces *caractères*, on puisse lire et exécuter la musique exactement comme elle a été composée ; et cette manière d'écrire s'appelle *noter*. (*Voyez* NOTES.)

CARRÉ, ÉE, adj. Les phrases *carrées* sont celles de quatre mesures ou d'un nombre multiple de quatre, tel que huit, douze, seize. Quelques musiciens regardent la phrase de six comme *carrée*, attendu qu'elle peut se diviser en deux nombres entiers. Sans partager leur opinion, nous conviendrons que cette phrase ne présente rien d'irrégulier, qu'elle a du charme dans l'andante et de la véhémence dans l'allégro. On peut en faire la remarque dans l'air de *Didon*, *Ah! prends pitié de ma faiblesse*, et le début de l'ouverture de *Roméo et Juliette*, de M. Steibelt. (*Voy.* PHRASE.)

CARRÉE ou BRÈVE, adj. pris substantivement. Note qui tire son nom de sa figure. Dans nos anciennes musiques, elle valait tantôt trois rondes ou demi-brèves, et tantôt deux, selon que la prolation était parfaite ou imparfaite.

Maintenant la *carrée* vaut toujours deux rondes ; mais on ne l'emploie que dans la musique d'église et les solfèges où l'on a conservé les mesures qui peuvent l'admettre. La *carrée* figure dans le chœur religieux de *Montano et Stéphanie*.

CARILLON, s. m. Assemblage de cloches accordées, formant un jeu de trois octaves. Chaque cloche est mise en mouvement par une touche d'un grand clavier semblable à celui des pédales d'un orgue, et sur lequel on frappe avec les poings. On exécute sur le *carillon* toute sorte d'airs et des pièces composées exprès, que l'on nomme aussi *carillons*.

Les grands *carillons* ne peuvent être placés que dans les clochers. Presque toutes les églises de Hollande en ont; ceux d'Amsterdam sont les plus fameux. Certains *carillons* sont mis en jeu par des cylindres qui marchent au moyen de rouages d'horlogerie ou de roues hydrauliques : celui de la *Samaritaine* à Paris était de cette dernière espèce.

Les mécaniciens placent de petits *carillons* dans des pendules, des montres, des tabatières et même dans des cachets. Ces petites machines rendent des airs à plusieurs parties avec une exactitude surprenante. Pour mieux goûter leur effet, il faut les appuyer sur une glace, un vase de cristal, ou tout autre corps élastique propre à augmenter leur sonorité.

CARILLONNER, v. n. Exécuter des airs sur le carillon.

CARILLONNEUR, s. m. Celui qui carillonne. Pothoff, organiste d'Amsterdam, était d'une force étonnante sur le carillon, sur lequel il jouait des morceaux à trois parties et d'une grande rapidité.

CARTELLES, s. f. pl. Grandes feuilles de peau, ou de toile, préparées et vernies, sur lesquelles on marque des portées, pour pouvoir y noter tout ce qu'on veut en composant, et l'effacer ensuite avec une éponge.

CASTAGNETTES, s. f. pl. Instrument de percussion,

composé de deux petites pièces de bois concaves, faites en forme de noix.

On fait résonner ces concavités en les appliquant l'une contre l'autre. On tient une *castagnette* en deux pièces de chaque main, en passant les doigts dans les cordons qui les réunissent. Cet instrument est fort en usage chez les Espagnols, qui s'en servent pour marquer la mesure en dansant le fandango, le boléro, la séguidille.

CAVATINE, s. f. Sorte d'air, pour l'ordinaire assez court, qui n'a ni reprise, ni seconde partie, et qui se trouve souvent dans des récitatifs obligés. Ce changement subit du récitatif au chant mesuré, et le retour inattendu du chant mesuré au récitatif, produisent un effet admirable dans les grandes expressions.

CÉCILE (Sainte). Vierge et martyre. Issue d'une noble extraction romaine, elle fut élevée dans le christianisme au sein d'une famille payenne. Obligée par ses parens de s'engager dans le mariage, elle convertit Valérien son époux, le premier jour de ses noces, sans enfreindre le vœu de virginité perpétuelle qu'elle avait fait dans sa plus tendre jeunesse : enfin, elle souffrit le martyre, à Rome, vers l'an 230, sous le préfet Almaque, pendant le règne de l'empereur Alexandre Sévère. Fortunat de Poitiers, le plus ancien auteur qui ait parlé de cette sainte, la fait mourir en Sicile, entre les ans 176 et 180, sous les empereurs Commode et Marc-Aurèle : c'est de là que son corps fut transporté à Rome. Le nom de *sainte Cécile* se trouve dans les plus anciens martyrologes, son office dans les plus anciens missels, et l'Eglise l'a placée dans le canon de la messe comme vierge et martyre.

Sainte Cécile cultivait la musique, et s'accompagnait des instrumens en chantant les louanges du Seigneur : c'est à cause de cela que les musiciens l'ont choisie pour leur patrone. La vie de *sainte Cécile* a fourni le sujet de plusieurs tableaux remarquables, entre autres ceux de Raphaël et du Dominiquin. Le poëte Santeuil a composé trois belles hymnes pour le jour de la fête de cette sainte, qui se célèbre le 22 novembre. Les hymnes de Santeuil ont été souvent mises en musique et chantées, comme morceaux d'offertoire, aux messes que les musiciens exécutent avec grande pompe en l'honneur de leur patrone.

Céleste, *jeu céleste, pédale céleste.* (*Voyez* Jeu céleste.)

Cembalo. Mot italien qui signifie clavecin : il dérive de *clavicembalum*, premier nom de cet instrument.

Centon, s. m. ; en italien, *centone*. On appelle ainsi un oratorio, un opéra composé d'airs de plusieurs maîtres ; on lui donne aussi le nom de *pasticcio, pâté, pastiche*, composition dans laquelle il entre divers ingrédiens.

Les *Folies amoureuses*, la *Fausse Agnès*, le *Roi et le Meûnier*, opéras, sont des *pastiches* ou *centons*. Les ouvrages de cette sorte sont les *variorum* de la musique : on pourrait leur donner le nom de bouquet musical.

Centon vient du grec *centron*, habit de divers morceaux.

CENTONISER, v. n., terme de plain-chant. C'est composer un chant de traits recueillis et arrangés pour la mélodie qu'on a en vue. Cette manière de composer n'est pas de l'invention des symphoniastes modernes, puisque, selon l'abbé Le Bœuf, saint Grégoire lui-même a *centonisé*.

CHACONNE, s. f. Air de danse très-étendu qui servait de finale à un ballet ou à un opéra. La *chaconne* n'est plus en usage sur aucun théâtre.

CHALUMEAU, s. m. Instrument à vent fort ancien, et le premier peut-être qui ait été inventé. Cet instrument pastoral n'était, dans l'origine, qu'un roseau percé de plusieurs trous.

Le *chalumeau* moderne était une espèce de petit hautbois, que l'on a abandonné à cause de la mauvaise qualité de ses sons.

Les *chalumeaux* de la musette sont les tuyaux d'ivoire qui s'attachent au corps de cet instrument.

Le *la* placé entre les lignes (la clef étant celle de *sol*), divise le diapason de la clarinette en deux parts : celle qui est au-dessous de ce point s'appelle *chalumeau* : celle qui se trouve au-dessus prend le nom de *clarinette*. Cette distinction vient de ce que les sons graves de la clarinette ayant quelque rapport avec ceux du *chalumeau* rustique, sont nasards, sourds et désagréables, si l'exécutant ne s'est point appliqué à les corriger au moyen de l'embouchure. Quelques-uns croient que le nom de *chalumeau* a été donné à la partie basse du diapason de la clarinette, à cause du petit *chalumeau* de cuivre placé, dans l'intérieur de l'instrument, sur le trou qu'il faut tenir ouvert pour obtenir le *la* ci-dessus désigné, et les autres sons qui le suivent à l'aigu, lesquels appartiennent tous à l'autre demi-diapason appelé *clarinette*.

Le mot *chalumeau* placé sur un trait de clarinette noté sur la portée, indique que ce trait doit être exécuté à l'octave basse et dans la région du *chalumeau*. Le mot *loco*, ou *clarinette*, fait connaître le moment où l'on doit jouer sans transposition d'octave.

CHANSON, s. f. Espèce de petit poëme lyrique fort court, qui roule ordinairement sur des sujets agréables, auquel on a ajouté un air pour être chanté dans des occasions familières, comme à table, avec ses amis, avec sa maîtresse, et même seul, pour éloigner quelques instans l'ennui si l'on est riche, et pour supporter plus doucement la misère et le travail si l'on est pauvre.

Le musicien met en musique les couplets du poëte, et si l'air réussit, d'autres poëtes composent de nouveaux vers sur le même mètre, et les ajustent ainsi à cet air déjà connu.

Il est rare que l'air fait pour le premier couplet d'une romance ou d'une *chanson* puisse se chanter ensuite exactement avec les paroles de ceux qui le suivent. Les vers, quoique parfaitement égaux et symétriques sous le rapport de la mesure et de la rime, n'ont cependant pas les mêmes césures ni la même distribution des syllabes longues ou brèves. Il faut donc altérer les valeurs des notes, ajouter, supprimer, diviser, réunir, gagner sur l'une ce que l'autre a fait perdre, pour phraser avec goût, et ne point s'arrêter mal à propos sur une brève, escamoter une longue, ou couper ridiculement les mots, comme certaines personnes font en disant, dans le troisième couplet de la romance de *Zélie*,

O ma Zélie, à l'amant qui t'adore,
Donne un regard, un sou—pir, un baiser.

(*Voyez* COUPLET, PROSODIER, ROMANCE.)

CHANSONNETTE, s. f. Petite chanson.

CHANT, s. m. Sorte de modification de la voix humaine, par laquelle on forme des sons variés et appréciables. Observons que, pour donner à cette définition toute l'universalité qu'elle doit avoir, il ne faut pas seulement entendre par *sons appréciables* ceux qu'on peut assigner par les notes de notre musique, et rendre par les touches de notre clavier, mais tous ceux dont on peut trouver ou sentir l'unisson, et calculer les intervalles, de quelque manière que ce soit.

Chant, appliqué plus particulièrement à notre musique, en est la partie mélodieuse, celle qui résulte de la durée et de la succession des sons, celle d'où dépend en grande partie l'expression, et à laquelle tout le reste est subordonné. Les *chants* agréables frappent d'abord, ils se gravent facilement dans la mémoire; mais ils sont souvent l'écueil des compositeurs, parce qu'il ne faut que du savoir pour entasser des accords, et qu'il faut du talent pour imaginer des *chants* gracieux. Il y a dans chaque nation des tours de *chant* triviaux et usés, dans lesquels les mauvais musiciens retombent sans cesse; il y en a de baroques, dont il ne faut pas se servir, parce que le public les rebute. Inventer des *chants* nouveaux, appartient à l'homme de génie; trouver de beaux *chants*, appartient à l'homme de goût.

Enfin, dans son sens le plus resserré, *chant* se dit seulement de la musique vocale; et dans celle qui est mêlée de symphonie, on appelle parties de *chant* celles qui sont destinées pour les voix.

CHANT (l'art du) a pour objet l'exécution de la musique vocale. L'invention des *chants*, leur disposition à plusieurs parties, appartient exclusivement à la science de la composition.

CHANT AMBROSIEN. Sorte de plain-chant dont l'invention est attribuée à saint Ambroise, archevêque de Milan. Le *chant ambrosien* est encore en usage dans les églises de cette ville.

CHANT GRÉGORIEN. Sorte de plain-chant dont l'invention est attribuée à saint Grégoire, et qui a été substitué ou préféré, dans la plupart des églises, au *chant ambrosien*.

Ces deux *chants* diffèrent en ce que saint Ambroise avait conservé au *chant* un rhythme que saint Grégoire lui enleva. La constitution des tons est la même dans ces deux sortes de *chant*.

CHANT en ISON, ou CHANT ÉGAL. On appelle ainsi un *chant* ou une psalmodie qui ne roule que sur deux sons, et ne forme par conséquent qu'un intervalle. Quelques ordres religieux n'ont, dans leurs églises, d'autre *chant* que le *chant* en *ison*.

CHANT SUR LE LIVRE. Plain-chant ou contre-point à quatre parties, que les musiciens composent et chantent impromptu sur une seule; savoir, le livre de chœur qui est au lutrin, en sorte qu'excepté la partie notée, qu'on met ordinairement au ténor, les musiciens, affectés aux trois autres parties, n'ont que celle-là pour guide, et composent chacun la leur en chantant.

CHANTANT. Epithète que l'on donne à certaines œuvres de musique dans lesquels l'auteur s'est attaché principalement aux effets de la mélodie. On dira, cet air est *chantant*; cette sonate, ce quatuor sont *chantans*. Comme il n'existe pas de musique sans chant, cette manière de désigner un morceau donne une prévention défavorable, en faisant présumer que le seul mérite que l'on y rencontre, c'est le chant, et que la partie harmonique a été négligée. Ce mot n'est en usage que parmi les gens du monde et quelques vieux amateurs.

CHANTER, v. a. C'est, dans l'acception la plus générale, former avec la voix des sons variés et appréciables (*voyez* CHANT); mais c'est plus communément faire diverses inflexions de voix sonores, agréables à l'oreille, par des intervalles admis dans la musique et dans les règles de la modulation.

On *chante* plus ou moins agréablement, à proportion qu'on a la voix plus ou moins agréable et sonore, l'oreille plus ou moins juste, l'organe plus ou moins flexible, le goût plus ou moins formé, et plus ou moins de pratique de l'art du chant.

Tous les hommes *chantent* bien ou mal, et il n'y en a point qui, en donnant une suite d'inflexions différentes de la voix, ne *chante*, parce que, quelque mauvais que soit l'organe, ou quelque peu agréable que soit le chant qu'il forme, l'action qui en résulte alors est toujours un chant.

On *chante* sans articuler des mots, sans dessein formé, sans idée fixe, dans une distraction, pour dissiper l'ennui, pour adoucir les fatigues; c'est, de toutes les actions de l'homme, celle qui lui est la plus familière, et à laquelle une volonté déterminée a le moins de part.

CHANTERELLE, s. f. Celle des cordes du violon, et des instrumens semblables qui a le son le plus aigu.

Comme les motifs du chant des instrumens se placent le plus souvent dans les hautes régions de leur diapason, et que, par cette raison, le solo de violon ou de violoncelle s'exécute en grande partie sur la corde aiguë, on a donné à cette corde le nom de *chanterelle*, corde destinée au chant, tandis que les autres semblent être réservées plus particulièrement pour l'accompagnement.

CHANTEUR, s. m. Homme qui, après avoir reçu de la nature un organe sonore, a su le rendre propre au chant, en se livrant de bonne heure, et avec assiduité, à l'étude de la musique et à la pratique des exercices de la bonne école de chant.

A l'église, au concert, au théâtre, le *chanteur* exécute la partie destinée au genre de voix qu'il possède.

Parmi toutes les personnes qui se mêlent de chanter dans nos concerts et sur nos théâtres lyriques, on compte bien peu de *chanteurs*.

CHANTEUSE, s. f. Ce mot est le féminin de *chanteur*, selon l'Académie; il devrait par conséquent avoir la même signification : le vocabulaire musical la lui refuse, et ne permet de le prendre qu'en mauvaise part. La musicienne ambulante, qui mêle sa voix au bruit discordant de l'orgue de Barbarie, est une *chanteuse*; celle qui parvient à fixer dans sa tête les airs de Grétry ou de Dalayrac, à force de les entendre râcler par un aigre violon, est encore une *chanteuse*; mais nous appelons *cantatrices* les personnes qui réunissent à une belle voix la doctrine musicale et la connaissance parfaite de l'art du chant.

CHANTRE, s. m. Ecclésiastique ou séculier qui porte alors l'habit ecclésiastique, appointé dans les chapitres pour chanter le plain-chant dans les offices.

CHAPEAU CHINOIS. (*Voyez* PAVILLON CHINOIS.)

CHAPELLE, s. f. Ce mot signifie plusieurs choses :
1° Le lieu de l'église où l'on exécute la musique;
2° Le corps même des musiciens qui exécutent cette musique; et, par extension, tous les musiciens qui sont gagés par un souverain, quand même ils n'exécutent jamais de musique dans les églises : c'est aussi de là que vient le terme de *Maître de chapelle*.

Comme l'étymologie qu'on donne ordinairement au mot *chapelle* est assez singulière, nous la rapporterons ici.

Les rois de France et leurs généraux avaient coutume de porter avec eux, à la guerre, la cape de saint Martin de Tours, qui avait été soldat. Or, comme ils faisaient dire la messe dans la tente où l'on gardait cette cape, on appela cette tente *capelle* ou *chapelle;* ensuite on a donné ce nom à toutes les églises particulières que les grands seigneurs avaient dans leurs maisons, et enfin à tout ce qui ressortissait de ces églises ou *chapelles*.

CHARGE, s. f. Air militaire des trompettes, des fifres et des tambours, qu'on exécute quand l'armée est prête à charger l'ennemi. On dit sonner la *charge* pour les trompettes, battre la *charge* pour les tambours. Le mouvement de la *charge* est à deux temps très-vite; les tambours en marquent le rhythme, en frappant sur chaque temps, et en roulant ensuite pendant quelques mesures.

CHASSE, s. f. On donne ce nom à certains airs, à certaines fanfares de cors ou d'autres instrumens, dont la mesure, le rhythme, le mouvement rappellent les airs que ces mêmes cors donnent à la chasse.

On appelle aussi *chasse* une symphonie, une ouverture, dont les divers motifs sont des airs de *chasse*, et dont les effets tendent à imiter l'action d'une chasse; telle est l'ouverture du *Jeune Henri*. On donne aussi le caractère et le mouvement d'une *chasse* à un chœur, à un air : les opéras de *Didon*, des *Bardes*, l'oratorio des *Saisons* en fournissent la preuve. (*Voyez* TONS DE CHASSE.)

CHEF D'ATTAQUE. Musicien chargé de conduire tous les chanteurs qui, dans un chœur, exécutent la même partie. Il y a par conséquent un *chef d'attaque* parmi les dessus, un pour les ténors, un pour les basses. Les *chefs d'attaque* marquent les entrées, attaquent franchement les passages, et retiennent dans la bonne voie les choristes peu expérimentés ; ils sont, en quelque sorte, les lieutenans du maître de chapelle. Un chanteur médiocre peut être un excellent *chef d'attaque*, s'il est bon lecteur, et s'il est à toute épreuve pour la mesure et l'intonation.

CHEF D'ORCHESTRE. (*Voyez* MAÎTRE DE MUSIQUE.)

CHEVALET, s. m. ; en italien *ponticello*, petit pont. Pièce de bois posée d'aplomb sur la table des instrumens, pour en soutenir les cordes et leur donner plus de son en les tenant relevées en l'air.

CHEVILLE, s. f. Dans les instrumens à cordes, on appelle *chevilles* les petites pièces de fer ou de bois sur lesquelles on roule les cordes, et qui servent ainsi à leur donner plus ou moins de tension pour les accorder.

CHEVROTER, v. n. C'est battre d'une manière inégale les deux notes du trille, ou même n'en battre rapidement qu'une seule, ce qui imite à-peu-près le bêlement des chèvres. Le *chevrotement* est la désagréable ressource de ceux qui, n'ayant aucun trille, en cherchent l'imitation grossière.

CHIFFRER. C'est écrire sur les notes de la basse des chiffres ou autres caractères indiquant les accords que ces notes doivent porter, pour servir de guide à l'accompagnateur.

CHIFFRES. Caractères qu'on place au-dessus des notes de la basse, pour indiquer les accords qu'elles doivent porter. Quoique parmi ces caractères il y en ait plusieurs qui ne sont pas des *chiffres*, on leur en a généralement donné le nom, parce que c'est la sorte de signes qui s'y présente le plus fréquemment.

Comme chaque accord est composé de plusieurs sons, s'il avait fallu exprimer chacun de ces sons par un *chiffre*, on aurait tellement multiplié et embrouillé les *chiffres*, que l'accompagnateur n'aurait jamais eu le temps de les lire au moment de l'exécution. On s'est donc appliqué, autant qu'on a pu, à caractériser chaque accord par un seul *chiffre*, de sorte que ce *chiffre* peut suffire pour indiquer, relativement à la basse, l'espèce de l'accord, et par conséquent tous les sons qui doivent le composer. Il y a même un accord qui se trouve chiffré en ne le chiffrant point; car selon la précision des *chiffres*, toute note qui n'est point chiffrée, ou ne porte aucun accord, ou porte l'accord parfait.

Le *chiffre* qui indique chaque accord est ordinairement celui qui répond au nom de l'accord ; ainsi l'accord de seconde se chiffre 2, celui de septième 7, celui de sixte 6, etc. Il y a des accords qui portent un double nom, et qu'on exprime aussi par un double *chiffre :* tels sont les accords de sixte et quarte $\frac{6}{4}$, sixte et quinte $\frac{6}{5}$, neuvième et quarte $\frac{9}{4}$, etc. Quelquefois même on est forcé d'en mettre trois ; ce qui rentre dans l'inconvénient qu'on voulait éviter. Si plusieurs notes de la basse passent sous un même accord, on ne chiffre que la première, et l'on couvre les autres d'un trait.

On se sert encore des *chiffres* pour marquer le doigter d'un passage scabreux, ou indiquer celle des cordes du violon sur laquelle un passage doit être exécuté : le zéro avertit que l'on doit toucher la corde à vide.

CHIROPLASTE, s. m. Mécanique inventée par M. Logier, pour être adaptée au clavier du piano, et contenir dans une bonne position les mains de celui qui joue de cet instrument.

Le *chiroplaste*, ou *directeur de la main*, consiste en deux barres parallèles, qui s'étendent sur le clavier ; à leurs bouts sont fixées deux parties latérales qui, au moyen d'une baguette de cuivre et d'une longue cheville, attachent fortement la machine à l'instrument. Les barres sont fixées par des écrous qui se trouvent dans les deux parties latérales, de sorte que les mains de l'élève puissent passer au travers, à peu près jusqu'au poignet, et que les barres soient assez rapprochées pour empêcher tout mouvement perpendiculaire de la main ; elles doivent cependant être assez éloignées l'une de l'autre pour que le mouvement horizontal s'exécute librement.

De cette manière le pianiste est obligé de se maintenir dans une bonne position, et peut sans beaucoup de peine prendre l'habitude de mouvoir ses mains avec grâce sur toutes les parties de l'instrument ; enfin ces deux barres ainsi disposées forcent les doigts à agir indépendamment, et il acquiert promptement une liberté, une vigueur et une égalité qui ne pourraient s'obtenir autrement que par de longs exercices et par les soins continuels d'un bon maître.

Deux régulateurs en cuivre et mobiles reçoivent les doigts. Les divisions de ces régulateurs que l'on appelle *guides des doigts*, correspondent perpendiculairement avec une étendue de cinq touches sur le clavier ; on change leur situation en les faisant glisser sur le tube de cuivre auquel ils sont attachés.

A chaque *guide des doigts* se trouve fixée une autre pièce en cuivre, appelée le *guide du poignet*, et dont l'usage est de maintenir la position des poignets, en empêchant l'élève de les tourner trop en dehors, ce qui lui ôterait la facilité d'atteindre le clavier avec le pouce. Les guides des doigts doivent être fixés dans une situation telle que chaque division repose sur les bords du clavier, aussi près que possible sans le toucher.

Lorsqu'un enfant, sans le secours du *chiroplaste*, met ses doigts sur les touches, ils se trouvent rarement à la place où ils devraient être. Il hésite, prend de fausses notes ou en frappe deux à la fois. Mais si les mains sont placées dans les compartimens du guide des doigts, ceux-ci se trouvent placés exactement au-dessus des touches qu'ils doivent attaquer : l'exécutant ne saurait les dégager, ni les déplacer pour rendre leur position mauvaise.

On a joint au *chiroplaste* une planche oblongue sur laquelle sont tracées deux portées qui contiennent toutes les notes de l'échelle. Elles sont écrites de manière que chaque note avec son nom se trouve marquée au-dessus de la touche qui lui correspond.

Plusieurs professeurs distingués, tels que MM. Zimmerman, Fétis, etc., font usage du *chiroplaste*, lorsque l'élève éprouve des difficultés pour prendre une bonne position ; s'il l'obtient naturellement, on n'a pas besoin de recourir à des moyens mécaniques.

CHŒUR, s. m. est en musique un morceau d'harmonie complète à quatre, huit, douze parties vocales ou plus, chanté à la fois par toutes les voix et joué par tout l'orchestre.

Dans le quatuor, le quintette, le finale, on donne à chaque acteur une partie distincte. Le *chœur* n'a le plus souvent que quatre parties ; mais elles sont exécutées chacune par un grand nombre de voix, et n'en eût-il qu'une seule, comme dans le début de celui d'*Orphée*, *Quel est l'audacieux*, cet unisson, attaqué simultanément par la multitude, constitue le *chœur*.

Après avoir entendu les airs de dessus, de ténor et de basse, et l'agréable mélodie des duos, des trios, le *chœur* vient nous offrir ses masses imposantes et déployer avec pompe toutes les richesses de l'harmonie. Soit qu'il exprime par des images contrastées le tumulte d'une sédition où les partis se défient mutuellement, où l'un demande ce que l'autre refuse et défend ce que son adversaire veut attaquer; soit que réunis par un même intérêt, les personnages témoignent leurs craintes, leur effroi, leur joie innocente ou féroce, leur reconnaissance, adressent des vœux au ciel, se lient par un serment solennel; soit que dans une fête triomphale un peuple entier élève jusqu'aux cieux les chants de la victoire en précédant le char d'Enée ou de Licinius, le *chœur* est un des plus beaux ornemens de la scène lyrique, et le résultat le plus magnifique de l'union de la mélodie à l'harmonie, et des voix à l'orchestre.

Les *chœurs* de l'Opéra se rangeaient autrefois sur deux files, et formant un double espalier le long des coulisses, sans jamais prendre part aux jeux de la scène, ils se bornaient à crier à tue-tête les *Chantons*, *Célébrons*, *Jurons*, *Détruisons*, *Combattons*, de Rameau et de ses émules. Le Théâtre Français ne peut pas faire parler la multitude : puisque l'Opéra jouissait de ce beau privilége, il ne devait point la tenir dans un repos d'autant plus ridicule, que les personnages ne cessaient de dire : *Courons aux armes*,

Ebranlons la terre, *Rien n'égale ma fureur*, etc. etc. ce qui suppose l'agitation et le mouvement.

Le génie de Gluck, portant une salutaire réforme dans notre système musical, vint animer cette troupe immobile et la fit participer à l'action scénique.

Le *chœur* peut être coupé par des solos, des duos exécutés par les coryphées ; mais il n'y a jamais de dialogue suivi. Un grand air est quelquefois accompagné par le *chœur*. Les imitations, les marches figurées, le rhythme inégal, serré ou syllabique, portent l'agitation, la force et la variété dans les *chœurs* passionnés. Les invocations, les hymnes se distinguent par une mélodie suave, une harmonie pleine et quelques traits de contre-point, qui leur donnent le caractère sévère et solennel des chants d'église.

Les *chœurs* sont de diverses natures selon le style auquel ils appartiennent, c'est-à-dire le style sévère, le style libre ou le style mixte, et leurs subdivisions. Outre cela ils sont à divers nombres de parties : il y a des *chœurs* à l'unisson, à deux, à trois, à quatre, à cinq, etc. et à un plus grand nombre de parties, formés des différens mélanges de voix. Lorsque le nombre atteint huit, on divise la composition en plusieurs *chœurs*, chacun de quatre parties. Parmi les compositions à plusieurs *chœurs*, on remarque celle à trois *chœurs*, dont deux contiennent les dessins et le troisième est en harmonie. Cette sorte de *chœurs* ne s'emploie qu'à l'église. Ceux à quatre parties sont les plus usités, surtout au théâtre. Quelques opéras, tels que les *Bardes*, *Chimène*, *Ariodant*, renferment des *chœurs* doubles.

On donne aussi le nom de *chœur* à la réunion des musiciens qui doivent chanter les *chœurs*. *Placer le chœur derrière la scène. Faire entrer les chœurs par les deux côtés du théâtre.*

Chœur signifie encore la partie de l'église où l'on chante l'office divin, et qui est séparée de celle qu'on appelle la nef.

CHORISTE, s. des 2 g. Homme ou femme qui ne chante que dans les chœurs.

CHORUS. Faire *chorus* c'est répéter en chœur, à l'unisson, ce qui vient d'être chanté à voix seule.

CHROMATIQUE, adj. pris quelquefois substantivement. Genre de musique qui procède par plusieurs demi-tons consécutifs. Ce mot vient du grec *chroma* qui signifie *couleur*, soit parce que les Grecs marquaient ce genre par des caractères rouges ou diversement colorés, soit, disent les auteurs, parce que le genre *chromatique* est moyen entre les deux autres, comme la couleur est moyenne entre le blanc et le noir; ou selon d'autres, parce que ce genre varie et embellit le diatonique par ses demi-tons, qui font dans la musique le même effet que la variété des couleurs fait dans la peinture.

On appelle une basse *chromatique*, une gamme *chromatique*, une marche d'harmonie qui procède par demi-tons dans le grave, une gamme qui s'élève ou descend par demi-tons.

Chrome. Ce mot vient du grec *chroma* et signifie *couleur*. En italien une croche se nomme *croma*, parce qu'on la figure avec une *blanche colorée*. (*Voy.* Bischrome.)

Chronomètre. (*Voy.* Métronome.)

Circonvolution, s. f. Terme de plain-chant. C'est une sorte de périélèse, qui se fait en insérant entre la pénultième et la dernière note de l'intonation d'une pièce de chant, trois autres notes; savoir, une au-dessus et deux au-dessous de la dernière note, lesquelles se lient avec elle et forment un contour de tierce avant que d'y arriver : comme si vous avez ces trois notes *mi fa mi* pour terminer l'intonation, vous y interpolerez par *circonvolution* ces trois autres *fa ré ré*, et vous aurez alors votre intonation terminée de cette sorte, *mi fa fa ré ré mi*, etc. (*Voyez* Périélèse.)

Clairon, *Clarino*, s. m. C'est le même instrument que la trompette. (*Voy.* Trompette.)

Dans le style poétique on appelle *clairon* tout instrument à embouchure propre à exciter l'ardeur belliqueuse des soldats. Mais il faut bien se garder de donner ce nom à la petite clarinette en *fa* ou en *mi*, le *clairon* n'ayant rien de commun avec cet instrument.

Clairon, jeu d'orgue de la classe des jeux d'anches; il est d'étain, et sonne l'octave de celui de trompette avec lequel il a de grands rapports.

CLA.

Clarinette, s. f. Instrument de musique à vent, à bec et à anche.

La *clarinette* a été inventée à Nuremberg il y a environ cent ans. C'est de tous les instrumens à vent celui dont l'invention est la plus récente : aussi sa structure n'a-t-elle pas atteint toute la perfection que l'on remarque dans la flûte, le hautbois et le basson. Les principaux vices de cet instrument consistent en ce que le son change de caractère et de timbre à chaque octave ; que certains tons sont faux, et que la position des clefs forçant l'exécutant à déplacer plusieurs doigts et même la main toute entière pour sauter d'un ton à un autre, rend certains passages, certains coulés, certains trilles impraticables. Pour remédier de quelque manière à cet inconvénient, faire disparaître une partie des difficultés que le changement de ton amenait, et conserver à la *clarinette* un système uniforme et simple, on imagina de faire autant de *clarinettes* qu'il y a de tons dans la gamme, en donnant à chacun de ces instrumens une proportion plus petite à mesure que l'on tendait à l'aigu. Ainsi à partir de la *clarinette* en *sol* qui est la plus longue de toutes, jusqu'à celle en *fa* qui est la plus courte, l'instrument perd graduellement la moitié environ de sa longueur et de son diamètre.

Les *clarinettes* en *la*, en *si* ♭ et en *ut* sont les seules admises à l'orchestre ; on regarde la seconde comme ayant les sons les plus flatteurs ; presque tous les solos sont écrits dans les tons de *mi* ♭ et de *si* ♭. La *clarinette* en *la* est la plus fausse de toutes, attendu que l'on obtient le système de *la* au moyen d'un corps de rechange substitué à une seule partie de la *clarinette* en *si* ♭, ce qui allonge le corps de l'instrument dans des proportions inégales. Quoique cet instrument présente beaucoup de défauts graves, le maître habile a toujours su les corriger, et les Lefèvre, les Gambaro, les Dacosta ont réuni la pureté du son à une exécution aussi rapide que brillante.

La *clarinette* est le fondement des orchestres militaires; elle y tient le même rang que le violon dans la symphonie ou dans la musique dramatique. Plusieurs *clarinettes* en *ut* jouent le chant, tandis qu'un nombre égal forme le second dessus, et qu'une *clarinette* en *fa* porte l'octave de la mélodie ou exécute des passages en volubilités. Si les grandes *clarinettes* sont en *si* ♭, on emploie une *clarinette* en *mi* ♭, qui concorde parfaitement avec ce système. Dans certains corps de musique, on remarque deux petites *clarinettes* en *fa* ou en *mi* ♭ qui sont d'un bon effet. La seconde sert à remplir l'intervalle quelquefois trop grand qui se trouve entre le chant à l'octave et les seconds dessus.

Un instrument aussi utile ne pouvait rester plus long-temps dans cet état d'imperfection. Plusieurs facteurs ont cherché à aplanir les difficultés qu'il présente aux exécutans, en le perçant d'après de nouveaux calculs acoustiques: celui qui a obtenu le plus de succès est sans contredit M. Iwan Müller. Son instrument, armé de treize clefs, donne les moyens de jouer dans tous les tons et de rendre toute sorte de traits avec une égale facilité. La *clarinette-alto*, dont il est aussi l'inventeur, peut être d'un grand secours pour la musique militaire ; elle sonne la quinte au-dessous de la *clarinette* ordinaire, et tient dans l'échelle mélodique la même place que le basset-horn, ou *Corno di bassetto*. Comme la *clarinette* en *si* ♭ a les proportions les plus favorables pour obtenir un beau son, M. Müller l'a choisie de préférence à toutes les autres. Il est inutile de faire observer que les parties de *clarinette* en *si* ♭ sont toujours notées un ton plus haut que celles des autres instrumens, le *si* ♭ remplaçant l'*ut* et le *fa* le *sol* dans le système adopté pour la *clarinette*. Nos plus fameux clarinettistes se servent maintenant de l'instrument de M. Müller dont ils ont reconnu l'excellence et la supériorité. Il est à désirer que cet exemple soit suivi par tous les virtuoses qui cultivent la *clarinette*.

Les parties de *clarinette* ont leur place au-dessous de celles des flûtes et des hautbois qui tiennent les hautes régions de l'harmonie. Cet instrument fait résonner la quarte au-dessous du *sol* à vide du violon, et possède trois octaves et demie. Les compositeurs emploient avec succès son octave basse, vulgairement appelée *chalumeau*, depuis que l'on a su la rendre juste. Je citerai à ce sujet le trio des masques dans *Don Juan* et le quintette de la *Fête du Village voisin*. Gluck est le premier qui ait introduit la *clarinette* dans la musique dramatique, et encore ne la plaçait-il que dans les airs de ballet. Elle est maintenant d'un usage universel ; il y a même peu de morceaux en *mi* ♭ et en *si* ♭ qui ne doivent une bonne part de leurs charmes à la voix mélodieuse de cet instrument.

On note généralement les parties de *clarinette* sur la clef de *sol* ; les Italiens emploient celle d'*ut* sur la quatrième ligne pour la musique destinée à la *clarinette* en *si* ♭, attendu que cette clef convient pour la transposition d'un ton qu'il faut faire subir à cette musique, quand on l'exécute sur un autre instrument, tel que le piano, le violon, etc.

On a soin d'indiquer en tête d'un morceau le ton dans lequel les *clarinettes* doivent jouer : *clarinettes en si* ♭, *en la*, *en ut*, ou *clarinetti in B*, *in A*, *in C*. Lorsqu'il n'y a aucune indication de ton, on se sert de la *clarinette* en *ut* dont le système s'accorde parfaitement avec celui des autres instrumens de l'orchestre.

CLARINETTE, jeu que l'on obtient sur les nouvelles orgues, en réunissant les jeux de flûtes traversières et de flûtes coniques au jeu de trompette.

CLARINETTISTE, s. des 2 g. Musicien qui joue de la clarinette.

CLARTÉ, s. f. On se sert figurément de ce mot en musique pour exprimer la netteté des idées et la manière dont elles sont présentées par le compositeur.

Le grand nombre des parties ne nuit pas à la *clarté* d'un ouvrage, si elles sont toutes disposées avec art et s'il y a unité de rhythme et de dessin. L'air du *Ma-*

riage secret, *Pria che spunti*, celui des *Noces de Figaro*, *Dove sono*, sont des modèles de richesse et de *clarté*. Parmi les compositeurs de l'école française on doit citer M. Catel comme un de ceux qui écrivent avec le plus de *clarté*.

CLASSIQUE, adj. des 2 g. Se dit des auteurs généralement approuvés et qui font autorité en musique. Palestrina, Durante, Leo, Piccini, Cimarosa, Handel, Hasse, Gluck, Mozart, Haydn, Méhul, Chérubini, Catel, sont des auteurs *classiques*. Il se dit encore des ouvrages que l'école considère comme des chefs-d'œuvre ou du moins comme excellens, et qu'elle a adoptés pour servir de modèles dans l'enseignement de l'art. Les oratorios de Handel, de Jomelli, de Haydn, les cantates de Pergolèse, les psaumes de B. Marcello, les messes de Palestrina, de Mozart, de Chérubini, le *Miserere* de Leo, le *Stabat* de Pergolèse, les symphonies et les quatuors de Haydn et de Mozart, les opéras de Sarti, de Piccini, de Cimarosa, de Gluck, de Mozart, de Méhul, de Chérubini, etc. etc. etc. sont *classiques*, de même que les belles ouvertures, les beaux duos, les beaux airs, les beaux chœurs qu'ils renferment.

CLAVECIN, s. m. Instrument de musique à cordes de métal et à clavier, de la même nature que le piano, et que celui-ci a fait abandonner. (*Voyez* PIANO.)

CLAVIER, s. m. Le *clavier* est l'assemblage de

toutes les touches du piano, lesquelles représentent tous les sons qui peuvent être employés dans l'harmonie.

L'orgue est l'instrument à touches le plus ancien ; ces touches étant destinées à ouvrir et fermer les portes au vent, on leur donna d'abord le nom de *clefs*, *claves*, d'où dérive *clavier*. Quelques-uns veulent qu'on les ait appelées ainsi à cause de leur forme échancrée par un bout, qui les fait ressembler à de véritables clefs antiques. La première de ces étymologies doit être préférée, avec d'autant plus de raison que l'on donne aujourd'hui le même nom métaphorique de *clefs* aux petites soupapes de métal adaptées à la flûte, à la clarinette, etc. et dont l'office est exactement le même que celui des touches de l'orgue.

Le clavecin, inventé long-temps après l'orgue, reçut par analogie le nom latin de *clavicembalum*, et l'épinette celui de *clavicordium*, parce qu'ils avaient des *claviers*. Les Anglais donnent encore aux touches du piano et de l'orgue le nom de *key*, clef. Dans les sonates et concertos de piano gravés en Angleterre, on désigne par *additional keys* les touches qui succèdent à l'aigu à la cinquième octave du *clavier*.

Les instrumens à *clavier* sont l'orgue, le piano, la vielle ; les carillons ont aussi des *claviers*. Celui du piano a maintenant six octaves, qui commencent au *fa* placé au-dessous de l'extrême *sol* de la contrebasse et finissent au *fa* qui se trouve immédiatement au-dessus du dernier *mi* du violon.

On appelle aussi *clavier* la portée générale ou somme

des sons de tout le système, qui résulte de la position relative des sept clefs.

Clef, s. f. Caractère de musique qui se met au commencement d'une portée, pour déterminer le degré d'élévation de cette portée dans le clavier général et indiquer les noms de toutes les notes qu'elle contient dans la ligne de cette *clef*. Ce caractère, en faisant connaître les noms et les degrés d'intonation que l'on doit donner aux notes, ouvre pour ainsi dire la porte du chant, et c'est à cause de ce sens métaphorique qu'il a reçu le nom de *clef*.

Le nombre des *clefs* est de sept; savoir, deux *clefs* de *fa*, quatre *clefs* d'*ut*, et la *clef* de *sol*.

On se servait autrefois d'une huitième *clef*, celle de *sol* sur la première ligne; mais on l'a supprimée comme inutile, attendu qu'elle donnait les mêmes résultats que celle de *fa* quatrième ligne.

Le nombre des *clefs* est égal à celui des voix. Il existe entre elles la différence d'une tierce qui se rencontre aussi dans le diapason d'une voix à celle qui la suit immédiatement; par ce moyen on peut maintenir chaque voix dans l'étendue de la portée, sans avoir recours trop souvent aux lignes additionnelles.

Ainsi la *clef* de *sol* présente le diapason du premier dessus;

La *clef* d'*ut* sur la première ligne, celui du second dessus;

La *clef* d'*ut* sur la deuxième, celui du contralte de femme;

La *clef* d'*ut* sur la troisième, celui de la haute-contre ;

La *clef* d'*ut* sur la quatrième, celui du ténor;

La *clef* de *fa* sur la troisième ligne, celui du bariton ou basse-taille.

Enfin le *clef* de *fa* sur la quatrième représente le diapason de la voix de basse, la plus grave de toutes.

La *clef* de *fa* sur la troisième ligne est abandonnée, et l'on a pris l'habitude d'écrire les parties de bariton sur la *clef* de basse. La *clef* d'*ut* sur la deuxième ligne ne sert plus qu'au cor anglais, et les parties de contralte s'écrivent sur la *clef* d'*ut*, sur la troisième ou la première ligne. On se sert néanmoins de ces deux *clefs* dans la transposition.

Les éditeurs de musique, voulant mettre tous les ouvrages de chant à la portée des amateurs peu exercés, notent sur la *clef* de *sol* les parties de contralte, de ténor, de bariton, et même celles de basse. Dans un duo, un trio, les noms des interlocuteurs, la nature de leurs discours, indiqueront si telle ou telle partie doit être exécutée par un homme ou par une femme. Ces distinctions ne se rencontrent pas dans la musique sacrée, les nocturnes, les madrigaux, et toutes les pièces dont les paroles ont une parfaite uniformité. On marque bien en tête de chaque morceau que la première partie est destinée au dessus, la seconde au contralte, la troisième au ténor, la quatrième au bariton ou à la basse. Mais l'amateur sans expérience ne fait point attention à cela; il voit partout la *clef* de *sol* : il distribue par conséquent le chant à trois, à quatre voix égales. Il fait plus : trompé par la disposition des traits du ténor qui semblent s'élever au-dessus de tout, il n'hésite pas à donner cette partie à une dame, en disant que le graveur est un maladroit d'avoir interverti l'ordre des parties : car il est évident que celle qui tient les hautes régions de la mélodie est la première. Le voilà renversant l'édifice des nocturnes d'Asioli et de Blangini, changeant les tierces en sixtes et les quintes en quartes, sans se douter que ce ténor, dont on a transposé la partie en l'écrivant sur une *clef* qui n'est pas la sienne, donne l'octave basse des sons représentés par les notes, et que l'harmonie, irrégulière pour l'œil (puisque le second paraît y dominer le premier); se trouve en son lieu dès qu'une voix d'homme, exécutant les chants du ténor, 　　les placer à leur véritable rang et les soumettre à 　　 du dessus. Ce qui paraît une sixte à l'aigu n'est réellement qu'une tierce au grave. Je ne condamne point cette transposition; je désirerais seulement qu'une fois pour toutes, les amateurs voulussent bien se persuader que la gravité des sons peut seule amener l'ordre et la régularité dans les compositions, à l'exécution desquelles les voix de ténor et de basse doivent concourir. On devrait cependant conserver la *clef* de *fa* au bariton et à la basse. Les airs d'Œdipe, d'Atar, de Danaüs, d'Olkar, notés sur la *clef* de *sol*, ont un aspect déplaisant. Si cette transposition favorise le manœuvre, je n'assurerais pas qu'elle n'ait jamais contrarié un excellent lecteur.

On est convenu encore de se servir de la *clef* de

sol pour la guitare et certains traits de violoncelle ; comme pour la voix d'homme l'oreille entend l'octave basse du passage noté.

Montéclair, Lacassagne, Framery, et Grétry ensuite, ont proposé la réforme de cinq ou six de ces *clefs*, qu'ils regardent comme inutiles. Le nombre des *clefs* est égal à celui des notes, qui, par son imparité, fait rencontrer sur la ligne la note qui se trouve entre les lignes à son octave. Par ce moyen, on dit *ut* sur toutes les lignes et dans tous les interlignes; ce qui est indispensable pour la transposition.

Les sept *clefs* représentent encore avec exactitude les diapasons des sept voix, et donnent la faculté de renfermer dans les lignes les chants qui sont destinés à chacune d'elles. Depuis que l'on écrit la partie de baryton sur la *clef* de basse, presque toutes les notes en sont rejetées au-dessus des lignes; ce qui augmente le travail du copiste, et fatigue le lecteur.

Les personnes qui se livrent à la culture de la voix ou des instrumens, peuvent se borner à la connaissance de deux *clefs* et même d'une seule : le système proposé par Grétry ne leur serait ainsi d'aucune utilité.

Quant aux chefs d'orchestre et aux pianistes accompagnateurs, qui doivent posséder également les sept *clefs*, nous avons déjà démontré que leur réduction ne servirait qu'à leur créer de nouvelles difficultés. D'ailleurs, avant d'être en état de conduire un orchestre ou de rassembler sous ses doigts les brillantes périodes, les accords harmonieux des Mozart et des Chérubini, on a déjà appris à lire, et la connaissance des *clefs* s'acquiert insensiblement par la pratique, sans qu'on en fasse l'objet d'une étude particulière.

Les hommes célèbres se plaisent quelquefois à avancer certaines propositions dont ils sentent toute la vanité, la fausseté même, et qu'ils seraient les premiers à combattre, si tout autre avait osé les mettre en avant. Mais il faut avoir une opinion différente de celle des autres; et Grétry n'est pas le seul qui ait eu la manie des paradoxes.

Les sept *clefs* ne renferment réellement que trois octaves dans leur domaine, mais on ajoute aux notes rejetées hors de la portée, des fragmens de ligne qui marquent leur position relative avec celles du milieu de la portée et leur degré d'élévation ou d'abaissement. Comme ces fractions de ligne se multiplient trop dans les deux octaves aiguës qui excèdent la région de la *clef* de *sol*, on note à l'octave basse tous les passages qu'il serait trop difficile de lire dans leur position naturelle, et le signe 8^a, suivi d'un trait, indique cette transposition qui finit à l'endroit où le trait s'arrête, soit que l'on ait écrit ou non le mot *loco*. Ce signe est très-fréquent dans la musique de violon, de flûte et de piano. (*Fig.* 12.)

CLEF. On appelle encore *clef* une espèce de croix de fer, percée par l'un de ses bouts d'un trou carré dans lequel on fait entrer la tête des chevilles des harpes, des pianos, des guitares, pour monter ou lâcher les cordes.

La *clef* qui sert pour le piano est surmontée d'un crochet, au moyen duquel on boucle la corde pour pouvoir l'accrocher aux pointes qui doivent la retenir. On lui a donné la forme d'un petit marteau, pour frapper les chevilles quand elles ont besoin d'être raffermies.

CLEFS. Soupapes de métal, adaptées à certains instrumens à vent, tels que le hautbois, la flûte, le basson, pour ouvrir ou fermer les trous que leur position rend inaccessibles aux doigts. (*Voy*. CLAVIER.)

CLOCHE, s. f. Instrument de percussion de métal; on le fait résonner au moyen d'un batail, ou en frappant dessus. (*Voyez* CARILLON.)

CLOCHETTE, petite cloche. (*Voyez* PAVILLON CHINOIS.)

CODA, *queue*. On nomme ainsi une période ajoutée à celle qui pourrait finir un morceau, mais sans le terminer aussi complétement et avec antant d'éclat.

Dans les menuets, les rondeaux, et tous les morceaux à reprises, on vient à la *coda* après avoir fait toutes les reprises, selon l'usage ordinaire. Quelquefois on met au-dessus de la *coda* ces mots : *Pour finir*. L'allégro de la sonate en *mi mineur* de Steibelt, dédiée à la Reine de Prusse, a une *coda*, ainsi que le rondeau qui le suit.

COLOPHANE, s. f. Résine dépurée, dont on frotte les archets, pour rendre plus forte leur action sur les cordes.

Selon les règles, il faudrait dire *colophone*; mais

l'usage veut que l'on dise *colophane*. Pline rapporte que la résine, appelée *colophone*, a pris son nom de *Colophon*, ville d'Ionie, d'où elle a été apportée d'abord.

Ce n'est qu'en France que ce mot s'est ainsi corrompu : les Italiens et les Espagnols disent *colofonia*, les Anglais *colophony*, les Allemands *colofonium*; ces derniers se servent aussi du mot *geigenharz*, qui signifie résine de violon.

COME SOPRA. Expression italienne, qui signifie *comme ci-dessus*; elle sert à faire répéter quelque passage qu'on a déjà vu.

COMMA, s. m. Petit intervalle qui se trouve, dans quelques cas, entre deux sons produits, sous le même nom, par des progressions différentes. *Si naturel* et *ut bémol* ne sont pas la même note sur le violon; il y a un *comma* de plus dans l'élévation du premier ton.

COMMODO, commode, commodément. *Allegro commodo*, allégro sans se presser.

COMPAIR, adj., *corrélatif de lui-même*. Les tons *compairs*, dans le plain-chant, sont l'authente et le plagal qui lui correspond : ainsi le premier ton est *compair* avec le second, le troisième avec le quatrième, et ainsi de suite. Chaque ton pair est *compair* avec celui qui le précède.

COMPLAINTE, s. f. Espèce de romance populaire, d'un genre pathétique. Ce petit poëme est ordinairement le récit d'une histoire lamentable, qu'on suppose fait par le personnage même.

COMPLÉMENT d'un intervalle, est la quantité qui lui manque pour arriver à l'octave : ainsi la seconde et la septième, la tierce et la sixte, la quarte et la quinte sont *complément* l'une de l'autre. Quand il n'est question que d'un intervalle, *complément* et *renversement* sont la même chose. Quant aux espèces, le juste est *complément* du juste, le majeur du mineur, l'augmenté du diminué, et réciproquement.

COMPOSER, v. a. Inventer de la musique nouvelle selon les règles de l'art.

COMPOSITEUR, s. m. Celui qui compose de la musique, ou qui sait les règles de la composition. Toute la science possible ne suffit point, sans le génie qui la met en œuvre. Quelque effort que l'on puisse faire, quelque acquit que l'on puisse avoir, il faut être né pour cet art, autrement on n'y fera jamais rien que de médiocre; et par la même raison, le plus beau génie, sans doctrine musicale, ne produira que des mélodies brutes, des phrases incohérentes, un fatras dégoûtant, quelquefois accueilli par la multitude ignorante, et toujours méprisé par les connaisseurs.

COMPOSITION, s. f. C'est l'art d'inventer et d'écrire des chants, de les accompagner d'une harmonie convenable; de faire, en un mot, une pièce complète de musique avec toutes ses parties.

La *composition* est, pour parler un langage bien vulgaire à la vérité, mais bien exact et très-intelligible, l'art de faire de la musique.

L'on distingue en musique deux sortes de pièces ou *compositions*; les *compositions* libres et les *compositions* obligées.

Dans les premières, le compositeur se livrant entièrement à son imagination, n'envisage qu'une partie principale, où toutes les idées ne sont liées entre elles que selon les règles du goût et de la cohérence, règles auxquelles on peut même déroger pour l'expression, pour l'effet ou pour quelque autre motif, et où toutes les autres parties sont absolument accessoires : tel est un air d'opéra, un solo de concerto, etc.

Dans les *compositions* obligées, le compositeur, après avoir adopté un sujet principal, auquel il peut opposer un ou plusieurs contre-sujets déduits de ces premières données, selon des lois très-précises, toutes les parties de la *composition* qui, étant également obligées, tendent, il est vrai, à produire un effet unique et général, mais sans qu'aucune d'elles puisse être considérée comme principale : à moins que l'on ne veuille successivement accorder ce titre à chacune d'elles, à mesure qu'elle renferme le sujet principal; et cette considération serait fondée en raison, puisque ce sujet doit toujours ressortir.

La *composition* se fait à divers nombres de parties. On spécifie ordinairement ce nombre par les termes de *composition* à une, deux, trois, quatre parties; mais l'on comprend généralement sous le nom de *composition* à grand nombre celle qui est formée de plus de quatre parties. Parmi les *compositions* à grand nombre, on regarde comme la plus parfaite la *compo-*

sition à neuf parties ; celle-ci renferme toutes les autres ; et lorsque l'on sait bien la pratiquer, on l'étend facilement à vingt, trente, et même au-delà.

Toute *composition* est vocale ou instrumentale, libre ou contrainte, et a un nombre déterminé de parties.

Dans la musique vocale on doit d'abord avoir égard à l'étendue des voix. Dans les pièces d'un style sévère, dans les fugues, dans les chœurs, cette étendue ne doit pas excéder une dixième, parce que, au-delà de cette limite, le choriste crie dans le haut, ou ne se fait pas entendre dans le bas. Dans les grands airs et autres *compositions* libres, il est permis de s'étendre jusqu'à une douzième ; mais, dans tous les cas, il ne faut pas que la voix reste toujours dans les sons extrêmes, qu'elle ne doit prendre qu'en passant. Quant à la licence que prennent quelques compositeurs, de s'étendre jusqu'à deux octaves et plus, elle peut être justifiée par la facilité et les moyens extraordinaires de certains chanteurs.

Dans la musique instrumentale, l'étendue des parties se règle sur l'étendue des instrumens.

La loi de la variété défend de répéter, dans la mélodie, une note ; et dans l'harmonie, un accord de quelque durée, à moins qu'il n'y ait des raisons particulières.

Plus la *composition* a de parties, et plus il est difficile, sans blesser les lois de l'harmonie, de faire franchir à quelques parties des intervalles considérables, surtout dans la *composition* vocale.

Après une pause, on peut donner à une partie un plus grand intervalle; mais, en général, il faut préférer les petits intervalles aux grands; il faut surtout éviter de faire sauter deux parties à la fois; et lorsque l'une d'elles saute, l'autre doit marcher par degrés, ou tenir la note, ce qui vaut encore mieux.

Tous les intervalles difficiles sont, en musique vocale, entièrement exclus de la mélodie, du moins dans le style sévère. Dans le style idéal, on peut, en usant de précaution, en employer quelques-uns dans le chant seulement, car la basse les rejette tous : ces intervalles difficiles sont la 2e, la 4e, la 5e et la 6e augmentées, la 7e majeure et tous les intervalles plus grands que l'octave.

La tierce augmentée et son renversé, la sixte diminuée, sont entièrement exclues de toute espèce de chant. Au lieu des quatre premiers intervalles ci-dessus désignés, on peut se servir de leurs renversés, c'est-à-dire la 7e, la 5e, la 4e et la 3e diminuées; encore, dans la musique vocale, ne faut-il les employer qu'avec précaution : on doit en dire autant de la 6e majeure et de la 7e mineure, qui sont des intervalles d'une certaine étendue.

Dans la musique vocale on ne peut pas employer plus de deux quartes de suite; encore n'est-ce que dans certains cas, et seulement en montant.

L'harmonie d'une pièce doit tendre à la même expression que la mélodie.

Les parties intermédiaires peuvent se croiser lorsque l'ordonnance des motifs et le dessin du morceau le demandent; mais on ne doit jamais faire surmonter le dessus par une partie inférieure, ni faire passer une partie intermédiaire sous la basse.

Par la même raison, la viole peut passer momentanément au-dessus du second violon, quand elle exécute des passages figurés et intermédiaires : mais si elle double la basse à l'octave, il est absolument nécessaire que sa note se trouve toujours sous la partie du second violon; autrement l'oreille ne prendrait plus ce redoublement comme un renfort donné à la basse, mais comme une suite vicieuse d'octaves.

Dans toute *composition*, après avoir déterminé le ton et la mesure, la basse doit commencer par la première note du ton, le dessus par la quinte ou l'octave, rarement par la tierce, et jamais par un autre intervalle.

En composant une basse, variez l'harmonie autant que faire se peut, et préférez toujours une harmonie bien formée, mâle, vigoureuse, à une harmonie molle, languissante, gauche et mal ordonnée : évitez les suites de tierces et de sixtes; il faut mêler habilement ces consonnances, et les entrecouper de quintes et autres intervalles.

Evitez de placer au grave, non-seulement les dissonances, mais même la tierce, et surtout la tierce majeure.

Moins la *composition* a de parties, plus on doit les rapprocher; un trop grand éloignement ferait paraître l'harmonie vide.

Dans les pièces où cela convient, introduisez autant

de bonnes imitations que cela se peut faire, sans y mettre néanmoins d'affectation ni d'effort.

Si vous faites reposer une partie, sa dernière note doit être consonnante avec toutes les autres parties, et tomber d'à-plomb sur la mesure, car il ne faut pas suspendre le chant sur une note précédée d'une note pointée.

Ne faites jamais syncoper toutes les parties à la fois, et qu'il y en ait au moins une qui marche avec la mesure.

Faites reposer de temps en temps les parties : ces repos sont nécessaires, non-seulement pour les voix, mais même pour l'oreille et pour l'esprit ; ils doivent observer un certain rhythme. Ce rhythme, très-sensible dans le style idéal, paraît l'être moins dans les pièces sévères, telles que fugues, chœurs, etc. ; néanmoins il y est très-réel, quoiqu'on le sente moins.

COMPTER, v. a. Lorsque ce mot est employé dans la musique, on sous-entend toujours *des pauses*, *Compter des pauses*; ainsi lorsqu'on marquera sur une partition *les bassons, les cors, les hautbois comptent*, cela signifie que les hautbois, les cors, les bassons se taisent jusqu'au moment où leurs parties reparaîtront de nouveau parmi celles dont la partition se compose.

On écrit souvent deux parties sur une même portée, savoir, les trompettes avec les cors, le trombone, les bassons avec la basse, le violoncelle avec la contrebasse. Si l'on veut faire connaître que cette note, que les deux sortes d'instrumens attaquaient à l'unisson, doit être rendue par une seule espèce, on marque au-dessus de la portée, *les trompettes comptent, les bassons comptent, la contrebasse compte*; et alors les cors, les basses, le violoncelle jouent seuls.

Le mot *tutti* ou le nom des instrumens qui *comptent*, replacé sur la portée, les fait rentrer comme doubles de la partie qu'ils avaient cessé d'exécuter.

Con anima, avec âme, en donnant à toutes les notes l'expression nécessaire, et en renonçant même à l'observation scrupuleuse de la mesure, si, par ce sacrifice, on peut produire plus d'effet et d'expression.

Con brio, avec éclat, force, vivacité.

Con espressione, avec expression.

Con moto. Ces mots, joints à celui qui indique le mouvement d'un morceau de musique, signifient que l'on doit donner un degré de plus en vitesse au mouvement indiqué. *Andantino con moto, allegretto con moto.*

Concert, s. m. Assemblée de musiciens qui exécutent des pièces de musique vocale et instrumentale. On ne se sert guère du mot de *concert* que pour une assemblée d'au moins vingt musiciens, et pour une musique à plusieurs parties. Quant aux anciens, comme ils ne connaissaient pas le contrepoint, leurs *concerts* ne s'exécutaient qu'à l'unisson ou à l'octave, et ils en avaient rarement ailleurs qu'aux théâtres et dans les temples.

CONCERTANT, adj. On appelle symphonie *concertante*, celle où les motifs sont dialogués entre deux, trois, quatre ou cinq instrumens favoris, qui récitent ensemble ou tour à tour, avec accompagnement d'orchestre. Comme le concerto, la symphonie *concertante* s'ouvre par un ensemble brillant, que l'on nomme *tutti*, attendu que tous les instrumens de l'orchestre y sont employés. Les repos ménagés aux instrumens *concertans* sont encore remplis par le *tutti*, qui termine ensuite la symphonie.

On dit un trio, un quatuor *concertant*, pour le distinguer de ceux où il n'y a qu'une partie principale, et où les autres ne sont que d'accompagnement. Tous les quatuors de Haydn, de Mozart, de Beethowen, sont *concertans*; ceux de Kreutzer et de Rode, les trios de Baillot, de Libon, sont de belles sonates de violon avec accompagnement de deux ou trois instrumens.

Haydn a fait une symphonie *concertante* pour violon, violoncelle, flûte, clarinette, cor et basson; mais on a reconnu que ce mélange d'instrumens à vent et d'instrumens à cordes n'était pas heureux, et depuis lors on n'a plus associé l'archet et l'embouchure dans ces sortes de symphonies.

On se sert quelquefois du seul mot de *concertante* pris substantivement. M. Kreutzer a composé une belle *concertante* pour deux violons. Une *concertante* pour clarinette, cor et basson.

CONCERTO, s. m. Mot italien francisé. On appelle *concerto* une pièce faite pour quelque instrument particulier, qui joue seul de temps en temps avec un simple accompagnement, après un commencement d'orchestre; et la pièce continue ainsi toujours alternativement entre le même instrument récitant et l'orchestre en chœur.

Le *concerto* a été inventé pour placer en première ligne l'instrument favori, et le présenter de la manière la plus avantageuse, en établissant des contrastes entre le fracas harmonique d'un orchestre nombreux et les doux accens, les brillantes périodes du virtuose. Tout ce que l'archet ou l'embouchure ont de mélodie, tout ce que l'art de combiner les traits et les difficultés offre de plus audacieux, est prodigué dans le *concerto*. Il s'agit de briller et de varier les charmes de l'exécution; ainsi rien n'est oublié. La musique de chant, celle destinée au quatuor, au grand orchestre, peuvent être composées dans le silence du cabinet. Le *concerto* doit être créé, élaboré sur l'instrument même. Il est des traits, des passages que les doigts improvisent sans le secours de l'imagination, et qui se trouvent faits avant que l'on ait pu penser qu'il fût possible de les faire. D'après cela il est inutile de dire que le *concerto* de violon ne peut être composé que par un excellent violoniste, celui de piano par un pianiste, et que chaque instrument ayant ses ressources et ses agrémens particuliers, on n'exécutera point sur un instrument quelconque le *concerto* inventé et disposé pour un autre, sans lui faire perdre tous ses charmes : c'est ce qui est arrivé, quand on a voulu arranger des *concertos* de violon pour le piano.

Le *concerto* est le morceau de musique qui exige le plus de talent pour l'exécution. Il ne s'agit pas, comme dans la sonate, de jouer régulièrement et en mesure ; il faut savoir presser et ralentir à propos, et surtout ne pas se laisser entraîner par l'orchestre, qui, dans les tutti, tend toujours à presser, principalement dans le second et le troisième, attendu qu'il y est excité par la partie principale qui a donné plus de rapidité au trait pour le terminer avec chaleur et véhémence. Il faut avoir soin de commencer le second solo dans le mouvement du premier. Il est permis de ralentir les passages consacrés aux effets de mélodie, et d'animer ceux qui doivent faire admirer l'agilité de l'exécutant.

Dire qu'une personne joue le *concerto*, c'est la désigner comme possédant à fond son instrument.

CONCERTO GROSSO. C'est le titre que l'on donnait, vers 1700, à des symphonies avec un violon principal, et d'autres parties obligées ou non. Ces pièces ont été les premiers modèles de ce que nous appelons aujourd'hui *concerto*, et nous ont ouvert les voies pour la symphonie proprement dite, que Haydn a portée à son plus haut période. Les *concerti grossi* de Corelli, de Geminiani, de Vivaldi, ont fait dans leur temps les délices des amateurs, et jouissent encore d'une réputation méritée.

CONCORDANT, s. m. Le *concordant* est l'espèce de voix qui, formée des sons graves du ténor et des sons aigus de la basse, semble les réunir l'un et l'autre : c'est ce qui lui a fait donner le nom de *concordant*. On l'appelle aussi bariton et basse-taille. (*Voyez* ces deux mots.)

Le *concordant* chante sur la clef de basse : on lui donnait autrefois la clef de *fa* troisième ligne.

CONCOURS, s. m. Assemblée de musiciens et de connaisseurs autorisés, dans laquelle une place vacante de maître de chapelle, d'organiste, de violoniste, etc., est emportée, à la pluralité des suffrages, par celui qui a fait la meilleure composition, ou qui s'est distingué par la meilleure exécution.

CONDUITE, s. f. C'est, dans un morceau de musique, l'art d'ajuster une idée principale avec les idées accessoires; de ramener le motif à propos, sans en abuser; d'enchaîner ses modulations, en ne leur donnant ni trop ni trop peu d'étendue. C'est dans la *conduite* surtout qu'on reconnaît un compositeur qui possède son art, et qui est né pour lui.

L'ouverture d'*Iphigénie en Aulide*, celle de *la Flûte enchantée*, le grand air de ténor de *la Création*, celui du *Mariage secret*, sont des chefs-d'œuvre de *conduite*.

Si l'invention est un don inappréciable, on peut dire que l'art de conduire et de développer les idées n'est pas moins important. On peut citer plusieurs auteurs qui, ne brillant ni par la variété ni par l'originalité, ont cependant acquis une grande réputation par le talent qu'ils ont montré dans le développement des idées : tels sont, par exemple, Anfossi et Sacchini; et parmi les ouvrages d'auteurs très-riches d'invention, on remarque des morceaux, tels que certains andantés de Haydn, qui ont acquis la plus grande célébrité, et dont le mérite est tout entier dans le goût et l'art avec lequel ils sont conduits et développés.

Conjoint, adj. Se dit d'un intervalle ou degré. On appelle degrés *conjoints* ceux qui sont tellement disposés entre eux, que le son le plus aigu du degré inférieur se trouve à l'unisson du son le plus grave du degré supérieur : il faut de plus qu'aucun des degrés *conjoints* ne puisse être partagé en d'autres degrés plus petits, mais qu'ils soient eux-mêmes les plus petits qu'il soit possible ; savoir, ceux d'une seconde. Ainsi ces deux intervalles, *ut ré* et *ré mi* sont *conjoints* ; mais *ut ré* et *fa sol* ne le sont pas, faute de la première condition ; *ut mi* et *mi sol* ne le sont pas non plus, faute de la seconde.

Marche par degrés *conjoints* signifie la même chose que marche diatonique.

Connexe, adj. Terme de plain-chant. (*V.* Mixte.)

Conservatoire, s. m. C'est le nom que l'on donne aux grandes écoles publiques de musique, attendu qu'elles sont destinées à propager cet art et à le *conserver* dans toute sa pureté.

Console, s. f. La *console* est la partie qui sert de couronnement à la harpe : elle renferme le mécanisme principal de cet instrument. C'est sur la *console* que tiennent les chevilles, les boutons de cuivre, les sillets, les sabots. (*Voyez* Sabot, Sillet.)

Consonnance, s. f. C'est, selon l'étymologie du

mot, l'effet de deux ou de plusieurs sons entendus à la fois; mais on restreint communément la signification de ce terme aux intervalles formés par deux sons, dont l'accord plaît à l'oreille.

Les *consonnances* sont divisées en parfaites et imparfaites.

Les *consonnances* parfaites sont la quinte et l'octave. On les nomme parfaites, parce qu'elles ne peuvent être altérées sans cesser d'être consonnantes.

Les *consonnances* imparfaites sont la tierce et la sixte. On les nomme imparfaites, parce qu'elles peuvent être majeures et mineures sans cesser d'être consonnantes. La tierce diminuée et la sixte augmentée sont des intervalles dissonans.

La quarte étant un renversement de quinte, devrait être considérée comme *consonnance*; mais son effet étant beaucoup moins agréable que celui de la quinte, elle est regardée comme dissonance contre la basse, et comme *consonnance* entre les parties intermédiaires et supérieures.

Néanmoins la quarte est employée comme *consonnance* dans le second renversement de l'accord parfait; aussi ce renversement est-il le moins agréable, et le seul dont on ne puisse pas former une succession. (*Voyez* INTERVALLE.)

CONSONNANT, adj. Un intervalle *consonnant* est celui qui donne une consonnance, ou qui en produit l'effet. Un accord *consonnant* est celui qui n'est composé que de consonnances.

CONTRA. (*Voyez* CONTRE.)

CONTRAINT, adj. Ce mot s'applique, soit à l'harmonie, soit au chant, soit à la valeur des notes, quand, par la nature du dessin, on s'est assujéti à une loi d'uniformité dans quelqu'une de ces trois parties. Une basse *contrainte*, un accompagnement *contraint* ou rhythmique.

CONTRAIRE, adj. Mouvement *contraire*. (*Voyez* MOUVEMENT.)

CONTRALTO, signifie haute-contre; mais on a conservé ce mot italien pour l'appliquer à la haute-contre des femmes, et la distinguer ainsi de celle des hommes. Ces deux sortes de voix diffèrent ensemble d'une tierce environ; le *contralto* s'élève jusqu'au *mi*, les bornes de la haute-contre sont fixées à l'*ut*.

Le *contralto* est, pour les femmes, ce que la voix de basse est pour les hommes, la plus grave de toutes; son étendue est la même, un octave plus haut.

On écrit la partie du *contralto* sur la clef d'*ut* troisième ligne. Je pense qu'il serait plus régulier de lui rendre celle sur la deuxième ligne, qui lui convient beaucoup mieux, et qui lui avait été consacrée autrefois. Plusieurs auteurs francisent ce mot, et disent *Contralte*.

CONTRASTE, s. m. Opposition de caractères. Il y a *contraste* dans une pièce de musique, lorsque le mouvement passe du lent au vite, ou du vite au lent; lorsque le diapason de la mélodie passe du grave à l'aigu, ou de l'aigu au grave; lorsque le chant passe du doux au fort, ou du fort au doux; lorsque l'accompagnement passe du simple au figuré, ou du figuré au simple; enfin, lorsque l'harmonie a des jours et des pleins alternatifs, et qu'elle change de mode; et le *contraste* le plus parfait est celui qui réunit à la fois toutes ces oppositions.

Il est très-ordinaire aux compositeurs qui manquent d'invention, d'abuser du *contraste*, et d'y chercher, pour nourrir l'attention, les ressources que leur génie ne leur fournit pas; mais le *contraste* employé à propos, et sobrement ménagé, produit des effets admirables. On peut en faire la remarque dans le *confutatis maledictis* du *Requiem* de Mozart, où l'on entend tour à tour les cris affreux des réprouvés, et les chants de jubilation des justes. Il y a, dans le grand duo de *Fernand Cortez*, un superbe *contraste* produit par le changement de mode : le farouche Télasco invoque les divinités mexicaines en ton mineur, et la prière qu'Amazili adresse au dieu de Cortez doit une grande part de sa suavité aux charmes du ton majeur. L'enharmonique est aussi une source de *contrastes*; il est employé d'une manière sublime et ravissante dans la scène du *Sacrifice d'Abraham* de Cimarosa.

CONTRE. Ce mot était appliqué à toutes les parties destinées à faire harmonie avec une autre, ou plutôt *contre* une autre. Ainsi l'harmonie était divisée en quatre parties : la basse, *bassus, basso*; la moyenne, *ténor*; la haute, *altus, alto*; et le dessus, *discantus, soprano*. Quand l'*alto* chantait *contre* le dessus, il s'appelait *contralto* ou haute-contre; quand le ténor servait de basse, on le nommait *contra tenor*; et lorsqu'on employait une partie plus grave que la basse récitante, elle s'appelait *contre*-basse ou basse-*contre*.

CONTRE-BASSE, s. f. La *contre-basse* est l'instrument le plus grand de la famille des violons. Ses sons résonnent à l'octave basse de ceux du violoncelle. Privé de la quatrième corde, et raccourci quelquefois par l'accord des trois autres (1), son diapason a peu d'étendue : il suffit néanmoins à l'exécution de la partie confiée à cet instrument. La *contre-basse* est le fondement des orchestres; rien ne saurait la suppléer. Soit qu'elle conserve sa marche grave et sévère, soit qu'entraînée par la violence des passions, elle se joigne aux instrumens pour les exprimer, la richesse de ses sons, un rhythme plein de franchise et de pompe, et surtout l'ordre admirable qu'elle porte dans les masses harmoniques, signalent partout sa présence.

Quoique la partie de *contre-basse* figure, dans le système général, à une octave au-dessous de celle des violoncelles et des bassons, on l'écrit néanmoins sur la même clef, qui est celle de *fa*, quatrième ligne : l'oreille entend par conséquent le son à l'octave basse du signe qui le représente à l'œil. D'après cette observation, on ne doit pas trouver d'irrégularité dans certains traits de basse qui semblent arriver jusqu'aux régions de la mélodie, et dominer même le chant du bariton, du basson, du violoncelle, puisque la gravité

(1) Quelques musiciens accordent la *contre-basse* par quartes.

de la *contre-basse* les rejette à l'octave inférieure, et les retient ainsi dans leur juste diapason.

La clef de *fa* quatrième ligne étant adoptée pour la *contre-basse*, avec la transposition d'octave dont nous venons de parler, le diapason de cet instrument commence donc au *sol* posé sur la première ligne, ou au *la* suivant, si l'on accorde par quartes. Il arrive souvent que les parties de basse, disposées pour le violoncelle qui possède une quatrième corde au grave, portent des notes plus basses que ce *sol*, et descendent même jusqu'à l'*ut*. Un contre-bassiste exercé transpose à l'instant les traits de violoncelle, et les ajuste au diapason de son instrument : cette transposition est si facile et si prompte, que les compositeurs n'ont pas besoin de l'indiquer ; mais je ne voudrais pas que, quand ils prennent la peine de donner à la *contre-basse* une partie séparée et différente de celle du violoncelle, les mêmes notes trop graves s'y fissent remarquer, et que l'exécutant fût obligé de transposer un passage écrit pour lui exclusivement. Je pourrais citer mille exemples de cette petite erreur ; je me contenterai de renvoyer le lecteur à la page 217 du *Mariage Secret*, et à la page 258 de *la Vestale*. Il n'est pas inutile de dire que cette transposition impromptu dérange la marche de certains traits qui, au lieu de descendre diatoniquement, sont coupés au milieu, pour être repris une septième plus haut. Le compositeur ne pense point à ces inconvéniens, qui ne se présenteraient jamais, si on voulait bien se souvenir que le *sol*, posé sur la première ligne, la clef étant celle de basse, est la dernière note que l'on puisse faire entendre sur la *contre-basse.*

C'est Montéclair qui, le premier, a introduit la *contre-basse* à l'orchestre de l'Académie Royale de Musique, en 1700. Malgré la grosseur énorme de la *contre-basse*, que Kaempfer appelait son *Goliath*, ce musicien exécutait des concertos de violon sur cet instrument; et Dragonetti a joué, avec Viotti, des duos de violon, en remplissant alternativement les deux parties.

On devrait renoncer à beaucoup de distinctions que l'acquisition d'une infinité de mots nouveaux a rendues inutiles. Pourquoi ne pas appeler simplement *basse* l'instrument de même nature, qui est plus grave que le *violoncelle?* Voudrait-on le distinguer ainsi de la voix de basse? On ne peut les confondre, dès que l'on dit *jouer de la basse et chanter la basse*; *un bassiste excellent*, et une *basse brillante et sonore.*

Les Italiens appellent la *contre-basse*, *contra-basso* ou *violone.*

CONTRE-BASSISTE, s. des 2 g. Musicien qui joue de la contre-basse.

CONTRE-BASSON, s. m. Instrument de musique à vent et à embouchure.

Le *contre-basson* donne l'octave basse du basson, et rend par conséquent le ton du seize pieds. On ne s'en sert que dans les musiques de régiment, pour renforcer les bassons ordinaires, ou faire résonner la grosse note, lorsque ceux-ci exécutent des arpéges ou des passages figurés.

Les Allemands tirent un grand parti du *contre-basson* pour certains effets d'orchestre. Haydn a employé cet instrument dans ses oratorios. Il serait à désirer que l'usage s'en établît en France.

Quoique la partie de *contre-basson* figure, dans le système général, à une octave au-dessous de celle de basson, on l'écrit néanmoins sur la même clef, qui est celle de *fa* quatrième ligne.

CONTREDANSE. Ce mot vient de l'anglais, *country danse*, danse de campagne. Elle s'exécute à huit ou à seize personnes, dont la moitié de chaque sexe, sur un air en rondeau à deux quatre ou six huit *allegretto*, composée ordinairement de trois reprises de huit mesures chacune. La première a sa résolution sur la tonique; la seconde se termine par un repos sur la dominante, et sert ainsi à ramener celle que l'on a déjà fait entendre; vient ensuite le fidèle mineur qui forme la troisième reprise, et l'on dit encore une fois la première pour finir. La *contredanse* se joue quatre fois de suite de la même manière, pour que ceux qui la dansent, deux à deux, ou quatre à quatre, puissent exécuter à leur tour les figures et les pas d'après le dessin du chorégraphe.

CONTREFUGUE, ou *Fugue renversée*, s. f. Sorte de fugue dont la marche est contraire à celle d'une autre fugue qu'on a établie auparavant dans le même morceau. Ainsi, quand la fugue s'est fait entendre en montant de la tonique à la dominante, ou de la dominante à la tonique, la *contrefugue* doit se faire entendre en descendant de la dominante à la tonique, ou de la tonique à la dominante, et *vice versâ*. Du reste, ses règles sont entièrement semblables à celle de la fugue.

CONTRE-PARTIE, s. f. Ce terme ne s'emploie, en musique, que pour signifier une des deux parties d'un duo, considérée relativement à l'autre.

CONTRE-POINT, s. m. C'est à-peu-près la même chose que composition, si ce n'est que composition peut se dire des chants et d'une seule partie, et que *contre-point* ne se dit que de l'harmonie et d'une composition à deux ou plusieurs parties différentes.

Ce mot de *contre-point* vient de ce que, anciennement, les notes ou signes des sons étaient de simples points, et, qu'en composant à plusieurs parties, on plaçait ainsi ces points l'un sur l'autre, ou l'un contre l'autre.

L'objet ou le résultat du *contre-point* est d'apprendre à donner à chacune des parties et à l'ensemble de la composition les formes et les termes les plus convenables ; ainsi l'on voit par là que le *contre-point* est absolument, par rapport à la musique, ce qu'est à la peinture le dessin pris dans le sens le plus étendu : cette comparaison est d'une rare exactitude.

Ainsi que le dessin, le *contre-point* a plusieurs degrés, et chaque degré a plusieurs sortes. Pour les bien faire connaître, il faut nécessairement entrer dans quelques détails sur la marche que l'on suit dans cette étude.

On prend d'abord un sujet qui, pour plus de simplicité, n'est formé que de notes égales et toutes portant harmonie, c'est-à-dire des rondes dans la mesure *a capella*. Ce sujet peut se placer à la basse ou dans une partie supérieure, et le premier degré de la science du compositeur est de déterminer les sons qui doivent servir à former les autres parties : c'est ce qu'on nomme l'harmonie de la pièce.

Cette première opération faite, il s'agit de répartir les sons accompagnans entre les autres parties : c'est ici que commence, à proprement parler, l'étude du *contre-point*.

Le premier degré se nomme *contre-point simple*. On y apprend à éviter ce qui peut déplaire à l'oreille, et à connaître les dispositions qui lui sont le plus agréables. Il se fait d'abord à deux parties, et l'on choisit dans l'harmonie les notes les plus favorables pour former le *contre-point* au-dessus et au-dessous. C'est la première espèce de *contre-point* simple; elle se forme de notes contre notes.

La seconde espèce du *contre-point* simple enseigne l'emploi des notes de passage de la valeur d'une demi-mesure.

La troisième espèce emploie les notes de passage d'un quart de mesure.

La quatrième règle l'emploi des dissonances.

La cinquième enfin, appelée *contre-point fleuri*, se forme de toutes les précédentes. Ce *contre-point* est rempli d'un grand nombre d'ornemens exécutés par la partie qui fait le *contre-point fleuri*, les autres, s'il y en a plusieurs, font un *contre-point* de note contre note. Le *contre-point fleuri* demande autant de pureté que d'élégance dans le style : l'étude et la comparaison des bons modèles peuvent seuls faire acquérir ces qualités indépendantes des préceptes de l'Ecole.

Le second degré renferme les *contre-points* conditionnels, c'est-à-dire ceux qui, au moyen de l'observation de certaines conditions, sont susceptibles de toute sorte de renversemens et transpositions de parties: on les appelle *contre-points doubles, triples, quadruples*, selon le nombre des parties que l'on peut transposer.

Dans le troisième degré, on apprend à former, du sujet principal, diverses réductions : à opposer à ces produits des *contre-points* susceptibles de renversement, et à enchaîner toutes les parties de manière à former des pièces régulières, que l'on nomme *fugues*.

Dans le quatrième et dernier degré, un genre d'imitation plus restreint et plus continuel apprend à former des *canons*.

Tels sont les divers degrés de l'art du *contre-point*, que l'on peut appeler la musique scolastique.

Les anciens ne connaissaient pas le *contre-point*. Il a été inventé dans le 6e siècle, selon Gerbert, Burney, Forkel; d'autres en ont attribué la découverte à Guido d'Arezzo, qui a seulement contribué à le perfectionner. Mais un art aussi difficile, qui n'a pu naître, pour ainsi dire, que par degrés, et parvenir à la perfection que par les efforts successifs des hommes de génie, dans l'espace de plusieurs siècles, doit avoir été bien faible dans son enfance, et ses premières tentatives ont été nécessairement circonscrites et grossières.

Quoique le *contre-point* soit consacré au style d'église, les grands maîtres en font usage quelquefois au théâtre. Le chœur de l'épithalame de Jason, dans l'opéra de *Médée*, de M. Chérubini, renferme un très-beau *contre-point*. On rencontre divers *contre-points* dans les opéras de *Joseph*, des *Bardes*, et même dans les chants joyeux des *Noces de Figaro*. (*Fig.* 13.)

Contre-sens, s. m. Vice dans lequel tombe le musicien quand il rend une autre pensée que celle qu'il doit rendre. La musique, dit M. d'Alembert, n'étant et ne devant être qu'une traduction des paroles qu'on met en chant, il est visible qu'on y peut tomber dans des *contre-sens*; et ils n'y sont guère plus faciles à éviter que dans une véritable traduction. *Contre-sens* dans l'expression, quand la musique est triste au lieu d'être gaie, gaie au lieu d'être triste, légère au lieu d'être grave, grave au lieu d'être légère, etc. *Contre-sens* dans la prosodie, lorsqu'on est bref sur des syllabes longues, long sur des syllabes brèves; qu'on n'observe pas l'accent de la langue, etc. *Contre-sens* dans la déclamation, lorsqu'on y exprime par les mêmes modulations des sentimens opposés ou différens, lorsqu'on y rend moins les sentimens que les mots, lorsqu'on s'y appesantit sur des détails sur lesquels on doit glisser, lorsque les répétitions sont entassées hors de propos. *Contre-sens* dans la ponctuation, lorsque la phrase de musique se termine par une ca-

…dence parfaite dans les endroits où le sens est suspendu, ou forme un repos imparfait quand le sens est achevé. Je parle ici des *contre-sens* pris dans la rigueur du mot; mais le manque d'expression est peut-être le plus énorme de tous.

CONTRE-TEMPS, s. m. Un air est à *contre-temps*, lorsque les cadences y sont préparées sur le frappé de la mesure, et effectuées sur le levé; et cette observation est sensible même dans la simple mélodie, sans le secours des accompagnemens, car la mélodie porte implicitement le sentiment de l'harmonie. L'oreille exige que tous les repos soient sur un frappé, et que tous les accords qui en appellent d'autres, soit qu'ils expriment ou non une dissonance, soient sur un levé. Une demi-mesure ajoutée pour faire finir l'air par un frappé, ne détruit pas le mauvais effet d'une cadence boiteuse.

Dans les morceaux écrits à quatre temps, il n'est pas rare de rencontrer des traits entiers dont les cadences portent à faux; l'oreille n'est pourtant pas blessée, parce qu'elle suppose la mesure à deux-quatre qui, en divisant en deux parts égales celle à quatre temps, rectifie tout.

Cette partie de l'air de la Haine, dans *Armide*, *Sur ces bords écartés*, est écrite en entier à *contre-temps*, et l'effet en est désagréable pour un auditeur exercé.

COPISTE, s. m. Celui qui fait profession de copier de la musique.

Les personnes qui veulent acquérir une belle manière de copier de la musique, doivent prendre pour modèle les ouvrages gravés par d'habiles graveurs, et en imiter les caractères, ainsi que leur disposition, sans s'asservir pourtant à une exactitude puérile. La note doit être ronde, bien formée et jetée librement sur la portée. Le *copiste* donnera aux groupes de notes et aux divers signes tout l'espace nécessaire pour ne laisser aucun doute à l'exécutant, les valeurs ne se distinguant pas bien dans une foule de notes entassées les unes sur les autres. Il lui ménagera un silence de plusieurs mesures, pour tourner le feuillet, dût-il sacrifier pour cela dix portées, et même une page entière. Si le morceau de musique n'a que deux pages, il faut nécessairement le commencer au verso, pour qu'on ne soit pas obligé de tourner le feuillet pendant son exécution. Dans les partitions, il aura soin de faire correspondre parfaitement les valeurs, en plaçant chaque note au lieu où elle doit être frappée. Puisque la ronde s'attaque sur le premier temps, il faut donc qu'elle s'y trouve, et non pas au milieu de la mesure. Les lignes additionnelles, qui sont destinées à recevoir les notes dont l'élévation ou l'abaissement excède l'étendue de la portée, doivent être faites avant ces mêmes notes, pour que les intervalles postiches soient bien alignés, et conservent des distances parfaitement régulières, relativement à eux-mêmes et à la portée. Les *copistes* qui, ne pratiquant pas cette méthode, commencent par former la tête et la queue d'une note fort élevée ou fort basse, et marquent ensuite sur sa queue les fragmens de ligne qu'elle doit recevoir, n'ont aucune règle fixe pour établir l'éloignement des notes hors des lignes, et prennent souvent trop ou trop peu d'espace, de manière qu'un *ré* est au niveau d'un *fa*, ou un *mi* d'un *ré*, quoique ces diverses notes soient armées chacune de leurs fragmens de lignes, comme cela est prescrit; mais il ne suffit pas de les poser ces lignes, il faut encore qu'elles soient toutes dans une même direction : les prolonger d'une note à l'autre, serait tomber dans un défaut plus grave encore.

Cor, s. m. Instrument à vent et à embouchure.

Consacré dès son origine, et pendant plusieurs siècles, aux nobles jeux de Diane, après avoir fait redire aux échos des montagnes le bruyant *halali*, le chant triomphal de la curée, le *cor*, appelé à de plus hautes destinées, a passé des mains du chasseur dans celles des favoris d'Apollon. Cette voix rauque et sauvage, la terreur des hôtes des bois, s'est adoucie au point de nous ravir par des sons flatteurs. L'art des Punto, des Duvernoi, des Dauprat, lui donnant une nouvelle existence, l'a enrichie d'une multitude de tons que la nature semblait lui vouloir refuser. Brillant et sonore dans tout ce qui lui rappelle sa destination primitive, le *cor* est tendre et pathétique dans le cantabilé; le miel n'est pas plus doux, le jour n'est pas plus pur que sa délicieuse mélodie. Quoique, dans le solo, il parcoure avec agilité tous les degrés de la gamme, on lui reproche le peu de variété de ses traits d'orchestre, dans lesquels les tons artificiels ne se font presque jamais entendre. Ces traits se reproduisent souvent, il est vrai, mais sont-ils moins agréables pour cela? Ces accens simples et pleins de candeur, cette fraternité constante qui règne entre les deux *cors*, ces tierces, ces quintes riches, harmonieuses et redondantes, ont des charmes toujours nouveaux. Je les ai entendu mille et mille fois ces traits, et, quand on me les offrira de nouveau, j'éprouverai les mêmes sensations. Se lasse-t-on jamais de voir les roses printanières, et de savourer leur délicieux parfum!

Le *cor* étant un tuyau sonore ouvert par les deux bouts, et privé des trous qui, dans le hautbois et la clarinette, servent à modifier les sons, c'est au moyen de la pression plus ou moins forte des lèvres sur l'embouchure que l'on parvient à rendre des sons différens; mais comme par cette manière on ne peut faire résonner que la tonique et ses aliquotes, on se verrait réduit à demeurer constamment dans le même ton, si l'on n'avait recours à divers corps de rechange qui, en s'adaptant à l'instrument, servent à élever ou à abaisser son intonation. Ces variations étant produites par un moyen physique qui tient au mécanisme de l'instrument, et consiste à raccourcir ou allonger ses tuyaux dans des proportions données, la mélodie doit rester immobile; aussi les parties de *cor* et de trompette sont-elles toujours notées en *ut* (certains solos exceptés), et cet *ut* devenant successivement un *ré*, un *mi*, un *fa*, etc., tout le système des aliquotes change en même temps que la tonique. L'exécutant voit sans cesse *ut mi sol* sur le papier, et l'oreille entend *ré fa la, mi sol si, fa la ut, si ré fa,* selon que l'instrument a été disposé d'après les indications qui se trouvent en tête des morceaux de musique.

Le système harmonique du *cor* est pareil en tout à celui de la trompette; mais ses tuyaux, du double plus longs, et terminés par un grand pavillon, donnent l'octave basse de cet instrument. Ce pavillon est disposé de manière à recevoir la main qui réunit son artifice au pouvoir de l'embouchure, pour maîtriser la colonne d'air et la forcer à articuler les tons que la résonnance multiple ne fait point entendre, et que l'on nomme vulgairement *tons bouchés.*

Comme la faculté d'obtenir sur le *cor* les sons très-élevés ou très-bas provient d'une disposition particulière que l'exécutant reçoit de la nature, et que les exercices qui ont pour objet d'apprendre à monter, contrarient ceux que l'on prescrit pour faire résonner les sons graves, un élève doit se destiner de bonne heure à la première ou à la seconde partie : la qualité de son embouchure, les conseils des professeurs lui serviront de règle pour son choix, et dès lors il travaillera exclusivement les tons élevés ou les basses. Quand on a entendu exécuter l'adagio en *mi* ♭ de la quatrième symphonie de Haydn par M. Kenn ou M. Dauprat, on peut dire qu'il y a autant de mérite à jouer le second *cor* que le premier. Dans les pièces de pupitre on rencontre des accompagnemens figurés, des traits propres à faire briller un bon second autant que son premier. Quelques maîtres fameux, tels que

M. F. Duvernoi, ont un genre mixte qui tient de l'un et de l'autre.

Comme la partie des *cors* est toujours mise en *ut* majeur, il est nécessaire d'indiquer en tête de chaque morceau le mode dans lequel ils doivent jouer. Par exemple, *corni in B* ou *cors en si* ♭, *in C* ou *en ut*, *in D* ou *en ré*, *in E* ou *en mi*, *in E*, *in Es*, *in E la fa*, ou *en mi* ♭, et non pas *in Dis* ou *ré* ♯, *in F* ou *en fa*, *in G* ou *en sol*, *in A* ou *en la*, *in B alti* ou *en si* ♭ *haut*, *in C alti* ou *en ut haut*.

La musique de *cor* se note sur la clef de *sol*; on se sert néanmoins de la clef de *fa* quatrième ligne pour quelques notes graves. Autrefois on avait soin de changer la clef toutes les fois que le *cor* changeait de ton, et de lui donner celle qui pouvait mettre la partie de cet instrument en rapport avec le reste de l'orchestre. Par exemple, la clef de *sol* ne servait que pour le mode d'*ut*, celle de *fa* pour celui de *mi*, celle d'*ut* troisième ligne pour le ton de *ré*, celle d'*ut* quatrième ligne pour celui de *si*, etc. etc. : la transposition se trouvait ainsi toute faite. Cet usage s'est perdu, et l'on écrit maintenant toute la musique de *cor* sur la clef de *sol*, ce qui est plus simple. (*Fig.* 14.) (*Voyez* Tons du cor.)

Cor anglais, instrument à vent et à anche, qui, dans la famille du hautbois, tient la même place que la viole dans celle du violon : c'est la quinte du hautbois. Le *cor anglais* a la forme de cet instrument, dans des proportions plus fortes; il est un peu recourbé, et son pavillon se termine en boule, au lieu d'être évasé comme celui du hautbois.

Les sons du *cor anglais* ne sont guère propres qu'à l'expression de la tendresse, de la mélancolie et de la tristesse : son diapason est de deux octaves qui commencent au troisième *fa* grave du piano. Le *cor anglais* n'est pas considéré comme instrument d'orchestre; il n'y est admis que pour l'exécution de quelques solos.

La musique destinée au *cor anglais* se note sur la clef d'*ut* seconde ligne.

Le *cor anglais* est toujours joué par un hautboïste : l'embouchure et le doigter sont les mêmes dans les deux instrumens.

Les Italiens appellent le *cor anglais*, *corno inglese* et *voce umana*.

COR DE BASSET, CORNO DI BASSETTO, ou BASSET-HORN, instrument de musique, à vent, à bec et à anche. Le *cor de basset* est de la nature de la clarinette, et n'en diffère qu'en ce qu'il est un peu recourbé et qu'il descend une tierce plus bas. C'est le plus riche de tous les instrumens à vent. Son diapason comprend quatre octaves qui commencent au second *ut* grave du clavier du piano.

La musique destinée au *cor de basset* se transpose à la quarte ou à la quinte. Ainsi le mode de *sol* et de *fa*, qui sont les plus usités sur cet instrument, s'écrivent l'un et l'autre en *ut*. On se sert de la clef de *sol* pour le premier *cor de basset*, et de la clef de *fa* pour les passages bas qui se rencontrent dans les parties du second ou du troisième.

Cet instrument n'est en usage qu'en Allemagne, où il a été perfectionné par Antoine et Jean Stadler. Mozart l'a employé avec succès dans son *Requiem*, où il le fait figurer comme instrument à vent principal.

COR DE CHASSE. (*Voyez* TROMPE.)

COR RUSSE. Les Russes ont une musique de *cors* dont les effets sont surprenans. Vingt, trente, quarante musiciens ont chacun une espèce de grand *cor* ou de trompe qui ne doit rendre qu'un seul son; ces *cors* sont tellement accordés, qu'ils fournissent, comme les tuyaux de l'orgue, toutes les notes nécessaires pour exécuter un morceau de musique et ses accompagnemens : ainsi l'un des musiciens fait tous les *ut* de telle ou telle octave qui se rencontrent dans ce morceau, un autre tous les *ré*, etc., et la précision de leur exécution doit être telle, que ces différens sons paraissent partir d'un même instrument. Comme il y a tels tons qui ne se rencontrent presque jamais près les uns des autres, ou qui reviennent plus rarement, on peut charger de deux ou trois *cors* quelques-uns de ces exécutans, ce qui diminue le nombre de ceux-ci.

Cette espèce d'orchestre rend des sons plus forts, plus nerveux, plus pleins que nos instrumens à vent, ces instrumens étant limités, soit par la nécessité où l'on est de leur donner un certain diapason, soit pour qu'ils ne couvrent pas les voix et les autres instrumens avec lesquels on les emploie ordinairement.

Un habile orchestre russe peut exécuter des quatuors, des symphonies, des concertos de Haydn, Mozart, Pleyel, etc., et rendre jusqu'aux trilles et aux roulades avec la plus grande précision. Dans un temps calme, cette musique a souvent été entendue à la distance d'une lieue et demie; et même, pendant une nuit tranquille et d'un lieu élevé, on a pu l'entendre jusqu'à la distance de deux lieues. De près, ces *cors* produisent l'effet d'un grand orgue, sur lequel ils ont le précieux avantage de pouvoir enfler, diminuer, laisser expirer les sons; de loin on croit entendre un harmonica.

En 1763 on employa cette musique avec succès dans une fête qui fut donnée à Moscow : un immense traîneau de quarante toises de tour, et tiré pas vingt-deux bœufs d'Ukraine, portait les musiciens.

L'inventeur de cette musique de *cors* est J. A. Maresch, né en Bohême en 1719. C'est vers 1750 qu'il s'en occupa avec le prince de Narischkin.

Corde sonore. Toute corde tendue dont on peut tirer du son.

(*Voyez* le mot Accord pour la division de la *corde sonore*.)

Cordes. Les *cordes* des instrumens sont de diverses matières, selon la manière dont on doit exciter en elles le frémissement nécessaire pour produire le son et faire vibrer l'air dans les tables d'harmonie.

Les *cordes* attaquées par frottement sont faites avec les boyaux de certains animaux, telles sont les *cordes* du violon, de la viole, de la basse. Les *cordes* frappées sont toujours de métal : on met des *cordes* de laiton aux octaves basses du piano ; celles d'acier servent pour les tons moyens et les tons élevés. Les *cordes* pincées sont de boyau, de métal et de soie, selon l'instrument auquel on les destine. La harpe et la guitare sont montées avec des *cordes* de boyau et des *cordes* de soie ; la mandoline avec des *cordes* métalliques.

Le son produit par une *corde* tendue est plus ou moins aigu en raison de sa longueur, de son diamètre, de sa contexture et de sa tension.

Dans les instrumens à manche, tels que le violon et la guitare, la *corde* perdant de sa longueur toutes les fois que le doigt vient la presser sur la touche, une seule *corde* rend une multitude de sons. La lyre des anciens, avec ses huit *cordes*, ne donnait que huit tons ; avec quatre *cordes* de moins, le violon en produit trente-deux.

Dans le piano, la longueur de la *corde* tendue ne variant point, on n'a pu obtenir une échelle de six octaves qu'en plaçant un nombre de *cordes* pareil à celui des tons de l'instrument, et l'on voit les *cordes* perdre en longueur et en épaisseur à mesure que le système s'éloigne de l'extrême grave pour arriver à l'extrême aigu. Tous les instrumens à *cordes* immobiles, tels que le piano, le clavecin, le psaltérion, le tympanon, ont une forme triangulaire qui est celle de la harpe ; ils ne peuvent en avoir d'autre, puisque leur dernière *corde* n'est souvent que la vingtième partie de la longueur de la première. Dans les petits pianos, ce triangle est circonscrit dans un carré long : cette forme est bien moins pittoresque, et donne plutôt l'idée d'un meuble que d'un instrument.

La contexture d'une *corde* influe sur le son qu'elle doit produire. Une chanterelle de violon recouverte, dans toute sa longueur, avec un fil de laiton très-délié, sert de quatrième *corde* au même instrument, et le *sol* ou bourdon n'est qu'un *mi* filé en laiton. Les *cordes* filées de la harpe ou de la guitare sont de soie. Quelques ménétriers se servent d'un cordon de soie au lieu de chanterelle, mais le son qu'il produit est grêle et criard; le seul mérite de ces cordons consiste dans leur durée.

Ton vient du grec *tonos*, qui lui-même vient de *teinos, tendo*, je tends. Il signifie donc une *corde tendue*, une *corde sonore*; de là vient que le mot *corde* est souvent employé pour *ton*, et l'on dit les *cordes graves, les cordes moyennes, aiguës de la voix*, de la *mélodie, de l'échelle*, pour dire *les tons graves, moyens, aigus de la voix*, etc.

CORNEMUSE, s. f. Instrument à vent, avec des chalumeaux à anches.

Les parties de la *cornemuse* sont la peau de mouton qu'on enfle comme un ballon, et le vent n'a d'issue que par trois chalumeaux qui y sont adaptés : l'un s'appelle le grand bourdon, l'autre le petit bourdon. Quand on joue de la *cornemuse*, le grand bourdon passe sur l'épaule gauche.

CORNET, s. m. Petit cor dont on se sert pour exécuter les diverses sonneries qui règlent la marche, et font connaître le commandement aux voltigeurs d'un régiment. Chaque compagnie de voltigeurs a son *cornet*. On appelle aussi *cornet* celui qui sonne de cet instrument. Lorsque le régiment est réuni, les *cornets* jouent ensemble des marches et de petites fanfares à deux parties.

CORNET. Jeu d'orgue dont chaque touche fait parler quatre tuyaux à la fois, et ces quatre tuyaux qui donnent l'octave, la quinte, et la tierce majeure ou dix-septième, ne produisent qu'un seul son. Quand on baisse la touche de l'*ut* on entend *ut*, son octave *ut*, sa douzième *sol*, et sa dix-septième majeure *mi; ut, ut, sol, mi;* mais on croit n'entendre que le son d'*ut*, ce qui prouve qu'un son n'est pas un élément simple, mais un agrégat de plusieurs sons concomitans.

CORNISTE, s. m. Musicien qui joue du cor.

CORNO, Cor. (*Voyez* COR.)

CORNO DI BASSETTO. (*Voyez* COR DE BASSET.)

CORPS SONORE, s. m. On appelle ainsi tout *corps* qui rend ou peut rendre immédiatement du son. Il ne suit pas de cette définition que tout instrument de musique soit un *corps sonore;* on ne doit donner ce nom qu'à la partie de l'instrument qui sonne elle-même, et sans laquelle il n'y aurait point de son. Ainsi dans un violoncelle ou dans un violon, chaque corde est un *corps sonore;* mais la caisse de l'instrument, qui ne fait que représenter et réfléchir les sons n'est point le *corps sonore* et n'en fait point partie. On doit avoir cet article présent à l'esprit toutes les fois qu'il sera parlé de *corps sonore* dans cet ouvrage.

CORPS DE LA HARPE. C'est ainsi que l'on appelle cette partie de la harpe qui comprend le dos de l'instrument et la table d'harmonie.

CORYPHÉE, s. m. Chanteur qui, après avoir exécuté les solos qui se rencontrent dans les chœurs, se joint ensuite aux simples choristes dans l'ensemble. Le *coryphée* parle au nom du chœur qu'il représente, et exprime les sentimens dont il est affecté. Il y a des *coryphées* pour chaque partie. C'est un ténor qui interroge OEdipe au nom du peuple d'Athènes. Le *coryphée* de l'hymne au soleil, de *Paul et Virginie*, de M. Lesueur, est une basse; et dans le premier chœur d'*Alceste*, les *coryphées* chantent le dessus et la haute-contre.

COULÉ, participe pris substantivement. Le *coulé* se fait, lorsqu'au lieu de marquer en chantant chaque note d'un coup de gosier, ou d'un coup d'archet sur les instrumens à cordes, ou d'un coup de langue sur les instrumens à vent, on passe deux ou trois notes sous la même articulation, en prolongeant la même inspiration, ou en continuant de tirer ou de pousser le même coup d'archet sur toutes les notes couvertes d'un *coulé*.

Le *coulé* se marque par une liaison qui couvre toutes les notes qu'il doit embrasser. (*Fig.* 15.)

Coup, s. m. On dit en musique *coup de langue, coup d'archet, coup de gosier,* etc. C'est une manière de lancer le son pour la voix et pour les instrumens, et d'où dépend souvent l'exécution la plus parfaite. Le *coup de langue*, pour les instrumens à vent, a besoin d'être net, détaché, rapide; le *coup d'archet*, pour les instrumens à cordes, doit être distinct, ferme, moëlleux; le *coup de gosier* demanderait encore des précautions plus grandes : mais cette expression n'est plus d'usage, et ne sert maintenant qu'à désigner ces grands éclats de voix que les chanteurs du temps de Rameau prodiguaient dans notre ancienne musique. La voix ne doit pas être jetée avec effort; elle doit être portée naturellement sans être traînée ni saccadée, et ne pas présenter l'idée d'un *coup*. Aussi les Italiens ont-ils rendu par *portamento di voce,* l'art de porter et de conduire la voix, que nos aïeux appelaient *coup de gosier.*

On appelle aussi *coup de gosier,* le mouvement par lequel la voix passe plusieurs notes ensemble sans les détacher. *Ces quatre notes doivent être faites d'un seul* coup de gosier.

Le *coup de poignet* est le *coup d'archet* de la vielle.

Il n'est pas nécessaire d'expliquer ce que l'on entend par *coup de tymbales, coup de tam tam,* etc.

Coup de fouet. C'est un certain effet plus fort, plus brillant que tout le reste, par lequel on finit un morceau de musique, pour obtenir l'applaudissement. C'est pour donner le *coup de fouet* que l'on place quelquefois des transitions vers la fin des morceaux de musique, et qu'on les termine presque tous par un forté, et même par un fortissimo : le grand crescendo n'a pas d'autre but. C'était aussi pour donner le *coup de fouet* que nos anciens chanteurs finissaient toujours par un trille qu'on appelait *cadence*. Les Italiens terminaient aussi tous leurs airs par un point d'orgue. Ils ne sont plus d'usage aujourd'hui ; mais les Pellegrini, les Garcia, les Bordogni, les Catalani, les Fodor, les Crescentini ne manquent jamais de prodiguer tout le luxe du chant à la fin de leurs solos, et de changer en traits rapides, en roulades éblouissantes d'éclat et de légèreté, les grosses notes qui les terminent, et qui sont presque toujours les mêmes dans tous les airs. C'est au chanteur à varier, à orner ce *coup de fouet*, qui serait, sans cela, d'une trop grande uniformité.

Il y a tel morceau qu'on ne pourrait terminer par un *coup de fouet* sans en détruire entièrement l'expression, comme un sommeil, un nocturne, une cavatine pleine de sentiment et de suavité, et toute espèce de chant qui doit finir piano. Ces morceaux n'en seront pas moins applaudis s'ils sont d'ailleurs bien faits : au surplus ce n'est pas aux bravos d'un moment que prétend l'homme de génie, mais à une estime durable.

L'ouverture des *Noces de Figaro*, celle de *la Flûte enchantée*, le sextuor de *Don Juan*, le quatuor de *Ma Tante Aurore*, sont terminés par des *coups de fouet* de la plus grande beauté.

COUPE, s. f. On donne ce nom à l'arrangement des diverses parties qui composent un poëme lyrique. *L'opéra des Noces de Figaro est admirablement coupé pour la musique. La coupe des cantates de Rousseau n'est point favorable au style des compositeurs modernes.*

COUPÉ, part., pris substantivement. Écrit sur une note, signifie que l'on doit la frapper et l'abandonner à l'instant, sans avoir égard à sa valeur. Une noire ou une croche surmontée d'un point allongé désignerait suffisamment cet effet. Quelques auteurs se servent cependant du mot *coupé* pour appeler ainsi plus particulièrement l'attention sur la note à détacher, afin que l'on mette plus de soudaineté dans son exécution.

Le mot *sec* est employé de la même manière et a la même signification.

COUPER LE SUJET. C'est lorsque, dans une fugue, on partage le thême ou le sujet en divers fragmens, et qu'en distribuant ces fragmens à différentes voix, on les travaille l'un contre l'autre au moyen de l'imitation. C'est ce que les Italiens nomment *attacco*. (*Voyez* ATTACCO, STRETTE.)

COUPLET, s. m. Nom qu'on donne, dans les romances et les chansons, à cette partie du poëme qu'on appelle strophes dans les odes. Comme tous les *couplets* sont composés sur la même mesure de vers, on les chante aussi sur le même air.

Les petits airs, qui n'ont pas la forme et le caractère

de la romance ou de la chanson, prennent le titre de *couplets*. On en compose beaucoup pour être chantés dans les sociétés ; d'autres sont destinés à figurer dans les vaudevilles, et même dans les opéras.

Pour que les *couplets* donnent de l'agrément à une scène d'opéra, il faut que les paroles et l'air soient d'une originalité piquante. Un opéra ne doit pas renfermer plus d'un ou deux petits airs de trois *couplets* au plus, fussent-ils d'une perfection rare. Les auteurs ne sauraient trop se tenir en garde contre les *couplets* ; leur abondance est un signe de pauvreté. *Le Secret*, *le Jockey*, *l'Opéra-Comique* se rapprochent trop des grotesques pots-pourris du Vaudeville. (*V*. CHANSON, VAUDEVILLE.)

COUPURE, s. f. Suppression que l'on fait d'un certain nombre de périodes dans le courant d'un morceau de musique, pour en rendre la marche plus rapide. C'est aux premières répétitions d'un opéra que se font principalement les *coupures* ; celles-là sont réglées sur le besoin que l'on a de passer plus vite de telle situation à telle autre, et d'activer ainsi le jeu de scène. On les demande au compositeur, qui, du premier coup d'œil, voit ce qu'il doit sacrifier, et qui, d'un trait de plume, a bientôt rajusté les deux bouts. Mais on ne devrait pas souffrir que le chef d'orchestre d'un théâtre de province prît la licence de mutiler les partitions des grands maîtres par des *coupures* qui désespèrent le véritable amateur, par d'énormes solutions de continuité qui portent ordinairement sur les parties les plus intriguées et les mieux écrites d'un opéra : ces *cou-*

pures rompent le fil du discours musical, dépaysent l'oreille par des modulations que rien ne justifie, puisque l'on a pris soin de les isoler, et réduisent à quelques phrases incohérentes les plus beaux morceaux d'ensemble, les chœurs les mieux dessinés, les finales les plus éloquens.

La *coupure* se marque au crayon rouge sur la partition et les parties. On place une croix à l'endroit où elle commence, et une autre croix au point où l'on doit reprendre le discours musical; de sorte que l'exécutant saute d'une croix à l'autre, en passant sous silence tout ce qui est compris entre elles.

Comme il existe des *coupures* que les maîtres de musique ont marquées pour favoriser certains routiniers sans expérience, ces *coupures* ne se font plus, toutes les fois qu'un chanteur vient à jouer le rôle: car celui-ci mettra autant d'empressement à donner le morceau dans son intégrité, que le manœuvre en a mis à le mutiler: c'est pourquoi l'on convient d'avance, aux répétitions d'un opéra, si l'on doit suivre ou non ce qui est prescrit à l'égard des *coupures*.

Courante, s. f. Air à trois temps propre à une danse ainsi nommée; à cause des allées et des venues dont elle était remplie plus qu'aucune autre. Cet air n'est plus en usage, non plus que la danse dont il porte le nom.

Couronne, s. f. Trait en demi-cercle qui surmonte le point d'orgue et le point d'arrêt ou de repos.

Couverte, octave, quinte *couverte*. (*Voyez* Cachée.)

Créer, v. a., un rôle. C'est le jouer pour la première fois. Ainsi les rôles de Joseph et de Jean de Paris ont été *créés* par Elleviou, comme ceux de Julia et de Laméa par madame Branchu.

Cette expression, empruntée au langage des coulisses, est d'un usage si général et si fréquent, que nous avons cru devoir l'admettre dans ce Dictionnaire.

Crescendo. Ce mot italien signifie *en croissant, en augmentant*. Le *crescendo* consiste à prendre le son avec autant de douceur qu'il est possible, et à le conduire, par degrés imperceptibles, jusqu'au plus grand éclat. Cet effet est fort beau, et termine bien une symphonie. Presque toutes les ouvertures d'opéra arrivent à leurs derniers accords par un *crescendo* sur la tonique gardée en pédale. On écrit plusieurs fois le mot *crescendo*, ou son abréviation *cres*, sous la phrase qui doit être rendue avec une augmentation graduée de force, autant pour marquer les divers degrés du *crescendo* que pour rappeler à l'exécutant l'intention du compositeur : il pourrait bien la perdre de vue pendant une longue période de cinq ou six lignes. On ajoute quelquefois ces mots : *Poco a poco*, peu à peu.

S'il y a plusieurs *crescendo* à la suite l'un de l'autre, comme dans l'ouverture du *Jeune Henri*, ce n'est que dans le dernier que l'on devra déployer tout l'éclat de l'orchestre. On produit le *crescendo* avec ses modifications sur toute espèce d'instrument. L'effet du dernier forté est toujours rélatif au point d'où l'on est parti : on l'emploie aussi dans les compositions vocales, et surtout dans les chœurs.

Le *crescendo* ne consiste pas uniquement à présenter à l'oreille un trait commencé pianissimo, et terminé avec fracas. On donne à certains passages une nuance plus ou moins forte d'augmentation ; et le *crescendo*, placé de cette manière, étant un agrément d'exécution, un renflement produit sur un petit trait, un groupe de notes, sur une seule ronde filée, on revient à l'extrême douceur sans avoir porté le son au-delà du *mezzo forte*, et même sans l'avoir atteint.

CRIER, v. n. C'est forcer tellement la voix en chantant, que les sons n'en soient plus appréciables, et ressemblent plus à des cris qu'à du chant.

CROCHE, s. f. Note de musique qui ne vaut en durée que le quart d'une blanche ou la moitié d'une noire. Il faut par conséquent huit *croches* pour une ronde, ou pour une mesure à deux ou à quatre temps.

On peut voir (*Fig.* 51) comment se fait la *croche*, soit seule, ou chantée seule sur une syllabe, soit liée avec d'autres *croches*, quand on en passe plusieurs dans un même temps en jouant, ou sur une même syllabe en chantant : elles se lient ordinairement de quatre en quatre dans les mesures à quatre temps et à deux ; de trois en trois dans les mesures à trois-huit, six-huit, neuf-huit, douze-huit ; et de six en six dans la mesure à trois temps, selon la division des mesures.

Le nom de *croche* a été donné à cette espèce de note, à cause du crochet qui la distingue.

CROCHET. (*Voyez* BARRE.)

CROIX, s. f. Signe qui marquait le trille dans l'ancienne musique. On se sert d'une petite *croix* pour désigner, dans une basse chiffrée, la note sensible. La quarte augmentée se chiffre par un quatre suivi d'une *croix*, 4+, et la sixte sensible par 6+. Ces deux accords sont formés avec la note sensible.

CROMA. s. f. Mot italien qui signifie *croche*.

CROMORNE. Jeu d'orgue compris parmi les jeux d'anches : ses tuyaux sont de forme cylindrique. Ce jeu sonne l'unisson du huit pieds. On le fait aussi en quatre pieds en Italie, où il est appelé *violoncello*.

CROQUE-NOTE, s. m. Nom qu'on donne, par dérision, à ces musiciens ineptes qui, versés dans la combinaison des notes, et en état de rendre à livre ouvert les compositions les plus difficiles, exécutent au surplus sans sentiment, sans expression, sans goût. Un *croque-note* rendant plutôt les sons que les phrases, lit la musique la plus énergique sans y rien comprendre, comme un maître d'école pourrait lire un chef-d'œuvre d'éloquence, écrit avec les caractères de sa langue, dans une langue qu'il n'entendrait pas.

CROTALES, s. f. plur. Instrument de percussion, composé de deux pièces de fer ressemblant assez à deux écuelles rondes, fort épaisses et peu concaves. On en joue de la même manière que des cymbales. Les Corybantes, les Bacchantes se servaient des *crotales*. Elles sont encore en usage en Provence, où elles ont reçu le nom de *chaplachoou*.

CUVETTE, s. f. La *cuvette* est cette partie de la harpe qui sert de base à l'instrument. Elle contient le mouvement par lequel les pédales attirent les tringles qui mettent en jeu le mécanisme renfermé dans la console. A chaque côté de la *cuvette* figurent les pédales ; il y en a quatre à droite et trois à gauche. (*Voyez* CONSOLE, HARPE, PÉDALES.)

CYMBALES, s. f. plur. Instrument de percussion, composé de deux plaques circulaires d'airain, d'un pied de diamètre et d'une ligne d'épaisseur, ayant chacune à leur centre une petite concavité et un trou dans lequel on introduit une double courroie. Pour jouer de cet instrument, on passe les mains dans ces courroies, et l'on frappe les *cymbales* l'une contre l'autre, du côté creux. Le son qu'elles rendent, quoique très-éclatant, n'est point appréciable.

On réunit les frappemens des *cymbales* à ceux de la grosse caisse, pour marquer le rhythme, ou seulement la mesure, dans les marches guerrières, les airs de danse fortement caractérisés, et les ouvertures, symphonies et chœurs qui ont une couleur militaire ou asiatique.

Le mot de *cymbale* vient du grec *kumbalos*, creux, cavité.

CYMBALE. Jeu d'orgue, à bouche et en étain. Il est compris parmi les jeux de mutations.

D.

D. D LA RÉ. (*Voyez* A.)

D. C. Abrégé de

Da capo. *A la tête, au commencement.* Ces mots marquent, qu'ayant fini la seconde partie de l'air, il faut reprendre au commencement ou au lieu marqué d'un renvoi, jusqu'au point final. Quand il y a un renvoi, au lieu de *Da Capo* ou *D. C.*, on écrit *al segno*, où bien *D. C. al segno*.

Danse d'ours. On désigne par ce terme certaines compositions dans lesquelles on a cherché à imiter l'effet des airs de musette, joués par ceux qui font danser les Ours. Cet effet consiste à faire ronfler les basses, les bassons, les cors en pédale, tandis qu'un instrument à voix blanche, tel que le hautbois, le violon exécute à l'aigu, un chant villageois et montagnard. Ce chant ne part ordinairement qu'à la quatrième ou à la cinquième mesure, et cesse de temps en temps pour laisser entendre le bourdonnement continu de la pédale grave, et de l'harmonie intermédiaire. Les morceaux de ce caractère veulent être lourés dans leur exécution.

Le beau finale de la seizième symphonie de Haydn en *ré mineur*, est une *danse d'ours*.

DEC.

Débit. s. m. Récitation précipitée.

Débiter, v. a., pris en sens neutre. C'est presser à dessein le mouvement du récitatif, et le rendre d'une manière approchante de la rapidité de la parole. Il y a des récitatifs qui doivent être *débités*, d'autres qui doivent être soutenus. Le *débit* ne s'emploie jamais dans le chant mesuré.

Les acteurs du Vaudeville *débitent* les couplets, parce que les paroles en sont l'objet principal, et qu'il importe de les présenter avec tous leurs avantages, dût-on estropier les airs. Le caquetage mélodique de ces comédiens n'a jamais été considéré comme du chant.

Déchant. (*Voyez* Discant.)

Déchiffrer, v. a. Signifie, figurément, lire ce qui est malaisé à lire. C'est dans ce sens que l'on dit en musique : *cet enfant commence à* déchiffrer *deux parties à la fois, il a bien* déchiffré *sa sonate.*

Déclamation, s. f. C'est, en musique, l'art de rendre, par les inflexions et le nombre de la mélodie, l'accent grammatical et l'accent oratoire. Le duo de la *Fausse Magie*, *Quoi! c'est vous qu'elle préfère;* l'air de *Jean de Paris*, *Lorsque mon maître est en voyage;* sont des chefs-d'œuvre de *déclamation* musicale.

Décompter, v. n. Lorsqu'en solfiant sans instrument, la voix ne peut saisir un intervalle un peu éloigné, il faut *décompter*; c'est-à-dire faire passer la voix par tous les degrés qui séparent cet intervalle, depuis la note d'où l'on part, jusqu'à celle où l'on veut arriver, par exemple : dans la gamme d'*ut*, si du *sol* que tient ma voix, je veux descendre sur un *ré*, et que mon oreille ne me rappelle pas la distance de cet intervalle, je *décompte*, et je dis, *sol fa mi ré*, en donnant à chacune de ces cordes la juste intonation qu'elle doit avoir, le son du *ré* étant une fois trouvé ; je remonte au *sol* pour redescendre ensuite d'un seul saut sur ce *ré*, dont l'impression subsiste encore dans mon oreille. De même en montant ; si d'un *ut*, je suis incertain pour aller trouver un *la*, je n'ai qu'à *décompter* ainsi, *ut ré mi fa sol la, ut la*.

Décousu, adj. Ce terme appartient également à la rhétorique et à la musique : il s'applique au style. On dit qu'un style est *décousu*, quand les idées rassemblées par le compositeur manquent entre elles de liaison, quand elles sont incohérentes et disparates ; quand le sujet en un mot est mal conduit. Ce n'est pas que deux idées très-opposées ne puissent paraître ensemble dans le même morceau ; mais alors leur liaison naît de l'opposition même. La négligence du rhythme est surtout ce qui rend le style *décousu*. Ce défaut est aussi le propre des auteurs qui, avec peu d'imagination, enfantent péniblement leur musique phrase à phrase, et à des intervalles éloignés. Leur âme qui ne peut plus retrouver la même situation, ne produit que des pensées détachées, qui ne s'amalgament jamais bien. Chaque phrase aura, si l'on veut, l'expression juste de chaque vers, mais le tout manquera d'ensemble et d'unité. (*Voyez* Dessin.)

Déduction, s. f. Terme de plain-chant. La *déduction* est une suite de notes montant diatoniquement, ou par degrés conjoints.

Degré, s. m. Différence de position ou d'élévation qui se trouve entre deux notes placées dans une même portée, sur la même ligne ou dans le même espace, elles sont au même *degré*, et elles y seraient encore, quand même l'une des deux serait haussée ou baissée d'un demi-ton, par un dièse ou par un bémol. Au contraire, elles pourraient être à l'unisson, quoique posées sur différens *degrés*; comme l'*ut* ♭ et le *si*, le *fa* ♯ et le *sol* ♭, etc.

Si deux notes se suivent diatoniquement, de sorte que l'une étant sur une ligne, l'autre soit dans l'espace voisin, l'intervalle est d'un *degré*; de deux, si elles sont à la tierce; de trois, si elles sont à la quarte; de sept, si elles sont à l'octave, etc.

Ainsi, en ôtant un du nombre exprimé par le nom de l'intervalle, on a toujours le nombre des *degrés* diatoniques qui séparent les deux notes.

Ces *degrés* diatoniques ou simplement *degrés*, sont encore appelés *degrés conjoints*, par rapport aux *degrés disjoints*, qui sont composés de plusieurs *degrés* conjoints. Par exemple, l'intervalle de seconde est un *degré* conjoint, mais celui de tierce est un *degré* disjoint, composé de deux *degrés* conjoints, et ainsi des autres. (*Voy.* Conjoint, Disjoint, Intervalle.)

DÉMANCHER, v. n. C'est, sur les instrumens à manche, tels que le violoncelle, le violon, la guitare, ôter la main gauche de sa position naturelle pour l'avancer sur une position plus haute ou plus à l'aigu.

DEMANDE, s. f. ou *proposition*. On appelle quelquefois ainsi, dans une fugue ou dans tout autre morceau où l'imitation est employée, le sujet que l'on propose à imiter : et la phrase qui y correspond se nomme *réponse*. Cette phrase proposée se nomme aussi le *sujet*, le *motif*.

La *demande* et la réponse se rencontrent aussi dans des morceaux de musique non fugués, et qui n'offrent pas même la simple imitation. L'allégro de l'ouverture de *Roméo et Juliette*, de Steibelt, commence par une *demande* de trois mesures, suivie d'une réponse parfaitement symétrique. Le quatuor du *Prisonnier : Faut-il, pour une bagatelle*, s'ouvre par une *demande* de deux mesures, et la réponse qui lui succède est aussi de deux mesures ajustées sur les mêmes paroles. C'est surtout dans les débuts des concertos, des concertantes, des duos d'instrumens, des marches militaires, que l'on a fait un grand abus de ce moyen que les bons compositeurs évitent avec autant de soin que d'autres l'ont recherché. (*Fig.* 16.)

DEMI-JEU, A DEMI-JEU. Terme de musique instrumentale, qui répond à l'italien *sotto voce*, *mezza voce*, ou *mezzo forte*, et qui indique une manière de jouer qui tienne le milieu entre le *fort* et le *piano*.

DEMI-MESURE, s. f. Espace de temps qui dure la

moitié d'une mesure. Il n'y a proprement de *demi-mesure* que dans les mesures dont les temps sont en nombre pair : car, dans la mesure à trois temps, la première *demi-mesure* commence avec le temps fort, et la seconde à contre-temps; ce qui les rend inégales.

Demi-pause, s. f. Caractère de musique qui marque un silence dont la durée doit être égale à celle d'une demi-mesure à quatre temps, ou d'une blanche. Comme il y a des demi-mesures de différentes valeurs, et que celle de la *demi-pause* ne varie point, elle n'équivaut à la moitié d'une mesure que quand la mesure entière vaut une ronde; à la différence de la pause entière qui vaut toujours exactement une mesure grande ou petite. (*Fig.* 51.)

Demi-soupir. Caractère de musique qui marque un silence, dont la durée est égale à celle d'une croche ou de la moitié d'un soupir. (*Fig.* 51.)

Demi-temps. Valeur qui dure exactement la moitié d'un temps. Il faut appliquer au *demi-temps*, par rapport au temps, ce que j'ai dit ci-devant de la demi-mesure par rapport à la mesure.

Demi-ton. Intervalle de musique valant à-peu-près la moitié d'un ton.

Il y a deux sortes de *demi-tons*: le *demi-ton* diatonique, c'est celui qui existe d'une note à une autre, comme par exemple d'*ut* à *ré* ♭; et le *demi-ton* chromatique, qui existe d'une note à la même note, subissant une altération, comme d'*ut* à *ut* ♯.

On nomme cependant chromatique toute succession de *demi-tons*.

DÉSACCORDER, v. a. Détruire l'accord d'un instrument.

On *désaccorde* un piano en frappant trop fort ou d'une manière inégale sur les touches.

On *désaccorde* un violon, en tournant les chevilles à droite ou à gauche, sans donner aux cordes le degré de tension qu'exige l'accord.

De grandes secousses, le dérangement des tuyaux, la poussière, le duvet de la peau des registres, et tous les corps étrangers qui s'introduisent dans les tuyaux *désaccordent* l'orgue. (*Voyez* SCORDATURA.)

DESCENDRE. v. a. C'est baisser la voix, *vocem remittere;* c'est faire succéder les sons de l'aigu au grave, ou du haut au bas. Cela se présente à l'œil par notre manière de noter.

DESSIN, s. m. C'est l'invention et la conduite du sujet, la disposition de chaque partie, et l'ordonnance générale du tout.

Ce n'est pas assez de faire de beaux chants et une bonne harmonie; il faut lier tout cela par un sujet principal, auquel se rapportent toutes les parties de l'ouvrage, et par lequel il soit *un.* Cette unité doit régner dans le chant, dans le mouvement, dans le caractère, dans l'harmonie, dans la modulation; il faut que tout cela se rapporte à une idée commune qui le réunisse. La difficulté est d'associer ces préceptes avec une élégante variété sans laquelle tout devient ennuyeux. Sans doute le musicien, aussi bien que le poëte et le peintre, peut tout oser en faveur de cette variété charmante, pourvu que, sous prétexte de contrastes, on ne nous donne pas pour des ouvrages bien dessinés des musiques toutes hachées, composées de petits morceaux étranglés, et de caractères si opposés, que l'assemblage en fasse un tout monstrueux.

*Non ut placidis coeant immitia, non ut
Serpentes avibus geminentur, tigribus agni.*

C'est donc dans une distribution bien entendue, dans une juste proportion entre toutes les parties, que consiste la perfection du *dessin*, et c'est surtout en ce point que l'immortel Mozart a montré son jugement, son goût, et a laissé si loin derrière lui tous ses rivaux. Son *Requiem*, sa *Clémence de Titus*, ses *Noces de Figaro* sont, dans trois genres différens, trois chefs-d'œuvre de *dessin* également parfaits.

Cette idée du *dessin* général d'un ouvrage s'applique aussi en particulier à chaque morceau qui le compose. Ainsi l'on dessine un air, un duo, un chœur, etc.; pour cela, après avoir imaginé son sujet, on le distribue, selon les règles d'une bonne modulation, dans toutes les parties où il doit être entendu, avec une telle proportion, qu'il ne s'efface point de l'esprit des auditeurs, et qu'il ne se représente pourtant jamais à leur oreille qu'avec les grâces de la nouveauté. C'est une faute de *dessin* de laisser oublier son sujet; c'en est une plus grande de le poursuivre jusqu'à l'ennui.

DESSINER, v. a. Faire le dessin d'une pièce ou d'un morceau de musique. *Ce compositeur* dessine *bien ses ouvrages; voilà un chœur fort mal* dessiné.

DESSUS, s. m. La plus aiguë des parties vocales de la musique. Le *dessus* est chanté par les femmes, les enfans et les sopranes italiens.

Le diapason du *dessus* est ordinairement de deux octaves; c'est la seule voix qui contienne les trois espèces de registres, savoir :

1er registre. Quatre sons de poitrine de l'*ut* au-dessous des lignes (la clef étant celle de *sol*), jusqu'au *fa*, premier interligne.

2e registre. On prend la voix de médium au *sol* sur la seconde ligne, jusqu'à son octave.

3e registre. Passé le *sol*, la voix change encore, et peut s'élever jusqu'à l'octave de ce *sol*, et même au *ré* qui le suit à l'aigu; ce qui formerait alors trois octaves complètes.

Le *dessus* se divise en premier et second *dessus*. Le second *dessus*, ou bas *dessus*, a deux tons de plus au grave que le premier, et son diapason ne s'élève qu'au *fa* sur la cinquième ligne.

Les Italiens ne se servent que de la clef d'*ut* première ligne, pour noter les parties de *dessus ;* les Allemands et les Français en font usage aussi, mais ils employent plus souvent celle de *sol* pour le même objet.

Lorsque les instrumens avaient chacun leur système complet, on donnait aussi le nom de *dessus* aux deux parties les plus aiguës exécutées par chaque espèce d'instrument. *Dessus* de flûte, *dessus* de hautbois. Le violon s'appelait *dessus* de violon, pour le distinguer de la viole et du violoncelle, qui n'étaient connus que sous la dénomination de quinte de violon, basse de violon.

La partie destinée au second *dessus* s'appelle *second dessus* : on donne le même nom à une partie unique, ajustée à la mélodie, pour suppléer en quelque manière les trois parties que l'harmonie réclamerait. Un second *dessus*, bien fait, doit porter quelquefois la note de la basse, mais plus souvent la tierce, la sixte, ou toute autre note intermédiaire, pour faire face aux diverses figures et imitations, et fournir toujours les sons qui doivent produire le plus d'effet sous le chant.

Beaucoup de chœurs complets ont deux parties de *dessus* : le premier et le second *dessus*.

Il n'est pas rare de rencontrer de prétendus savans qui s'imaginent donner une grande idée de leurs talens, en joignant une seconde partie, ou *second dessus*, à la mélodie que l'on exécute. Le bon musicien s'en tirerait à merveille ; mais le goût lui défend de rien ajouter à l'ouvrage du compositeur, en changeant ses solos en duos. Ce ne sont donc que les manœuvres qui s'avisent d'accoler impromptu de ridicules accords, des tierces interminables, et tout le protocole de l'ignorance aux chants les plus agréables. Ces faiseurs de *seconds dessus* n'osent pas toujours se placer en ligne : ils se contentent alors de faire ronfler tout bas leur basse continue ; ce qui ne laisse pas d'être fort amusant pour le virtuose qui chante. Il est inutile de dire que si plusieurs fredonnent à la fois, la discordance sera plus grande, leur intonation étant ordinairement fausse, et ne pouvant prévoir l'un l'autre ce que leur voisin va faire.

Quelques-uns, voulant montrer leur érudition, sifflent les ritournelles, roucoulent les tenues de cors, nasillent les traits de hautbois, et battent la mesure avec le pied.

Nous croyons rendre un service important aux sociétés musicales, en signalant cette manie de chantonner, pendant l'exécution d'un morceau, comme le cachet de l'ignorance, du mauvais goût et même de l'impolitesse.

Nous voudrions bien que les *seconds dessus* de cette espèce fussent bannis des chants religieux, dans lesquels chacun compose maintenant une partie au hasard. Les faux bourdons que l'on entend dans certaines églises dépourvues de chantres, les cantiques exécutés en chœur par un peuple ennemi de toute harmonie, sont plus dignes du sabbat que du temple de l'Eternel.

DÉTACHÉ, part. pris substantivement. Genre d'exécution par lequel, au lieu de soutenir les notes durant toute leur valeur, on les sépare par des silences pris sur cette même valeur. Le *détaché*, tout-à-fait bref et sec, se marque sur les notes par des points allongés. (*Fig.* 15.)

Détaché, se dit aussi de quelques notes particulières d'un trait de chant, qui doivent être séparées des autres dans l'exécution : il est opposé aux mots *lié*, *coulé*. Le *détaché*, en italien *staccato*, se marque par un point ou par une petite ligne verticale sur la note qu'on veut séparer des autres.

Détacher, v. a. C'est séparer les notes dans l'exécution, en produisant un son sec, et dont on arrête les vibrations.

Lorsque le *détaché* tient à l'expression, comme pour peindre la frayeur ou quelque autre sentiment semblable, on l'écrit ordinairement par des silences d'un demi ou d'un quart de soupir. Quand il n'est que d'agrément, comme dans les cordes aiguës de quelques roulades, ou, pour la symphonie, quand les notes sont trop rapides pour admettre des silences entre elles, ou enfin lorsque le silence qu'on exige doit être fort peu sensible, on marque le *détaché* par des points allongés, ou même on ne le marque pas du tout : car toutes les notes qui ne sont point liées doivent s'exécuter en *détachant*.

Détonner, v. n. C'est sortir de l'intonation. Il y a plusieurs manières de *détonner* : c'est non-seulement chanter faux, prendre trop haut ou trop bas quelques-uns des sons de la gamme ; mais c'est encore saisir si mal l'un des sons de cette gamme, ou un passage de l'air, que l'on se trouve subitement entraîné dans une modulation tout-à-fait détournée, sans pouvoir rentrer dans le ton. Il est possible, dans ce sens, de *détonner* sans même chanter faux; car on conçoit très-bien que, si, dans un morceau l'on doit faire, par exemple, un saut de quarte, et qu'au lieu de la quarte, on entonne la sixte, on n'aura point chanté faux, puisque, dans la supposition, on aura fait une sixte très-juste; mais on aura passé dans une gamme fort étrangère à celle que l'on doit parcourir. Cette manière de *détonner* ne peut venir que d'un défaut d'oreille.

Quant à celle qui se borne à altérer mal à propos es intervalles, en les prenant trop haut ou trop bas, lelle dépend souvent beaucoup moins du défaut d'oreille que des organes de la voix. On connaît d'excellens musiciens, dont l'oreille est très-juste, très-délicate, et qui chantent habituellement faux : c'est que leur voix est vacillante, ou leur poitrine faible. S'ils ne donnent pas assez de souffle pour élever le son jusqu'à son juste degré, ils restent en dessous; si, au contraire, dans la crainte de ne pas y arriver, ils poussent l'air avec trop de force, le son produit par cet effort se trouve plus haut qu'il ne devait l'être; et, dans les deux cas, ils ont chanté faux. C'est là ce qui fait que quand on crie, quand on force sa voix, on ne peut jamais être sûr de former des sons justes.

DEUX-QUATRE, mesure qui contient deux noires, ou deux fois la quatrième partie d'une ronde. Elle se marque $\frac{2}{4}$.

DIAGRAMME, s. m. C'était, dans la musique ancienne, la table ou le modèle qui présentait à l'œil l'étendue générale de tous les sons d'un système, ou ce que nous appelons aujourd'hui *échelle*, *clavier*.

DIALOGUE, s. m. Composition à deux voix, ou deux instrumens, qui se répondent l'un à l'autre, et qui souvent se réunissent.

Un opéra n'est en quelque sorte qu'un *dialogue* continuel. Le récitatif, les chants à deux ou à plusieurs voix, les chœurs mêmes y sont dialogués : dans les airs, la voix dialogue souvent avec l'orchestre. L'art de faire dialoguer les voix entre elles, les instrumens entre eux, et de faire concourir à la perfection du *dialogue* les parties vocales et instrumentales réunies, doit donc être une des principales études du compositeur dramatique.

DIAPASON, s. m. On appelle *diapason* l'étendue convenable à une voix ou à un instrument. Ainsi, quand une voix se force, on dit qu'elle sort de son *diapason*.

Ce mot est formé de *dia*, par, et *pason*, toutes, parce que le *diapason* embrasse toutes les notes qu'une voix ou un instrument peuvent faire entendre.

Chaque sorte de voix, chaque instrument a son *diapason* particulier.

Pour classer toutes ces différentes étendues, dont les unes, telles que celles de la voix de basse, de la contrebasse et du basson, occupent les cordes graves du système général ; d'autres, comme celles du ténor, de la viole et du cor, sont placées dans le médium : d'autres enfin tiennent les hautes régions de la mélodie, comme celles de la voix de femme, du violon, de la flûte. Il a fallu partir d'un point fixe et invariable pour que le système d'intonation n'éprouvât aucune altération dans son ensemble ni dans ses parties, et que l'*ut* ne prît jamais la place du *si* ni celle du *ré*. On a fixé ce point en donnant aux instrumens à vent des rapports si exacts dans leur accord respectif, qu'on peut les faire sonner ensemble, et avec justesse, sans préparation, et l'on donne, aux cordes des violons et des basses, des pianos et des guitares, le degré de tension nécessaire pour les amener au ton du hautbois ou de la clarinette, qui servent ordinairement de régulateurs dans les orchestres. Cependant, comme les instrumens à cordes ne tiennent point l'accord assez longtemps, et que l'action de l'air sur les instrumens à vent peut en altérer le son d'une manière assez sensible pour faire varier l'intonation, on en retrouve le point fixe au moyen d'un petit instrument monotone d'acier que l'on nomme *diapason*, qui est disposé de manière à faire résonner constamment, et sans la moindre altération, le ton *la*. C'est sur cet invariable régulateur que l'on accorde tous les instrumens. (*V*. ACCORDER.) On a choisi le ton *la*, attendu que tous les instrumens à cordes ont une corde qui donne ce ton à vide.

Comme le système de l'orgue commence à l'*ut*, les facteurs d'orgues ont des *diapasons* en *ut*.

DIAPHONIE, s. f. Musique à deux voix, à deux parties. Ce terme, employé dans le 7e siècle par saint Isidore de Séville, dans son Traité de musique, prouve que le contre-point était déjà connu à cette époque.

DIAPTOSE, *Intercidence* ou *Petite chute*, s. f. C'est, dans le plain-chant, une sorte de périélèse ou de passage qui se fait sur la dernière note d'un chant, ordinairement après un grand intervalle en montant. Alors, pour assurer la justesse de cette finale, on la marque deux fois, en séparant cette répétition par une troisième note que l'on baisse d'un degré en manière de note sensible, comme *ut si ut* ou *mi ré mi*.

DIASTÊME, s. m. Ce mot, dans la musique ancienne, signifie proprement *intervalle*, et c'est le nom que donnaient les Grecs à l'intervalle simple, par opposition à l'intervalle composé qu'ils appelaient système.

DIATONIQUE, adj. Le genre *diatonique* procède par tons et par demi-tons naturels, c'est-à-dire sans altération; ainsi, les deux demi-tons qui se trouvent dans la gamme sont du genre *diatonique*; et la gamme, soit en montant, soit en descendant, se nomme gamme ou échelle *diatonique*.

Quoique, dans le genre *diatonique*, le moindre intervalle soit d'un degré conjoint, cela n'empêche pas que les parties ne puissent procéder par de plus grands intervalles, pourvu qu'ils soient tous pris sur des degrés *diatoniques*.

Ce mot vient du grec *dia*, par, et de *tonos*, ton; c'est-à-dire passant d'un ton à un autre.

DIÈSE, s. m. Le *dièse* est un signe qui s'écrit ainsi #, et marque qu'il faut élever d'un demi-ton le son de la note devant laquelle il se trouve, au-dessus de celui qu'elle devrait avoir naturellement; sans cependant la faire changer de degré ni de nom.

Le *dièse*, de même que le bémol, se place toujours à gauche, devant la note qui le doit porter; et devant ou après le chiffre, il signifie la même chose que devant une note. On se borne quelquefois à mettre une simple croix devant les chiffres.

Il y a deux manières d'employer le *dièse* : l'une accidentelle, quand, dans le cours du chant, on le place à la gauche d'une note. Cette note, dans les modes majeurs, se trouve le plus communément la quatrième du ton; dans les modes mineurs, il faut le plus souvent deux *dièses* accidentels, surtout en montant; savoir, un sur la sixième note, et un autre sur la septième. Le *dièse* accidentel n'altère que la note qui le suit immédiatement, celles qui la rebattent dans la même mesure, et celle qui est liée avec elle par un trait d'union, quoiqu'elle se trouve dans la mesure suivante.

L'autre manière est d'employer le *dièse* à la clef, et alors il agit dans toute la suite de l'air et sur toutes les notes qui sont placées sur le même degré où est le *dièse*, à moins qu'il ne soit contrarié par le bécarre, ou bien que la clef ne change.

La position des *dièses* à la clef n'est pas arbitraire, non plus que celle des bémols; autrement, les deux demi-tons de l'octave seraient sujets à se trouver entre eux hors des intervalles prescrits. Il faut donc appliquer aux *dièses* un raisonnement semblable à celui que nous avons fait au mot Bémol, et l'on trouvera que l'ordre des *dièses* qui convient à la clef est celui des notes suivantes, en commençant par *fa*, et montant successivement de quinte, ou descendant de quarte jusqu'au *si*.

Fa, ut, sol, ré, la, mi, si.

Il faut remarquer qu'on ne saurait employer un *dièse* à la clef sans employer aussi ceux qui le précèdent; ainsi, le *dièse* de l'*ut* ne se pose qu'avec celui du *fa*; celui du *sol*, qu'avec les deux précédens, etc. (*F*. 12.)

Lorsqu'après avoir employé le *dièse* accidentellement ou à la clef, la modulation exige que la note diésée soit haussée encore d'un demi-ton, on se sert du *double dièse* qui augmente la note d'un ton entier. On le figure par deux *dièses* placés l'un contre l'autre, ♯♯ où un *dièse* ordinaire, entouré de quatre points, ou une petite croix entourée aussi de quatre points. Le *double dièse* ne s'emploie qu'accidentellement. (*F*. 51.)

Diéser, v. a. C'est armer la clef de dièses, pour changer l'ordre et le lieu des demi-tons majeurs, ou donner à quelque note un dièse accidentel, soit pour le chant, soit pour la modulation.

Diminué, adj. Intervalle *diminué*, est tout intervalle mineur dont on retranche un demi-ton par un dièse à la note inférieure, ou par un bémol à la supérieure; à l'égard des intervalles justes que forment les consonnances parfaites, lorsqu'on les diminue d'un demi-ton, l'on ne doit point les appeler *faux*, comme on faisait autrefois, mais *diminués*; quoiqu'on dise encore quelquefois *fausse-quinte* au lieu de dire *quinte diminuée*.

Diminuendo, en *diminuant*. C'est passer du fort au piano et du piano au pianissimo, par une gradation insensible, en adoucissant les sons, soit sur une tenue, soit sur une suite de notes, jusqu'à ce qu'ayant atteint le point qui sert de terme au *diminué*, on s'arrête pour finir le morceau de musique ou pour reprendre le jeu ordinaire.

Diminuendo est l'opposé de *crescendo* : il se marque par son abrégé *dim* et quelquefois par le signe ⟩ dont la forme indique d'une manière sensible, la diminution que l'on doit faire éprouver au son. (*Fig.* 51.)

On se sert des termes *calando, mancando, morendo, smorzando, perdendo si*, dont la signification est à peu près la même, pour certains passages où l'on doit laisser évaporer tout-à-fait le son, et finir par n'être plus entendu.

Diminution, s. f. Division d'une note longue en plusieurs notes de moindre valeur. Après avoir varié en croches un air écrit en blanches et en noires, on fait une nouvelle *diminution* en donnant une variation en doubles croches.

Les roulades, les petits traits, écrits ou improvisés et qui tiennent la place d'une grosse note, sont des *diminutions*. (*Fig.* 17.)

Direct, adj. Un intervalle *direct* est celui qui fait un harmonique quelconque sur le son fondamental qui le produit. Ainsi la quinte, la tierce majeure, l'octave, et leurs répliques, sont rigoureusement les seuls intervalles *directs*; mais par extension l'on appelle encore intervalles *directs* tous les autres, tant consonnans que dissonans, que fait chaque partie avec le son fondamental pratique qui est ou doit être au-dessous d'elle; ainsi la tierce mineure est un intervalle *direct* sur un accord en tierce mineure et de même la septième ou sixte, augmentée sur les accords qui portent leur nom.

Accord direct. Est celui qui a le son fondamental au grave et dont les parties sont distribuées, non pas selon leur ordre le plus naturel, mais selon leur ordre le plus rapproché. Ainsi l'accord parfait *direct* n'est pas *ut ut sol mi* mais *ut mi sol ut*. Tonique, tierce, quinte et octave.

Mouvement direct, ou semblable. Est celui que font deux parties qui montent ou descendent en même temps. Le mouvement *direct* est celui qui offre le moins de ressources dans l'harmonie.

Dis. C'est ainsi que les Allemands désignent quelquefois le ton de *mi* ♭. *Corni in dis*, cors en *mi* ♭. Cette désignation est vicieuse en ce qu'elle fait considérer le *mi* ♭ comme *ré* ♯; *dis* signifiant *ré* ♯, et non pas *mi* ♭.

Discant ou Déchant, s. f. C'est-à-dire double chant. C'était, dans nos anciennes musiques, cette espèce de contrepoint que composaient sur-le-champ les parties supérieures en chantant impromptu sur le ténor ou la basse; ce qui fait juger de la lenteur avec laquelle devait marcher la musique, pour pouvoir être exécutée de cette manière par des musiciens aussi peu habiles que ceux de ce temps-là.

Discord, adj., qui n'est point d'accord. Un violon *discord*, un piano *discord*.

Discordant, adj. On appelle ainsi tout instrument dont on joue et qui n'est pas d'accord, toute voix qui chante faux, toute partie qui ne s'accorde pas avec les autres. Une intonation qui n'est pas juste fait un ton *faux*; une suite de tons *faux* fait un chant *discordant* : c'est la différence de ces deux mots.

Discorder, v. n. Etre discordant.

Disjoint, adj. On donne le nom de *disjoints* aux intervalles qui ne se suivent pas immédiatement, mais sont séparés par un autre intervalle : ainsi ces deux intervalles *ut mi* et *sol si* sont *disjoints*. Les degrés qui ne sont pas *conjoints*, mais qui sont composés de deux ou plusieurs degrés conjoints, s'appellent aussi degrés *disjoints*. Ainsi chacun de ces deux intervalles dont je viens de parler forme un degré *disjoint*.

Dissonance, s. f. Si l'on fait entendre à la fois deux sons qui forment intervalle, il en résulte un accord. Tous les accords n'affecteront pas l'oreille de la même manière : les uns lui causeront une sensation plus ou moins agréable, les autres un déplaisir plus ou moins vif. Les premiers sont produits par les intervalles consonnans, et les autres par les intervalles dissonans; et l'on appelle proprement consonnance la note qui forme avec une autre un intervalle consonnant, et *dissonance* celle qui forme un intervalle dissonant; mais les termes de *consonnance* et de *dissonance* s'appliquent aux intervalles mêmes.

On devrait considérer comme unique *dissonance* l'intervalle conjoint, c'est-à-dire la seconde, son redoublé la neuvième, et son renversement la septième. Cependant la quarte est rangée parmi les *dissonances* par le plus grand nombre des auteurs, avec une exception qui a lieu lorsqu'elle est employée comme partie intermédiaire. Cette exception ne doit avoir lieu que quand le ton de la modulation est décidé; car, dans tout autre cas, la quarte est réellement *dissonance*, non *dissonance* de contact, mais *dissonance* tonale, en ce que la modulation, qu'elle ne saurait décider, reste vague, et laisse par conséquent l'auditeur indécis sur le mode de l'un ou l'autre des sons qui la forment.

Une marche de sixtes peut être accompagnée d'une suite de quartes intérieures et consonnantes. La quarte n'est *dissonance* que contre la basse. Il est des auteurs qui l'employent comme consonnance dans le second renversement de l'accord parfait; aussi ce renversement est-il le moins agréable, et le seul dont on ne puisse former une succession : c'est à la manière d'employer ce renversement, que l'on reconnaît le degré d'érudition musicale de tel compositeur que ce soit.

Les *dissonances* se divisent en *dissonances* propres et *dissonances* impropres : les premières sont celles qui sont soumises à la préparation; les autres n'y sont point soumises, mais exigent seulement une résolution. (*Voyez* Préparation, Résolution.)

Dissonant. Cette expression empruntée du grec, et détournée de sa véritable signification, ne doit pas présenter l'idée qu'on y attache communément parmi nous, et qui répondrait à celle de *mal sonnant*. *Dissonant* veut dire *sonnant* deux fois, ou *sonnant à part*.

Dissoner, v. n. Il n'y a que les sons qui *dissonent*; et un son *dissone* quand il forme dissonance avec un autre son. On ne dit pas qu'un intervalle *dissone*, on dit qu'il est dissonant.

Divertissement, s. m. C'est un terme générique dont on se sert pour désigner tous les petits poëmes mis en musique, pour des fêtes particulières ou pour la scène, qu'on exécutait autrefois, et les danses mêlées de chant qu'on plaçait à la fin des opéras.

Divertissement, s. m. Morceau de musique d'un genre léger et facile, composé pour un ou plusieurs instrumens. Le *divertissement* n'est quelquefois qu'une suite d'airs connus ajustés les uns aux autres et mêlés de variations. M. Steibelt a publié des recueils de *Divertissemens* pour le piano. Nous avons des *Divertissemens* de M. Viotti pour piano et violon.

Dix-huitième, s. f. Intervalle qui comprend dix-sept degrés conjoints, et par conséquent dix-huit sons diatoniques, en comptant les deux extrêmes : c'est la double octave de la quarte.

Pour réduire tout de suite au simple les intervalles composés, comme celui de *dix-huitième*, il faut en ôter le nombre *sept* autant de fois qu'il peut y être contenu, et ce qui reste est l'expression de l'intervalle simple. Ainsi, comme dans dix-huit on trouve deux fois sept pour quatorze, et qu'il reste quatre, on voit que la *dix-huitième* est la double octave de la quarte.

On fait l'opération inverse pour composer les intervalles simples, c'est-à-dire qu'on ajoute autant de fois *sept* qu'on veut avoir d'octaves.

DIXIÈME, s. f. Intervalle qui comprend neuf degrés conjoints, et par conséquent dix sons diatoniques, en comptant les deux qui le forment. C'est l'octave de la tierce, ou la tierce de l'octave; et la *dixième* est majeure ou mineure, comme l'intervalle simple dont elle est la réplique.

DIX-NEUVIÈME, s. f. Intervalle qui comprend dix-huit degrés conjoints, et par conséquent dix-neuf sons diatoniques, en comptant les deux extrêmes. C'est la double octave de la quinte.

DIX-SEPTIÈME, s. f. Intervalle qui comprend seize degrés conjoints, et par conséquent dix-sept sons diatoniques, en comptant les deux extrêmes. C'est la double octave de la tierce; et la *dix-septième* est majeure ou mineure comme elle.

Toute corde sonore rend, avec le son principal, celui de sa *dix-septième* majeure, plutôt que celui de sa tierce simple ou de sa dixième, parce que cette *dix-septième* est produite par une aliquote de la corde entière; savoir, la cinquième partie : au lieu que les $\frac{4}{5}$ que donnerait la tierce, ni les $\frac{2}{5}$ que donnerait la dixième, ne sont pas une aliquote de cette même corde.

Do. Syllabe que les Italiens substituent, en solfiant, à celle d'*ut*, dont ils trouvent le son trop sourd.

Doigter, v. n. C'est faire marcher d'une manière convenable et régulière les doigts sur quelque instrument, et principalement sur l'orgue et le piano, pour en jouer le plus facilement et le plus nettement qu'il est possible.

Sur les instrumens à manche, tels que le violon et le violoncelle, la plus grande règle du *doigter* consiste dans les diverses positions, et selon les cordes sur lesquelles on peut prendre ces passages. C'est quand un symphoniste est parvenu à passer rapidement, avec justesse et précision, par toutes ces différentes positions, qu'on dit qu'il possède bien son manche.

Les clefs ajoutées à la flûte et à la clarinette, en donnant les moyens de rendre l'intonation de ces instrumens aussi juste qu'égale, n'ont pas rendu leur *doigter* plus difficile.

Dolce, *doux, avec douceur*. Ce mot, placé sous une phrase de chant, n'indique pas l'opposition à *fort*, mais une manière d'exécuter douce, moëlleuse, expressive, gracieuse et caressante, qui n'exclut pas une certaine vigueur dans le son, sans le porter néanmoins au-delà du *mezzo forte*.

Lorsqu'il s'agit de modérer le son, de diminuer le bruit, on se sert du mot *piano*.

Dominante, s. f. C'est, des trois notes essentielles du ton, celle qui est une quinte au-dessus de la tonique. La tonique et la *dominante* déterminent le ton; elles y sont chacune la fondamentale d'un accord particulier; au lieu que la médiante, qui constitue le mode, n'a point d'accord à elle, et fait seulement partie de celui de la tonique.

On a donné ce nom de *dominante* à la quinte du ton, attendu qu'elle *domine* toujours, et s'emploie dans une infinité d'accords qui n'admettent pas la tonique. Dans le chœur d'*Armide*, *Jamais dans ces beaux lieux*, la haute-contre fait entendre la *dominante* d'un bout à l'autre. On trouve dans le finale d'*Elisa*, de M. Chérubini, un emploi bien ingénieux de la *dominante*; une cloche accordée marie sa note *la* à plusieurs modulations de ce superbe morceau.

Dominante. Dans le plain-chant, est la note que l'on rebat le plus souvent à quelque degré que l'on soit de la note finale.

Le premier ton du plaint-chant a sa *dominante* à la quinte de la finale;

Le second, à la tierce mineure;

Le troisième, à la sixte mineure;

Le quatrième, à la quarte;

Le cinquième, à la quinte;

Le sixième, à la tierce majeure;

Le septième, à la quinte;

Et le huitième, à la quarte.

C'est la diversité des *dominantes* qui, jointe aux

cordes mélodiques parcourues par la modulation depuis la finale du ton jusqu'à sa *dominante*, et *vice versâ*, donne à chacun des huit tons du plain-chant le caractère de tonalité qui lui est propre. (*V.* Finale, Médiante, Médiation.)

Donner du cor. (*Voyez* Jouer.)

Doquet, ou Toquet, s. m. Nom que l'on donne à la quatrième partie de trompette d'une fanfare de cavalerie. On l'appelle aussi *tromba seconda*. (*V.* Toccato, Trompette.)

Double, adj. Intervalles *doubles* ou *redoublés*, sont tous ceux qui excèdent l'étendue de l'octave. En ce sens, la dixième est *double* de la tierce, et la douzième *double* de la quinte.

Double est encore un mot employé pour désigner les acteurs en sous-ordre, qui remplacent les premiers acteurs dans les rôles que ceux-ci quittent par maladie ou par air, ou lorsqu'un opéra est sur ses fins et qu'on en prépare un autre.

Double barre, s. m. Signe d'abbréviation qui marque la division des notes en doubles croches, comme la simple barre et la triple barre marquent leur division en croches simples ou en triples croches.

Double bémol. Le *double bémol* baisse d'un ton entier la note devant laquelle il est posé. On le figure par deux bémols ♭♭ placés l'un contre l'autre. (*V.* Bémol.)

Double corde, s. f. Manière de jeu sur le violon,

la viole, le violoncelle, etc., lequel consiste à toucher deux cordes à la fois, faisant deux parties différentes. *La* double-corde *produit souvent beaucoup d'effet : il est difficile de jouer très-juste sur la* double-corde.

DOUBLE COUP DE LANGUE. Articulation très-brillante, pratiquée sur la flûte, la trompette et quelques autres instrumens. Il consiste à frapper deux fois la note simple pour lui faire donner un double résultat. Le *double coup de langue* ne s'emploie que dans les traits d'une grande rapidité. On le marque par des points ronds, placés sur chaque note simple, ou en notant les passages en notes doubles et tels que l'instrument doit les rendre.

DOUBLE CROCHE, s. f. Figure de note de musique qui ne vaut que le quart d'une noire, ou la moitié d'une croche. Il faut par conséquent seize *doubles croches* pour une ronde ou pour une mesure à quatre temps. Ce mot de *double croche* vient du double crochet que cette note porte à sa queue. (*Fig.* 51.)

DOUBLE DIÈSE. Le *double dièse* hausse d'un ton entier la note devant laquelle il est posé. On le figure par deux dièses placés l'un contre l'autre ##, par un dièse ordinaire entouré de quatre points, ou par une croix aussi entourée de quatre points. (*V.* DIÈSE.)

DOUBLE FUGUE. La fugue n'a qu'un seul sujet ou en a plusieurs. Une fugue qui n'a qu'un seul sujet, est appelée simple fugue ou fugue; celle qui en a davantage s'appelle *double fugue*.

Le chant par lequel la *double fugue* commence, est toujours le premier sujet, nommé simplement sujet; et tous les autres qui le suivent, sont autant de contre-sujets.

S'il est nécessaire après les premières entrées de la simple fugue fixées sur le nombre des parties que le sujet et sa réponse se rapprochent pour produire de la diversité, la *double fugue* demande que les différens sujets dont elle est composée, se présentent tour-à-tour moyennant le renversement des parties, tantôt en bas, tantôt en haut, ou dans les parties du milieu. L'une et l'autre de ces choses exigent une connaissance parfaite du contrepoint double, au moyen duquel on apprend à renverser les sujets, et qui met en état de présenter sous différentes faces le sujet et sa réponse, après avoir trouvé le moyen de les rapprocher l'un de l'autre.

DOUBLE NOTE. Lorsque, dans une partie instrumentale, on trouve deux rondes dans une mesure à deux ou à quatre temps simple, ou deux notes quelconques, placées sur le même degré, cela signifie :

1° Si c'est une partie d'instrumens à vent, que le même son doit être attaqué et soutenu à l'unisson par le premier et le second hautbois, la première et la seconde flûte, le premier et le second cor, etc., selon les instrumens auxquels on a destiné cette partie.

2° Si la partie est écrite pour un instrument à cordes et à manche, l'exécutant doublera la note qu'il prendra sur une corde à vide et sur la corde voisine inférieure, en plaçant le doigt au lieu marqué pour donner l'unisson. Il est inutile de dire que cet unisson ne peut pas être obtenu pour la corde la plus grave de l'instrument; sur le violon, par exemple, si la musique porte un *double ré;* le violoniste attaquera en même temps le *ré* à vide et le *ré* produit par la quatrième corde *sol*, sur laquelle il aura posé le quatrième doigt.

DOUBLE OCTAVE, s. f. Intervalle composé de deux octaves, qu'on appelle autrement *quinzième*.

La *Double octave* est en raison doublée de l'octave simple, et c'est le seul intervalle qui ne change pas de nom en se composant avec lui-même.

DOUBLE QUEUE. La note qui porte une *double queue* doit être attaquée et soutenue en même temps par les deux instrumens à vent qui jouent sur la même partie, tels que les bassons, les trompettes; ou exécutée en double corde, s'il s'agit d'un instrument à cordes et à manche. (*Voyez* A DEUX, DOUBLE NOTE.)

DOUBLE TRILLE. Trille que l'on exécute sur le piano, le violon et le violoncelle, en trillant en même temps deux notes placées à l'intervalle de tierce ou de sixte.

Le *Double trille* est d'une exécution très-difficile.

DOUBLE TRIPLE. Nom de la triple de blanches, ou de la mesure à trois pour deux, laquelle se bat à trois temps et contient une blanche pour chaque temps.

Cette mesure n'est en usage que dans la musique d'église et les solfèges.

DOUBLER. Pour prendre la place ou pour tenir la place. Les premiers acteurs sont *doublés* par les seconds, et ceux-ci par les troisièmes : en sorte que quelque accident qui arrive, l'opéra peut toujours être représenté tant bien que mal.

DOUBLES MAINS. Mécanisme aussi simple qu'ingénieux, que l'on adapte aux nouvelles orgues à un clavier, et au moyen duquel en baissant une touche on fait baisser en même temps celle de l'octave en dessus. Comme l'action de la *double main* est réciproque, si l'on fait parler la touche de l'octave haute, la touche qui lui correspond au grave parlera aussi. Le clavier de l'orgue est divisé en deux parts égales qui ont chacune leur mécanisme particulier, de manière que dans quelle position que les mains de l'organiste se trouvent tout le clavier est occupé; sont-elles réunies au centre, les octaves extrêmes se font entendre ; sont-elles écartées, les mécanismes agissent sur le milieu. Les *doubles mains* sont à la disposition de l'organiste au moyen d'un registre : il s'en sert au besoin pour renforcer les effets.

DOUBLETTE. Jeu d'orgue compris parmi les jeux de mutations. Il est d'étain et sonne l'octave du prestant.

Ce jeu n'est que d'une octave et reprend par conséquent d'octave en octave.

DOUZIÈME. s. f. Intervalle de onze degrés conjoints; c'est-à-dire de douze sons diatoniques en comptant les deux extrêmes : c'est l'octave de la quinte.

Toute corde sonore, rend avec le son principal, celui de la *douzième*, plutôt que celui de la quinte, parce que cette *douzième* est produite par une aliquote de la corde entière, qui est le tiers; au lieu que les deux tiers, qui donneraient la quinte, ne sont pas une aliquote de cette même corde.

DRAMATIQUE, adj. Cette épithète se donne à la musique imitative, propre aux pièces de théâtre qui se chantent, comme les opéras.

DUO, s. m. Composition musicale à deux parties obligées.

Le *Duo* vocal est presque toujours accompagné par l'orchestre ou un instrument tel que le piano, la harpe, la guitare.

Le *Duo* instrumental n'est composé que des deux parties récitantes.

Les mêmes sentimens, les mêmes situations qui, dans l'Opéra, amènent l'air, donnent lieu aux *duos*, aux trios, aux quatuors, etc. Ce sont des tableaux à plusieurs personnages conçus d'après les mêmes principes et les divers plans; les détails de l'air, les images mêmes qu'il nous représente, conviennent parfaitement à tous ces morceaux qui, avec un cadre plus étendu, ne sont, pour ainsi dire, que des airs à plusieurs voix. La seule différence que l'on y remarque, c'est que le concours des interlocuteurs animant le discours musical, le compositeur ne se trouve point obligé de recourir si souvent au chant instrumental, aux traits d'orchestre, pour faire reposer le chanteur et lui donner le temps de prendre haleine.

Un chant large divisé d'abord en solos d'une certaine étendue, et suivi d'un dialogue plus serré qui amène un ensemble mélodieux et brillant, ou véhément et passionné; telle est la coupe la plus ordinaire des *duos*. Ceux d'*Iphigénie en Aulide*, *Ne doutez jamais de ma flamme*; d'*Armide*, *Armide*, *vous m'allez quitter;* dans le style tragique, ceux de *Sylvain*, de *Ma tante Aurore*, de *Françoise de Foix*, dans l'Opéra comique, sont disposés de cette manière.

Quelques *duos* sont tout en dialogue, d'autres débutent par l'ensemble, d'autres sont dessinés en rondeaux. Nous renvoyons le lecteur à notre ouvrage qui a pour titre *de l'Opéra en France*; il y trouvera des développemens sur le *duo*, que nous n'avons pas pu reproduire dans cet article, et un catalogue de tous les beaux *duos* de chant que nous possédons.

Le *duo* instrumental est composé d'après les mêmes règles que la sonate; il se divise en deux, trois ou quatre morceaux de différens caractères, et l'on pourrait le considérer comme une sonate dialoguée. Le violon et la flûte sont les instrumens pour lesquels on compose le plus de *duos*. Ceux de Viotti, pour le violon, jouissent toujours de leur haute réputation; les *duos* de flûte de Berbiguier sont fort estimés.

DUPLICATION, s. f. Terme de plain-chant. L'intonation par *duplication* se fait par une sorte de périélèse, en doublant la pénultième note du mot qui termine l'intonation ; ce qui n'a lieu que lorsque cette pénultième note est immédiatement au-dessous de la dernière. Alors la *duplication* sert à la marquer davantage, en manière de note sensible.

Dur., adj. On appelle ainsi tout ce qui blesse l'oreille par son âpreté. Il y a des voix *dures* et glapissantes, des instrumens aigres et *durs*, des compositions *dures*. La *dureté* du bécarre lui fit donner autrefois le nom de *B dur*. Il y a des intervalles *durs* dans la mélodie; tel est le progrès diatonique des trois tons, soit en montant, soit en descendant; et telles sont, en général, toutes les fausses relations. Il y a dans l'harmonie des accords *durs;* tels sont la seconde majeure, la quinte augmentée, et en général toutes les dissonances majeures. La *dureté* prodiguée révolte l'oreille et rend une musique désagréable; mais, ménagée avec art, elle sert au clair obscur et ajoute à l'expression.

E.

E. E si mi. (*Voyez* A.)

ECHELLE, s. f. C'est le nom qu'on a donné à la succession diatonique des sept notes, *ut, ré, mi, fa, sol, la, si*, de la gamme notée, parce que ces notes se trouvent rangées en manière d'échelons sur les portées de notre musique.

Cette énumération de tous les sons diatoniques de notre système, rangés par ordre, que nous appelons *échelle*, les Grecs, dans le leur, l'appelaient *diagramma*, diagramme, c'est-à-dire *par lettres*, attendu qu'ils représentaient leurs diverses *échelles* de sons par les lettres de leur alphabet. Ils avaient plusieurs diagrammes : le plus usité dans la pratique était le tétracorde, parce qu'en effet cette *échelle* n'était composée que de quatre sons; et, pour former de plus grands diagrammes, ils ajoutaient plusieurs tétracordes l'un à l'autre, et répétaient ainsi ces quatre sons de tétracorde en tétracorde, comme nous le faisons d'octave en octave. (*V.* DIAGRAMME, TÉTRACORDE.)

ECHELETTE, PATOUILLE, CLAQUEBOIS, ou RÉGALE. Instrument composé de différentes lames de bois dur qui répondent aux différens tons de la gamme, et qu'on touche avec une petite boule d'ivoire attachée à une petite baguette.

ECHO, s. m. Son renvoyé ou réfléchi par un corps

solide, et qui par là se répète et se renouvelle à l'oreille. Ce mot vient du grec *échos*, son.

On appelle aussi *écho*, le lieu où la répétition se fait entendre.

Le nom d'*écho* se transporte en musique à ces sortes d'airs ou pièces dans lesquels, à l'imitation de l'*écho*, l'on répète une ou plusieurs fois certains passages, en diminuant chaque fois l'intensité du son. C'est sur l'orgue qu'on emploie le plus communément cette manière de jouer, à cause de la facilité qu'on a de faire des *échos* sur le positif. Les *échos* sont d'un grand effet dans la symphonie, et même dans la musique vocale. On peut en faire la remarque dans *Zémire et Azor*, *Beniowsky*, et le *Charme de la Voix*. On trouve dans ce dernier opéra un duo tout en *échos*.

ECLISSES, s. f. plur. Petites planches minces sur lesquelles reposent les tables des violons, des basses, des guitares, etc.

ÉCOLE, s. f. Comme il y a en peinture différentes *écoles*, il y en a aussi en architecture, en musique, et en général dans tous les beaux arts. En musique, par exemple, tous ceux qui ont suivi le style d'un grand maître, sont ou peuvent être regardés comme de l'*école* de ce maître. On désigne encore par le terme d'*école*, la réunion de tous les maîtres d'un pays. *Cet air est excellent; il a été adopté par l'*école. L'*école* française, l'*école* italienne, l'*école* allemande.

Les musiciens illustres voyageant dans toute l'Europe, les communications établies entre les virtuoses, l'échange continuel des œuvres qui, dans chaque pays, ont acquis de la célébrité, sont autant de raisons pour que la musique étende ses progrès partout dans des proportions égales : les découvertes ne sont plus des mystères que des maîtres jaloux ne révélaient qu'à regret à un petit nombre de disciples. Partout l'art est le même, et le terme de *musique française* ne s'applique plus maintenant qu'aux compositions qui ont vu le jour avant la venue de Gluck (1774). Les trois *écoles* principales ont néanmoins conservé chacune un caractère particulier. Celle d'Allemagne se distingue par une harmonie savamment travaillée, unie à des chants pleins d'esprit et d'expression; celle d'Italie, par une mélodie toujours suave, une facture simple et pure : l'*école* française a adopté un genre mixte, qui tient de la vigueur allemande et de la grâce italienne. L'expression dramatique y est généralement plus exacte et plus vraie que dans les deux autres. Malgré cette variété de styles, il paraît difficile qu'il puisse y avoir dorénavant une nouvelle révolution musicale en Europe. On suit partout les mêmes documens, et l'on peut remarquer seulement, dans les productions de chacune de ces *écoles*, des couleurs locales qui se rapportent au caractère et aux mœurs des habitans de chaque pays.

Un morceau d'*école* est une composition dans laquelle on s'est attaché plus particulièrement aux effets de l'harmonie qu'aux grâces du chant. *Il y a de l'école dans ce chœur. Ecole*, dans ce sens, est synonyme de *facture*.

EFFET, s. m. Impression agréable et forte que produit une excellente musique sur l'oreille et l'esprit des écoutans : ainsi le seul mot *effet* signifie, en musique, un grand et bel *effet*. Et non-seulement on dira d'un ouvrage qu'il fait de l'*effet;* mais on y distinguera, sous le nom de *choses d'effet,* toutes celles où la sensation produite paraît supérieure aux moyens employés pour l'exciter.

Une longue pratique peut apprendre à connaître sur le papier les choses d'*effet;* mais il n'y a que le génie qui les trouve. C'est le défaut des mauvais compositeurs et de tous les commençans, d'entasser parties sur parties, instrumens sur instrumens, pour trouver l'*effet* qui les fuit, et d'ouvrir, comme disait un ancien, une grande bouche pour souffler dans une petite flûte. Vous diriez, à voir leurs partitions si chargées, si hérissées, qu'ils vont vous surprendre par des *effets* prodigieux; et si vous êtes surpris en écoutant tout cela, c'est d'entendre une petite musique maigre, chétive, confuse, sans *effet*, et plus propre à étourdir les oreilles qu'à les remplir; au contraire, l'œil est quelquefois obligé de chercher sur les partitions des grands maîtres ces *effets* sublimes et ravissans que produit leur musique exécutée. C'est que les menus détails sont ignorés ou dédaignés du vrai génie; qu'il ne vous amuse point par des foules d'objets petits et puérils, mais qu'il vous émeut par de grands *effets*, et que la force et la simplicité réunies forment toujours son caractère.

L'une des parties de la musique les plus mobiles, les

plus susceptibles des vicissitudes du temps, c'est l'*effet*. Comme il n'est rien par lui-même, mais seulement par une impression faite sur les organes, il existe à différens degrés, selon que ces organes ont plus ou moins de délicatesse et de culture, selon qu'ils ont été frappés plus ou moins habituellement par des émotions antérieures, et que l'exercice, ou, si l'on veut, l'expérience de l'oreille, a resserré ou aura étendu le cercle de ses sensations, et pour ainsi dire de ses besoins.

Le premier qui, ayant une sensation forte à faire naître après une sensation douce, non content de donner tout-à-coup à son harmonie une marche, une combinaison moins commune, moins prévue, fit tomber fortement sur le même accord tout son orchestre à la fois, produisit sans doute un *effet* prodigieux.

Le premier qui, pour prolonger une expression de terreur, fit bruire à sons répétés les notes les plus basses de tous les instrumens à cordes, dut faire frissonner son auditoire; et si quelqu'un entreprit alors de décrire cet *effet* d'orchestre, il put dire, sans trop d'exagération, qu'en écoutant ces sons terribles, les cheveux dressaient à la tête. Des sons doux, lents, soutenus, succédant à ces secousses violentes, produisirent une sorte d'enchantement, et cette alternative de douceur et de force dut suffire long-temps à des auditeurs novices et sensibles.

Ces morceaux des premiers maîtres se sont conservés pour la plupart; ils ne produisent pas aujourd'hui le même *effet*. Les instrumens à vent, dont on faisait alors peu d'usage, dont plusieurs même n'étaient pas connus, ont, à mesure qu'ils étaient introduits dans l'orchestre, fait connaître des *effets* nouveaux. Les trompettes, les trombones, les timbales, le beffroi, dont on a trop souvent abusé, sont, pour le compositeur, une source de grands *effets* tragiques et brillans.

Les *effets* sont relatifs à chaque modification du son; ainsi l'on distinguera les *effets* d'intonation, les *effets* de rhythme, les *effets* d'intensité, les *effets* de timbre, les *effets* de caractère : à ces cinq espèces il faut ajouter encore ceux qui naissent de l'harmonie, ou de la réunion de plusieurs sons. Nous nommons *effets simples* ceux qui proviennent d'une seule de ces causes; *effets composés* ceux qui proviennent de deux ou plusieurs causes à la fois.

Les *effets*, dont l'analogue en peinture est désigné par le même terme, sont à la musique ce que les figures sont au discours oratoire : on doit donc donner les mêmes avis en ce qui concerne leur emploi. Le premier est de ne point les prodiguer, parce qu'ils ne tardent pas à produire la fatigue et le dégoût; le second est de les employer avec adresse, de manière qu'ils puissent être bien sentis, et de prendre garde à ce qu'ils ne se détruisent mutuellement ou ne produisent une véritable cacophonie : c'est ce qui ne manque jamais d'arriver quand on emploie en même temps deux *effets* du même genre, et surtout ceux de rhythme. Le conseil le plus sage que l'on puisse donner aux jeunes compositeurs, est d'attendre, pour employer les *effets*, qu'ils aient acquis l'expérience; autrement ils doivent être sûrs d'en produire de tout différens de ceux qu'ils s'étaient proposés.

Effort, s. m. Défaut qui est, dans le chant vocal, le contraire de l'aisance. On le fait par une contraction violente de la glotte. L'air, poussé hors des poumons, s'élance dans le même temps, et le son alors semble changer de nature; il perd la douceur dont il était susceptible, et acquiert une dureté fatigante pour l'auditeur. L'*effort* défigure les traits du chanteur, le rend vacillant dans l'intonation, et souvent l'en écarte.

Les personnes qui ont des voix faibles ou voilées, celles qui remplissent des rôles écrits dans un diapason plus élevé que celui de leur voix, sont sujettes à faire des *efforts* en chantant. L'exécution de la plupart de nos opéras exige de la part des chanteurs une suite non interrompue d'*efforts*, attendu que nos compositeurs ont, dans tous les temps, méconnu la portée des voix, et que généralement tous nos rôles d'opéra tendent trop à l'aigu. Quel est l'acteur ou l'actrice qui, sans sortir de son emploi, pourra chanter sans *effort* les rôles d'Oreste, de Sylvain, d'Erasistrate, de Gulistan, de Renaud, d'Orphée, de la Vestale, de Juliette, de la comtesse d'Arles, etc.?

Égalité, s. f. C'est une des qualités les plus essentielles de la voix; il n'en est point qu'on puisse appeler belle, si tous les sons qu'elle peut rendre, dans l'étendue qui lui est propre, ne sont entre eux d'une parfaite *égalité*.

L'*égalité* est un don rare de la nature, mais l'art peut y suppléer, lorsqu'il s'exerce de bonne heure sur un organe que l'âge n'a pas roidi.

Les ténors doivent mettre toute leur étude à bien réunir le registre de la voix de poitrine à celui de la voix de tête, affaiblir les sons de poitrine, renforcer ceux qui ne s'obtiennent que par artifice, et conserver ainsi l'*égalité* parmi des sons d'une nature différente.

Tout cela s'applique aux instrumens qui, comme le cor et la clarinette, ont des sons plus ou moins inégaux de timbre et d'intensité. C'est pour ne laisser entendre que des sons parfaitement égaux, que les violonistes touchent rarement la corde à vide; le son qu'elle rend a trop d'éclat, et contrasterait désagréablement avec ceux obtenus avec le secours des doigts.

E LA FA. Ancienne dénomination donnée au *mi* ♭, dans le temps où l'on solfiait par les muances. Les Italiens s'en servent encore. On trouvera en tête de plusieurs morceaux d'*Œdipe à Colone*, *Corni in E la fa*, pour *Cors en mi* ♭.

ELÉMENT MÉTRIQUE. C'est une partie de la mesure résultante de la division d'un temps en deux ou trois notes de même valeur : par conséquent les *élémens métriques* de la mesure à deux temps sont des quarts de ronde, c'est-à-dire des noires; dans la mesure à deux-quatre, ce sont des huitièmes, c'est-à-dire des croches.

Les Allemands leur donnent le nom de *taktglieder*, ou membres de mesure.

ELÉVATION, s. f. *Arsis*. L'*élévation* de la main ou du pied, en battant la mesure, sert à marquer le temps faible, et s'appelle proprement *levé*.

L'*élévation* de la voix, en chantant, c'est le mouvement par lequel on la porte à l'aigu.

EMBOUCHURE, s. f. La partie des instrumens à vent que l'on met contre les lèvres ou dans la bouche, pour en jouer. Chaque instrument à vent a son *embouchure* particulière. Celles de la trompette, du cor, du trombone, du basson, du serpent, sont de même nature, dans des proportions différentes : ces *embouchures* ressemblent assez à un petit entonnoir. La flûte s'embouche par un trou ovale fait à l'instrument même, le flageolet par un bec, la clarinette par un bec qui porte une anche; le hautbois, le cor anglais, le basson, ont une anche pour *embouchure*.

Comme c'est de la manière de gouverner l'*embouchure* que dépend la qualité du son, on dit qu'un corniste, un flûtiste, etc., a une belle *embouchure*, quand il tire de beaux sons de son instrument.

EMPATER, v. a. *Empâter les sons*, c'est les unir, les marier avec une moëlleuse suavité, en observant de suivre exactement le rhythme, les tours de chant et les diverses modifications de piano et de forté, de sorte que le groupe harmonique semble n'être produit que par une seule voix ou un seul instrument. La musique a emprunté ce terme à la peinture.

Cette expression est quelquefois prise en mauvaise part : ainsi l'on dira une voix *empâtée*, une exécution *empâtée*, pour désigner une voix dont le son n'est pas net, et une exécution inégale et embarrassée.

Emploi, s. m. Occupation, fonction d'une personne qu'on emploie. On dit au théâtre qu'un acteur a l'*emploi* de ténor, de bariton, de basse, pour dire qu'il joue et chante tous les rôles écrits pour le ténor, le bariton, ou la basse.

De tous les *emplois*, celui de ténor est le plus brillant, attendu que les rôles d'amoureux et les grands rôles sont écrits pour cette voix.

Enharmonie, s. f. *Voyez*

Enharmonique, adj. Le genre *enharmonique* est le passage d'une note à une autre, sans que l'intonation de la note ait été changée d'une manière sensible.

Par exemple, d'*ut* à *ut* ♯, on compte un demi-ton, et d'*ut* à *ré* ♭, on compte également un demi-ton : ces deux sons ont donc la même intonation, suivant le tempérament. Ainsi, après un *ré* ♭, faites un *ut* ♯, ou après un *ut* ♯ faites un *ré* ♭, ces deux notes ne changeront pas sensiblement d'intonation, quoiqu'elles aient changé de nom. Le passage d'une de ces notes à l'autre se nomme *enharmonie*.

L'accord de septième diminuée est celui qui produit le plus naturellement le genre *enharmonique*, puisqu'il peut se présenter sous quatre faces différentes, sans qu'il y ait eu de changement sensible dans l'intonation.

(*Voyez* l'exemple *fig.* 19.)

L'exemple commence en *mi* ♭ mineur; l'*ut* ♭ se change en *si* ♮ à la troisième mesure, le *la* ♭ se change en *sol* ♯ à la quatrième, le *fa* se change en *mi* ♯ à la cinquième, le *ré* se change en *ut* ♯♯ à la sixième.

L'exemple finit en *ré* ♯ mineur, qui est le ton correspondant à celui de *mi* ♭ mineur, dans lequel il a commencé.

Il faut remarquer que c'est toujours la dissonance de la septième diminuée qui a subi un changement, et qui a produit le passage *enharmonique*.

On voit, par la succession des sons générateurs, que c'est une suite de cadences interrompues qui a amené ce passage.

ENSEMBLE, adv., souvent pris substantivement. C'est le rapport convenable de toutes les parties d'un ouvrage entre elles, et avec le tout. Ce terme s'applique encore à l'exécution, lorsque les concertans sont si parfaitement d'accord, soit pour l'intonation, soit pour la mesure, qu'ils semblent être tous animés d'un même esprit, et que l'exécution rend fidèlement à l'oreille tout ce que l'œil voit sur la partition.

L'opéra des Noces de Figaro, *de Mozart, est admirable par l'*ensemble *qui y règne d'un bout à l'autre.*

L'orchestre de l'Odéon exécute l'ouverture de Robin des Bois *avec une vigueur, un* ensemble *étonnants.*

ENSEMBLE (*morceaux d'*). Ce sont tous les morceaux dramatiques exécutés par plus d'une voix. Ainsi les duos, les trios, quatuors, quintettes, sextuors, etc., sont des *morceaux d'ensemble*, pourvu que chaque partie y soit distincte, dialogue avec les autres, et soit exécutée par une seule voix ; car les chœurs, quoique composés de plusieurs parties, ne sont pas qualifiés de *morceaux d'ensemble*. Il paraît que dans ces *morceaux d'ensemble* toutes les voix devraient chanter *ensemble* ; et cependant il est de l'essence de ces morceaux de les opposer les unes aux autres, et de les faire dialoguer : ce n'est guère qu'à la fin qu'elles se réunissent pour produire les plus grands effets d'harmonie, et donner ce qu'on appelle le *coup de fouet*.

Il y a une différence sensible entre les finales et les *morceaux d'ensemble* ; c'est que les premiers, destinés à terminer un acte, contiennent plusieurs scènes, plusieurs mouvemens de situation, et admettent un assez grand nombre de développemens. Les *morceaux d'ensemble*, au contraire, n'ont à exprimer qu'une situation, et assez ordinairement le parti que cette situation inspire aux divers personnages : ils ne peuvent guère admettre par conséquent que deux mouvemens principaux, et des développemens proportionnés. Les règles du *morceau d'ensemble* sont, à cet égard, les mêmes que pour l'air et le duo, c'est-à-dire l'exposition d'un sentiment, et de celui qui lui sert de contraste.

Quoique le duo, le trio, le quatuor, soient des *morceaux d'ensemble*, on ne donne guère ce titre qu'au quintette, au sextuor, au septuor, etc. : ainsi l'on dira le *quatuor de* Stratonice, *le trio de* l'Hôtellerie portugaise, *le morceau d'ensemble de* Gulnare, *de* Médée, *de* Joseph.

ENTONNER, v. a. entrer dans le ton, dans l'intonation, en se réglant sur le son d'un instrument, d'un diapason, ou sur la connaissance que l'on a de l'ordre des divers degrés de l'échelle. La note que l'instrument propose au chanteur, n'est pas toujours celle qu'il doit prendre, mais elle lui sert de point d'appui pour arriver à la sienne. Par exemple, le cor soutient le *si* ♭, le chanteur calcule aisément l'intervalle de quarte et *entonne* le *mi* ♭ avec autant de franchise que si tout l'orchestre l'avait frappé à l'unisson. Le routinier, qui ne connaît pas les intervalles et les altérations qu'ils éprouvent, ne peut pas se préparer à l'avance pour entrer à propos. La basse a frappé la tonique, il ne saura pas mesurer la distance qui la sépare de la quinte augmentée ou de la neuvième. Que fait-il ? il attend que l'orchestre lui donne sa note; mais cette note (quand il la donne) doit partir en même temps que la sienne; il est donc pris au dépourvu et son intonation est fausse, tardive ou douteuse.

Entonner est encore commencer le chant d'une hymne, d'un psaume, d'une antienne, pour donner le ton à tout le chœur. C'est l'officiant qui *entonne* le *Te Deum*.

ENTR'ACTE, s. m. Espace de temps qui s'écoule entre la fin d'un acte d'opéra, et le commencement de l'acte suivant, et durant lequel la représentation est suspendue, tandis que l'action est supposée se continuer ailleurs. L'orchestre remplit quelquefois cet espace par l'exécution d'une symphonie qui porte aussi le nom d'*entr'acte*.

L'*entr'acte* n'est point une partie essentielle du drame lyrique : le compositeur ne consulte à cet égard que son génie et même son caprice. Il se sert de ce moyen pour donner à la représentation tout l'effet qu'elle peut avoir, en amenant par degrés le spectateur oisif à la situation d'âme la plus favorable à l'effet des scènes qu'il va voir dans l'acte suivant.

Entrée, s. f. partie d'un ballet, laquelle y fait le même effet que les scènes dans les pièces dramatiques. L'*entrée* de Pâris et d'OEnone ; l'*entrée* des Cyclopes. L'on dit par conséquent *danser une entrée*, comme l'on dit *jouer une scène, chanter un air*.

Entrée est aussi l'action d'un personnage qui entre sur la scène. Il faut que la musique qui signale une *entrée*, soit d'une couleur décidée et présente de grands rapports avec le caractère du personnage que l'on attend.

Le chant instrumental devant parler à l'imagination à défaut de l'acteur, nous entretient de lui pendant son absence et nous annonce son retour. La lyre s'est fait entendre, et nous croyons voir, nous voyons réellement Orphée aux portes des enfers ; il n'est pas encore sur la scène et déjà les satellites de Pluton ressentent les premières atteintes de ce terrible courroux que le chantre de la Thrace doit apaiser par ses divins accens.

Le trait d'orchestre précède le personnage et nous

avertit d'avance de ce qu'il doit faire, en donnant un fidèle portrait de son esprit, de son caractère et des sentimens qui l'agitent. La brusque transition, le rhythme lourd et sévère qui succède tout à coup à une gracieuse mélodie, cette exécution inégale qui porte tout l'éclat sur le premier temps, pour laisser le reste de la mesure dans une demi-teinte lugubre, ces retards de quarte qui tiennent l'oreille dans une anxiété continuelle, tous ces traits caractéristiques placés par Méhul à l'*entrée* de la comtesse d'Arles n'annoncent-ils pas clairement que ce personnage vient apporter le flambeau de la discorde et le poignard de la haine à la cour de Coradin ?

Le violoncelle majestueux prélude aux chants du roi Séleucus et les doux accens de la flûte à ceux de la tendre Stratonice. Un même trait d'orchestre se fait entendre toutes les fois que le farouche Othon est en scène ; une musique martiale et chevaleresque caractérise Ariodant son heureux rival. L'*entrée* de Murville dans *le Délire* est signalée par un coup de timbale et par un désordre général répandu dans l'orchestre. Jacquinet arrive sur les sons traînans d'une villanelle et Dély sur une marche asiatique, aussi leste que brillante.

Entrée se dit aussi du moment où chaque partie commence à se faire entendre ; *le flûtiste a manqué son* entrée, *reprenons à l'*entrée *des trompettes.*

ÉPINETTE, s. f. sorte de petit clavecin dont on se servait avant l'invention du piano.

ÉPISODE, s. m. Comme dans une fugue simple, il n'est pas agréable d'entendre toujours le thême, quoique accompagné de diverses manières, il faut, dans le développement de la fugue, introduire de temps en temps quelque pensée qui ne soit pas trop disparate avec le sujet ou contre-sujet. Cette pensée accessoire se nomme *épisode*. Les meilleurs *épisodes*, dans les fugues d'église, sont ceux qui s'obtiennent par le démembrement du sujet, du contre-sujet, ou même d'une des parties accessoires qui chante bien et qui ait un contrepoint en imitation ; mais lorsque les *épisodes* consistent en quelques idées légères ou gracieuses, qui comportent le piano, ou bien en roulades ou en triolets, enfin en quelques idées du genre de théâtre ou de chambre, alors la fugue est ce que l'on nomme fugue libre.

Les Allemands se servent du mot *zwischensatz*, dont le sens littéral est *intermède*. M. Choron a substitué à ce mot celui d'*épisode* dans sa traduction d'Albrechts-berger, où nous avons pris cet article.

ÉPITHALAME, s. m. Chant nuptial qui se chantait autrefois à la porte des nouveaux époux, pour leur souhaiter une heureuse union.

Le chœur des *Danaïdes, Descends des cieux* et celui de *Médée, Fils de Bacchus*, sont des *épithalames*.

ESPACE, s. m. Intervalle blanc ou distance qui se trouve dans la portée entre une ligne et celle qui la suit immédiatement au-dessus ou au-dessous. Il y a quatre *espaces* dans les cinq lignes, et il y a de plus deux *espaces*, l'un au-dessus, l'autre au-dessous de la portée entière; l'on borne, quand il le faut, ces deux *espaces* indéfinis par des lignes postiches ajoutées en haut ou en bas, lesquelles augmentent l'étendue de la portée et fournissent de nouveaux *espaces*. Chacun de ces *espaces* divise l'intervalle des deux lignes qui le terminent en deux degrés diatoniques; savoir, un de la ligne inférieure à l'*espace*, et l'autre de l'*espace* à la ligne supérieure. *Espace* et *interligne* signifient la même chose : on se sert plus souvent de ce dernier mot. (*Voyez* INTERLIGNE, PORTÉE.)

ESPRESSIVO, expressif, avec expression.

ÉTENDUE, s. f. Différence de deux sons donnés qui en ont d'intermédiaires, ou somme de tous les intervalles compris entre les deux extrêmes. Ainsi la plus grande *étendue* ou celle qui comprend toutes les autres, est celle du plus grave au plus aigu de tous les sons sensibles et appréciables. On compte huit octaves et demi depuis le tuyau de trente-deux pieds du grand orgue, jusques au son le plus aigu du même instrument rendu par le dernier tuyau du jeu de flageolet, qui n'a qu'une ligne.

Par le tableau que nous donnons (*fig.* 27) on pourra connaître aisément l'*étendue* de chaque voix et de chaque instrument, de même que la place qu'elle occupe dans le système général.

ETOUFFOIR, s. m. C'est, dans le piano, une petite pièce de bois garnie de drap à son extrémité, que le mécanisme de l'instrument fait tomber sur la corde vibrante pour en étouffer le son. L'*étouffoir* tombe toutes les fois que la touche se relève, n'étant plus retenue par le doigt.

On a adapté au piano une pédale qui fait lever en même temps tous les *étouffoirs*. Son emploi produit un grand effet dans un crescendo, un fortissimo, si l'on a soin de la quitter pour la reprendre aussitôt, toutes les fois que l'harmonie change; autrement les vibrations des sons d'un accord, se prolongeant sur l'accord suivant, donneraient des résultats désagréables.

Pour former sur le piano le jeu qu'on appelle *céleste*, on prend en même temps la pédale qui lève les *étouffoirs* et la pédale céleste.

ETUDES, s. f. plur. Sortes de compositions dont le thème est un passage difficile, calqué sur une manière de doigter particulière et scabreuse. On essaye ce passage dans un grand nombre de modulations, sur toutes les positions de l'instrument, et en lui donnant les développemens dont il est susceptible. Les *études* n'étant destinées qu'au travail de cabinet, et à familiariser l'élève avec les difficultés de tous les genres qu'il rencontrera ensuite dans les sonates et les concertos des maîtres fameux, on ne s'attache nullement à les rendre agréables à l'oreille. Les *études* ont beaucoup de ressemblance avec les exercices : ce qui les distingue néanmoins, c'est que ceux-ci se rapportent également aux voix et aux instrumens, et que les *études* ne concernent que le jeu des instrumens. On remarque aussi dans les *études* une facture plus régulière que celle des exercices, qui sont purement élémentaires.

Les *études* de Fiorillo, de Kreutzer, pour le violon; celles de Cramer, de Kalkbrenner, pour le piano, sont fort estimées.

EUTERPE, n. p. f. Une des neuf Muses : elle avait inventé la flûte et présidait à la Musique. C'est une jeune fille couronnée de fleurs, et jouant de la flûte : des papiers de musique, des hautbois et autres instrumens sont auprès d'elle ; allégorie agréable, par laquelle les anciens ont voulu exprimer combien les arts ont de charmes pour ceux qui les cultivent.

EVITÉ, part. Cadence *évitée*. (*Voyez* CADENCE.)

EVITER, v. a. *Eviter* une cadence, c'est ajouter un dissonance à l'accord final, pour changer le mode ou prolonger la phrase.

EVOVAE, s. m. Mot barbare formé des six voyelles qui marquent les syllabes des deux mots *seculorum amen*, et qui n'est d'usage que dans le plain-chant. C'est sur les lettres de ces mots qu'on trouve indiquées, dans les psautiers et antiphonaires, les notes par lesquelles, dans chaque ton et dans les diverses modifications du ton, il faut terminer les versets des psaumes ou des cantiques.

L'*Evovaé* commence toujours par la dominante du ton de l'antienne qui le précède, et finit toujours par la finale.

EXÉCUTANT, part., pris substantivement. Musicien qui exécute la musique à l'église, au concert ou au théâtre, comme chanteur, ou comme instrumentiste.

Exécuter, v. a. *Exécuter* une pièce de musique, c'est chanter et jouer toutes les parties qu'elle contient, tant vocales qu'instrumentales, dans l'ensemble qu'elles doivent avoir, et la rendre telle qu'elle est notée sur la partition.

Exécution, s. f. L'action d'exécuter une pièce de musique.

L'*exécution* de la musique a non-seulement une grande influence sur son succès; mais comme elle n'existe réellement pour le plus grand nombre des auditeurs que lorsque elle est exécutée, l'exécuter mal, ou à contre-sens, c'est non-seulement la défigurer, mais l'anéantir. Les connaisseurs peuvent cependant la juger par les yeux, à la simple lecture.

Si le compositeur est à la merci de l'ignorance des exécutans, ou de leur malveillance, il y est aussi de leur faux savoir et de leur faux goût. Ce qu'ils ajouteraient à ce qu'il a fait serait quelquefois plus pernicieux que ce qu'ils y pourraient omettre.

Ce qu'ils omettront toujours, s'ils ne sont que des gens de métier et non de véritables artistes, c'est l'expression propre de chaque morceau, et pour ainsi dire l'accent de chaque passage. Là où ils ne verront que des notes, ce ne seront aussi que des notes qu'ils feront entendre; et tel air, tel duo, tel morceau d'ensemble, ou telle pièce de musique instrumentale devait toucher profondément le cœur, qui grâce à une *exécution* froide et inanimée, ne fera qu'effleurer inutilement l'oreille.

On appelle encore *exécution*, la facilité de lire et d'exécuter une partie vocale ou instrumentale, et l'on dit qu'un musicien a beaucoup d'*exécution*, lorsqu'il exécute correctement sans hésiter et à la première vue, les choses les plus difficiles. (*Voyez* EXÉCUTER.)

EXERCICES, s. m. p. Pièces de musique composées sur un trait difficile pour la voix, une manière de doigter, particulière et scabreuse pour les instrumens, que l'on essaie sur tous les degrés de l'échelle, et sur toutes les positions, en suivant diverses modulations. Les *exercices* n'étant destinés qu'au travail de cabinet et à familiariser l'élève avec les difficultés de tous les genres qu'il rencontrera dans les œuvres des maîtres fameux, on ne s'attache nullement à les rendre agréables à l'oreille. Quelques-uns se distinguent par leur marche régulière; mais la plupart ne sont qu'un bizarre assemblage de notes qui ne forment pas un chant suivi.

On voit qu'il y a beaucoup de ressemblance entre les *exercices* et les études; ce qui les distingue cependant c'est que les dernières n'ont pour objet que le genre instrumental, tandis que les *exercices* se rapportent aux voix et aux instrumens. On remarque aussi que la facture des études est plus régulière que celle des *exercices* qui sont purement élémentaires.

EXPRESSION, s. f. Qualité par laquelle le musicien sent vivement et rend avec énergie toutes les idées qu'il doit rendre et tous les sentimens qu'il doit exprimer. Il y a une *expression* de composition et une d'exécution, et c'est de leur concours que résulte l'effet musical le plus puissant et le plus agréable.

Pour donner de l'*expression* à ses ouvrages, le compositeur doit saisir et comparer tous les rapports qui peuvent se trouver entre les traits de son objet et les productions de son art; il doit connaître ou sentir l'effet de tous les caractères, afin de porter exactement celui qu'il choisit au degré qui lui convient : car comme un bon peintre ne donne pas la même lumière à tous ses objets, l'habile musicien ne donnera pas non plus la même énergie à tous ses sentimens, ni la même force à tous ses tableaux, et placera chaque partie au lieu qui convient, moins pour la faire valoir seule que pour donner un plus grand effet au tout.

Après avoir bien vu ce qu'il doit dire, il cherche comment il le dira, et voici où commence l'application des préceptes de l'art, qui est comme la langue particulière dans laquelle le musicien veut se faire entendre.

La mélodie, l'harmonie, le mouvement, le choix des instrumens et des voix sont les élémens du langage musical; et la mélodie par son rapport immédiat avec l'accent grammatical et oratoire, est celui qui donne le caractère à tous les autres. Ainsi, c'est toujours de la mélodie que se doit tirer la principale *expression*, tant dans la musique instrumentale que dans la vocale.

Ce qu'on cherche donc à rendre par la mélodie, c'est le ton dont s'expriment les sentimens qu'on veut représenter, et l'on doit bien se garder d'imiter en cela la déclamation théâtrale qui n'est elle-même qu'une imitation; mais la voix de la nature parlant sans affectation et sans art. Ainsi le musicien cherchera d'abord un genre de mélodie qui lui fournisse les inflexions musicales les plus convenables au sens des paroles, en subordonnant toujours l'*expression* des mots à celle de la pensée, et celle-ci même à la situation de l'âme de l'interlocuteur : car quand on est fortement affecté, tous les discours que l'on tient prennent, pour ainsi dire, la teinte du sentiment général qui domine en nous, et l'on ne querelle point ce qu'on aime du ton dont on querelle un indifférent.

La parole est diversement accentuée selon les diverses passions qui l'inspirent : tantôt aiguë et véhémente, tantôt remise et lâche; tantôt variée et impétueuse ; tantôt égale et tranquille dans ses inflexions. De là le musicien tire les différences des modes de chant qu'il emploie et des lieux divers dans lesquels il maintient la voix, la faisant procéder dans le bas par de petits intervalles pour exprimer les langueurs de la tristesse et de l'abattement; lui arrachant dans le haut les sons aigus de l'emportement de la douleur; l'entraînant rapidement par tous les intervalles de son diapason dans l'agitation du désespoir ou l'égarement des passions contrastées. Surtout il faut bien observer que le charme de la musique ne consiste pas seulement dans l'imitation, mais dans une imitation agréable ; et que la déclamation même, pour faire un grand effet, doit être subordonnée au chant : de sorte qu'on ne peut peindre le sentiment sans lui donner ce charme secret qui en est inséparable, ni toucher le cœur si l'on ne plaît à l'oreille. Et ceci est encore très-conforme à la nature, qui donne au ton des personnes sensibles je ne sais quelles inflexions touchantes et délicieuses que n'eut jamais celui des gens qui ne sentent rien.

Le plaisir physique qui résulte de l'harmonie, augmente à son tour le plaisir moral de l'imitation, en joignant les sensations agréables des accords à l'*expression* de la mélodie, par le même principe dont je viens de parler; mais l'harmonie fait plus encore, elle renforce l'*expression* même en donnant plus de justesse et de précision aux intervalles mélodieux; elle anime leur caractère, et marquant exactement leur place dans l'ordre de la modulation, elle rappelle ce qui précède, annonce ce qui doit suivre, et lie ainsi les phrases dans le chant comme les idées se lient dans le discours.

Quoique la plus grande force de l'*expression* se tire de la combinaison des sons, la qualité de leur timbre n'est pas indifférente pour le même effet. Il y a des voix fortes qui en imposent par leur étoffe; d'autres légères et flexibles, bonnes pour les choses d'exécution; d'autres sensibles et délicates, qui vont au cœur par des chants doux et pathétiques : en général, les voix aiguës sont plus propres pour exprimer la tendresse et la douceur; les basses et les concordans pour l'emportement et la colère.

Les instrumens ont aussi des *expressions* très-différentes, selon que le son en est fort ou faible, que le timbre en est aigre ou doux, que le diapason en est grave ou aigu, et qu'on en peut tirer des sons en plus grande ou moindre quantité. La flûte est tendre, le hautbois gai, la trompette guerrière, le cor sonore, majestueux et propre aux grandes *expressions* ; mais il n'y a point d'instrument dont on tire une *expression* plus variée et plus universelle que le violon.

Vainement le compositeur saura-t-il animer son ouvrage, si la chaleur qui doit y régner ne passe à ceux qui l'exécutent. Le chanteur, qui ne voit que des notes dans sa partie, n'est point en état de saisir l'*expression* du compositeur, ni d'en donner une à ce qu'il chante, s'il n'en a pas bien saisi le sens. Il faut entendre ce qu'on lit, pour le faire entendre aux autres, et il ne suffit pas d'être sensible en général, si on ne l'est en particulier à l'énergie de la langue qu'on parle. Commencez donc par bien comprendre le caractère du chant que vous avez à rendre, son rapport au sens des paroles, la distinction de ses phrases, l'accent qu'il a par lui-même, celui qu'il suppose dans la voix de l'exécutant, l'énergie que le compositeur a donnée au poëte, et celle que vous pouvez donner à votre tour au compositeur ; alors livrez vos organes à toute la chaleur que ces considérations vous auront inspirée ; faites ce que vous feriez, si vous étiez à la fois le poëte, le compositeur, l'acteur et le chanteur, et vous aurez toute l'*expression* qu'il vous est possible de donner à l'ouvrage que vous avez à rendre.

Les bornes de ce Dictionnaire ne nous permettant pas de répéter ici tout ce que nous avons dit sur *l'expression musicale*, nous renvoyons le lecteur à l'ouvrage qui a pour titre : *De l'Opéra, en France.*

EXTENSION, s. f. Lorsque l'on a déjà posé les quatre doigts sur la touche du violon, pour former sur la chanterelle les notes *fa, sol, la, si*, et qu'il se rencontre ensuite un *ut* après ce *si*, cet *ut*, dans certains passages, se fait par *extension*, en portant le petit doigt en avant.

L'*extension* se pratique aussi sur les autres cordes, et dans toutes les positions, sur le violon, la viole et le violoncelle. On se sert de ce moyen pour ne pas déplacer mal-à-propos la main et lui faire perdre, pour une seule note, la position qu'elle doit conserver pour les passages qui viennent après.

F.

F. Cette lettre signifie *forte*, fort : on l'écrit ordinairement au-dessus ou au-dessous de la mesure, ou de la note à laquelle on veut donner cette nuance d'exécution. On trouve quelquefois ces deux lettres *FP* à côté l'une de l'autre ; elles indiquent que le *fort* doit être une espèce de saccade qui passe tout de suite au *piano*. Lorsque, dans un groupe de quatre croches, par exemple, la première seule doit être exécutée *fort*, on fait bien de détacher cette note du groupe, en lui donnant un crochet séparé.

FF signifient *Fortissimo*, très-fort. *FFF*, aussi *fort* que possible. Dans les passages qui doivent être attaqués et suivis dans le même degré de force, les compositeurs placent *F* ou *FF* sous chaque blanche et sous chaque noire. Les traits d'orchestre qui signalent les entrées d'Othon, dans *Ariodant*, sont écrits de cette manière.

F-ut-fa. (*Voyez* A.)

Fa. Quatrième son de la gamme diatonique et naturelle.

Face, s. f. Combinaison des sons d'un accord, en commençant par un de ces sons, et prenant les autres selon leur suite naturelle ; d'où il suit qu'un accord peut avoir autant de *faces* qu'il y a de sons qui le composent : car chacun peut être le premier à son tour.

L'accord parfait a trois notes et trois *faces* : *ut mi sol, mi sol ut, sol ut mi.*

L'accord de septième dominante a quatre notes et quatre *faces* : *sol si ré fa, si ré fa sol, ré fa sol si, fa sol si ré*. (*Voyez* Renversement.)

Facteur, s. m. Artiste qui fait des orgues, des pianos, des harpes, des flûtes, des clarinettes, des hautbois, des bassons, des cors, des trompettes ou des trombones.

Le *facteur* d'orgues ne fait que des orgues, des serinettes, etc.

Le *facteur* de pianos fait assez ordinairement des harpes.

Un même *facteur* fait tous les instrumens à vent qui sont en bois, tels que les flûtes, les clarinettes, les hautbois, les bassons, les flageolets, etc.

Les instrumens de cuivre occupent exclusivement d'autres *facteurs*.

Quoique tous ces *facteurs* possèdent parfaitement leur art, ils choisissent néanmoins quelquefois telle ou telle partie dans laquelle ils réussissent mieux. Un *facteur* se borne à faire des pianos, des flûtes, ou des clarinettes.

C'est à M. Laurent que nous devons l'invention des flûtes de cristal, dont on admire également les formes et les sons.

FACTURE, s. f. Ce mot, dans sa signification propre, exprime seulement la manière dont un morceau de musique est composé : il s'entend de la conduite ou de la disposition du chant, comme de celle de l'harmonie. On dit une bonne ou mauvaise *facture*; mais, sans épithète, ce mot se prend toujours en bonne part. On dit qu'un morceau a de la *facture*, ou qu'il est d'une belle *facture*, pour signifier que le chant et l'harmonie en sont disposés avec art. Lorsqu'on dit simplement un morceau de *facture*, on entend parler d'un morceau de longue haleine, fortement intrigué, et dans lequel le compositeur, en déployant tous ses moyens, montrera ce qu'il peut faire. On a déjà applaudi ses romances, ses airs, ses duos; on attend, pour juger son talent, qu'il ait donné un morceau de *facture*.

La *facture* d'une pièce de musique, par rapport au chant, exprime l'art avec lequel les motifs, bien choisis, sont enchaînés entre eux, ramenés à propos dans une étendue convenable. Par rapport à l'harmonie, ce mot exprime l'enchaînement heureux et savant des modulations, l'emploi des accords les plus inattendus présentés sans dureté. Les chœurs de l'oratorio de *la Création*, de la messe de *Requiem*, de Mozart, ceux de *Joseph*, de *Médée*, sont d'une belle *facture*: c'est aussi le mérite des ouvertures d'*Iphigénie en Aulide*, de *Démophoon*, de *la Flûte enchantée* surtout. Il est bon de faire observer que ce mot ne s'applique guère qu'à des morceaux d'ensemble, à des finales, à des symphonies, à des fragmens de messe, &

des fugues, à des choses d'une certaine étendue, d'une conception difficile, et particulièrement consacrées au contrepoint. Il serait ridicule de parler de la *facture* d'un petit air ou d'une romance.

FAGOTTO, s. m. Nom que les Italiens ont donné au basson, à cause de la ressemblance que les trois pièces de cet instrument, réunies ou démontées, ont avec un *fagot*.

FAIBLE, adj. Temps *faible*. (*Voyez* TEMPS.)

FAIRE DE LA MUSIQUE. C'est composer des sonates, des romances, des symphonies, des opéras, etc. L'usage veut cependant que nous nous servions aussi de ce terme s'il s'agit de l'exécution musicale : ainsi, dans ce sens, *faire de la musique*, signifie exécuter de la musique. On va même jusqu'à dire que l'on a *fait des duos, des trios, des quatuors, des quintettes*, en parlant d'une réunion musicale où l'on a joué des duos, des trios, des quatuors, etc.

Il n'est permis qu'aux virtuoses de connaître l'effet de la musique, en se bornant à la lire silencieusement. La généralité ne pouvant goûter ses charmes qu'au moment où les voix et les instrumens se font entendre, a pu considérer, avec quelque raison, les exécutans comme ceux qui *faisaient la musique*, puisqu'ils lui donnaient l'existence en frappant l'oreille par d'harmonieux accords.

FA LA. Mot composé du nom de deux notes, et que l'on donne à de petits airs en parties avec une espèce de refrain, où le nom de ces deux notes est répété d'une manière insignifiante et bizarre, comme *fa la la la*, *fa la la la la*, etc. Les Italiens ont inventé le *fa la*, et l'ont porté en Angleterre où il est encore en usage.

Clementi a placé un *fa la* dans sa méthode de piano.

FANDANGO, s. m. Très-ancien air de danse à trois temps et d'un mouvement assez vif. C'est l'air favori des Espagnols. Ils le dansent, ainsi que les seguédilles et les boléros, en s'accompagnant avec des castagnettes qu'ils ont empruntées des Maures, et qui plaisent beaucoup à leurs oreilles amies de la mesure et du rhythme.

FANFARE, s. f. Sorte d'air militaire, pour l'ordinaire court et brillant, destiné à être exécuté par des cornets, des trompettes ou des cors, ou par des trompettes, des cors, des trombones et des timbales. On écrit les *fanfares* à neuf parties; savoir, deux trompettes, deux cors, deux trombones et timbales. Ces instrumens offrent peu de ressources pour la modulation; aussi la plupart de nos *fanfares* ne font entendre que deux accords, celui de la tonique et celui de la dominante. On peut encore ébaucher une transition sur la quatrième note du ton, à la faveur des cors et des trombones. Les bornes étroites dans lesquelles le compositeur est resserré, l'obligent à reproduire souvent les mêmes traits et les mêmes effets. Les Allemands savent réunir adroitement un grand nombre de trompettes de différens tons; par ce moyen ingénieux ils parviennent à varier agréablement les modulations de leurs *fanfares*, et à donner des résultats qui charment autant qu'ils étonnent une oreille accoutumée à la monotonie des *fanfares* ordinaires.

Il serait à désirer que cette pratique fût suivie par les chefs de musique de nos régimens de cavalerie.

Aux chasses royales, les piqueurs exécutent des *fanfares* avec leurs trompes, pendant la curée et en revenant de la chasse, pour célébrer la victoire du chasseur et réjouir les chiens. (*Voyez* Tons de chasse.)

Fantaisie, s. f., signifie une chose inventée à plaisir, et dans laquelle on a plutôt suivi le caprice que les règles de l'art. Les grands maîtres, tels que Bach et Mozart, ont eu recours à la *fantaisie* pour ouvrir un champ plus vaste à la fécondité de leur génie, et trouver ainsi le moyen d'employer une infinité de recherches harmoniques, de modulations savantes et hardies, de passages pleins de fougue et d'audace qu'il ne leur était pas permis d'introduire dans une pièce régulière; c'était pour déployer encore plus de science, qu'ils s'affranchissaient des lois prescrites pour la conduite des sonates et des concertos. Telle était la *fantaisie* entre les mains de ces hommes extraordinaires : elle a bien dégénéré depuis lors, *quantùm mutata!* Ce n'est plus maintenant que la paraphrase d'un air connu, d'un refrain qui court les rues, que l'on varie de toutes les manières, en le faisant précéder d'une introduction et suivre d'une *coda*. Ce genre, que l'absence du talent et l'impuissance de créer une bonne sonate ont seules pu mettre en crédit pendant un certain temps, est aujourd'hui peu cultivé par les compositeurs célèbres, qui semblent l'abandonner aux manœuvres.

FARANDOULE, s. f. Sorte de danse qu'un grand nombre de personnes exécutent, en formant une longue chaîne à l'aide de mouchoirs que chacune tient à droite et à gauche, excepté cependant celles qui se trouvent aux deux extrémités. La *farandoule* se compose de vingt, de soixante, de cent personnes placées, autant qu'il est possible, une de chaque sexe alternativement. Cette chaîne se met en mouvement, et parcourt la ville ou la campagne au son des instrumens : chacun danse ou saute de son mieux, en cadence ; on ne se pique point de mettre une grande régularité dans les pas, mais on a soin de former avec exactitude les différentes figures que commande celui qui est en tête de la *farandoule*, et qui lui sert de guide. Ces figures consistent principalement à réunir les bouts de la chaîne et à danser en rond, à la pelotoner en spirale, à la faire passer et repasser sous une espèce d'arc formé par plusieurs danseurs qui élèvent les bras sans abandonner les mouchoirs. La *farandoule* n'est en usage que dans la Provence et une partie du Languedoc ; elle a lieu à la suite des noces et des baptêmes, dans les fêtes champêtres et les réjouissances publiques, dont l'objet intéresse vivement, et dans lesquelles on voit éclater les transports d'une gaîté bruyante et pleine de franchise.

L'air de la *farandoule* est un allégro à six-huit fortement cadencé.

FAUSSE QUINTE, s. f. Nom que l'on donnait autrefois à la quinte diminuée. (*Voyez* QUINTE.)

FAUSSE RELATION. (*Voyez* RELATION.)

FAUSSET, s. m. C'est ainsi que l'on appelait autrefois la voix de tête.

Rousseau voulait, avec raison, que l'on écrivît *faucet*, attendu que ce mot vient évidemment de *faux, faucis*, la gorge, *Vox formata inter fauces*; mais l'usage a prévalu. Comme ce mot a été abandonné par les musiciens, nous laissons aux littérateurs le soin de fixer son orthographe. (*Voyez* VOIX.)

FAUX, adj. et adv. Ce mot est opposé à juste. On chante *faux* quand on n'entonne pas les intervalles dans leur justesse, qu'on forme des sons trop hauts ou trop bas.

Il y a des voix *fausses*, des cordes *fausses*, des instrumens *faux*.

La *fausseté* de la voix vient de la faiblesse ou de la mollesse de l'organe. Quand un chanteur a la voix trop faible, ou il n'arrive pas jusqu'au ton, et alors il se trouve au dessous; ou pour y arriver il la force, il la jette, et alors il se trouve souvent trop haut. Si son organe manque de fermeté, s'il est flexible au point d'en être lâche, il ne produit que des sons vacillans, qui ne restent jamais au juste degré desiré par l'oreille.

Je crois aussi qu'il y a des voix naturellement *fausses*, comme des cordes et des tuyaux, parce qu'elles ne sont pas disposées dans les proportions harmoniques.

Il y a aussi des oreilles *fausses*, et sans doute par cette raison, les personnes qui sont affligées de ce défaut, non seulement ne chantent pas juste, mais encore elles détonnent, ce qui est tout autre chose.

Pour les instrumens, quand les tons en sont *faux*, c'est que l'instrument est mal construit, que les tuyaux en sont mal proportionnés, ou les cor des *fausses* à cause de l'inégalité de leur diamètre, ou qu'elles ne sont pas d'accord ; que celui qui en joue touche *faux*, ou qu'il modifie mal le vent ou les lèvres.

Une belle et bonne voix de contralte deviendra *fausse*, si, par un long exercice, on veut la porter au-delà de son diapason pour lui faire chanter la partie destinée au premier dessus.

FAUX ACCORD, C'est celui dont les sons sont mal accordés et ne gardent pas entre eux la justesse des intervalles.

FAUX BOURDON, s. m. Genre de composition de plain-chant à notes contre-notes, dans lequel on place ordinairement le plain-chant au ténor en lui donnant une basse qui procède par accords parfaits. Les *faux-bourdons* s'exécutent par les voix seules ; mais leur effet sera meilleur si on les accompagne avec quelques ihstrumens graves, tels que basses, bassons, trombones, serpens, etc., ou avec l'orgue.

FERMATA, s. f. Point d'arrêt. Ce mot vient du verbe italien *fermare*, arrêter.

FÊTE, s. f. Divertissement de chant et de danse que l'on introduit dans un acte d'opéra.

Dans les tragédies en musique on ne se fait plus une loi de placer une *fête* à chaque acte, ni d'y joindre le chant et la danse. Non-seulement les *fêtes* doivent être naturellement amenées, elles doivent même être nécessaires à l'action; elles peuvent la suspendre, mais non pas l'interrompre. Il faut que la danse, et quelquefois les chants mesurés et les chœurs y continuent épisodiquement, et sous une autre forme, l'action commencée par la déclamation notée et les chants passionnés.

Il arrive même que ces *fêtes*, placées sous les yeux des principaux personnages, donnent à leur situation, à leur caractère, tel développement dramatique qu'il serait impossible d'y donner autrement au même degré.

La *fête* pastorale dont Roland est témoin au troisième acte de l'opéra de ce nom, les songes d'Atys, le triomphe de Licinius; la *fête* publique qui, dans l'opéra d'*Alceste*, arrache des larmes à cette reine infortunée; celle que l'on donne à Isaure au moment où elle sort de l'horrible cabinet; la danse des Scythes autour d'Oreste et de Pylade, dans *Iphigénie en Tauride*, voilà des *fêtes* qui sont loin d'interrompre et de refroidir l'action; voilà les modèles dont il faut, en traçant le plan d'un opéra, se rapprocher autant qu'il est possible. Lorsqu'on s'en éloigne, lorsqu'on ne sait plus qu'amener sans nécessité des danseurs et des chanteurs sur la scène, on est d'autant plus coupable, que n'étant pas maintenant forcé, comme autrefois, de placer bien ou mal une *fête* dans chaque acte; ne l'étant plus même d'en introduire dans tout un opéra, on n'a plus aucune excuse.

La différence qu'on assignait autrefois à l'Opéra entre les mots de *fête* et de *divertissement*, est que le premier s'appliquait plus particulièrement aux tragédies, et le second aux ballets.

FIFRE, s. m. Instrument à vent et à embouchure, de la nature de la petite flûte. Le son du *fifre* est très-perçant. Plusieurs de nos régimens ont des *fifres* qui jouent avec les tambours.

On appelle *fifre* celui qui joue de cet instrument.

FIGURE, s. f., est un groupe de notes, un fragment de motif que le compositeur se plaît à reproduire dans toutes les parties d'un morceau de musique dont il varie les modulations sans rien changer au dessin adopté. La *figure* passe de la basse au violon, du basson à la flûte, et il s'établit une lutte entre les instrumens qui s'emparent, à tour de rôle, du passage favori. On dit *un chant figuré*, *un accompagnement figuré*, *un chœur figuré*, pour exprimer que le musicien a fait un grand usage des *figures* en écrivant ces diverses compositions. (*Fig.* 22.)

Filer un son, c'est le prolonger aussi long-temps que l'haleine peut le permettre, en observant de commencer pianissimo, de l'enfler insensiblement jusqu'au forté, et de le diminuer avec les mêmes gradations.

On doit s'accoutumer à tenir pendant vingt-deux secondes le son *filé* avec la voix. On soutient le son beaucoup plus long-temps sur les instrumens à vent; on peut le prolonger à volonté sur les instrumens à archet.

Fin, s. f. Ce mot se place quelquefois sur la mesure qui termine la première partie d'un rondeau, d'un menuet, etc., pour marquer qu'ayant repris cette première partie, c'est sur cette finale qu'on doit s'arrêter et finir. *Reprenez au commencement jusqu'au mot* fin.

Finale, s. f. Principale corde du mode qu'on appelle aussi tonique, et sur laquelle l'air ou la pièce doit finir.

Quand on compose à plusieurs parties, et surtout des chœurs, il faut toujours que la basse tombe en finissant sur la note même de la *finale*. Les autres parties peuvent s'arrêter sur sa tierce et sur sa quinte.

Autrefois c'était une règle de donner toujours, à la fin d'une pièce, la tierce majeure à la *finale*, même en mode mineur; cet usage est encore suivi dans quelques morceaux de musique d'église.

On ne dit point *tonique* dans le plain-chant, on appelle *note finale* ou simplement *finale* celle qui termine l'échelle de chaque ton. (*V.* Tierce de Picardie.)

Finale, s. m. Les airs, les duos, ouvrent bien un

opéra, et figurent ensuite avec avantage dans les premières scènes de chaque acte. Mais, lorsque les récits de l'exposition ont tout expliqué et que l'intrigue marchant avec rapidité tend à s'embrouiller; lorsque le nœud de la pièce va se former ou se dénouer, et que tous les ressorts mis en jeu pour y parvenir amènent des incidens qui changent les situations, et font refluer vers la fin de l'acte les grands tableaux, les effets produits par l'expression du contentement, de l'ivresse, de la tristesse, de la fureur, du tumulte et du désordre; lorsque le moindre récit frappe tellement des personnages dont l'agitation est au comble, qu'ils ne puissent l'entendre sans manifester soudain leurs sentimens; lorsque l'action et les passions occupent tour à tour la scène, et à des intervalles si rapprochés qu'on ne saurait passer subitement du chant au récitatif, ou au dialogue parlé, pour revenir ensuite à la mélodie, le compositeur traite toute cette fin d'acte en chant proprement dit, lie les scènes les unes aux autres, et fait une suite non interrompue d'airs, de duos, de trios, de quatuors, de quintettes, de sextuors, de chœurs même, en observant d'écrire en chant vocal tout ce qui exprime les passions, réservant la déclamation mesurée qui s'unit aux traits d'orchestre, et le récitatif pour le dialogue en action, et les récits. Ce morceau de musique, le plus long que la scène lyrique puisse nous offrir, s'appelle *finale*. C'est Logroscino, compositeur, qui florissait du temps de Pergolèse, qui en est l'inventeur. Paisiello est le premier qui l'ait introduit dans l'Opéra sérieux.

FIN.

On ne rencontre point de *finales* dans nos anciens opéras. Ce genre de composition éminemment dramatique n'était cependant pas inconnu de nos devanciers, puisque les Italiens et les Allemands leur en fournissaient de très-beaux modèles. L'on avait entendu en 1771 celui de la *Bonne Fille*. Mais l'inexpérience des acteurs de ce temps empêchait de donner une certaine extension aux morceaux de facture, et nos compositeurs craignaient de s'aventurer dans des effets harmoniques que des chanteurs consommés auraient seuls pu rendre.

Philidor, Duni, Monsigny, Grétry terminaient leurs actes par des quatuors, des quintettes, des sextuors. Ces morceaux, composés avec la retenue, j'oserai dire la timidité qui accompagne la naissance d'un art et les premiers pas de l'artiste, n'ont point la marche progressive, rapide, intriguée, l'éclat, la chaleur, la fougue du *finale*. Si tous les actes des opéras de Gluck, de Piccini, de Salieri, de Sacchini finissent par des chœurs, des trios, des duos, et même par de simples airs, c'est que les ballets et les divertissemens suppléaient quelquefois au *finale*. D'ailleurs on ne peut pas en imaginer de plus beau que le chœur : *Poursuivons jusqu'au trépas*, d'*Armide*, et celui du second acte d'*Orphée*, qui, de la manière dont il est coupé par les solos et par le vif intérêt qu'il inspire, pourrait être considéré comme un véritable *finale*.

La nouvelle école, suivant les glorieux exemples que lui donnaient les Mozart et les Cimarosa, introduisit le *finale* sur nos deux théâtres lyriques, et nos compositeurs ont excellé dans ce genre brillant et passionné, qui présente tant de moyens pour produire de grands effets.

On trouvera dans notre ouvrage, qui a pour titre *De l'Opéra, en France*, un catalogue des plus beaux *finales* que nous possédons.

Quelques écrivains veulent que nous disions *un final* ou *une finale*, attendu que ce mot, emprunté de l'italien, est un adjectif gouverné par son substantif sous-entendu, et qu'ainsi *un final, une finale*, signifient *un morceau final, une pièce finale*. Je ne partage point leur opinion, et je pense, au contraire, que le mot *finale* ayant perdu son substantif *pezzo*, morceau, par une de ces ellipses dont la langue de Métastase offre tant d'exemples, est devenu substantif lui-même. On l'a consacré à la musique, pour être employé, de cette manière, à désigner le morceau qui termine un acte d'opéra, un oratorio, une symphonie, un quatuor, une sonate. Si nous l'avons pris aux Italiens, comme tant d'autres termes de musique, il ne faut rien changer à son orthographe; et nous devons continuer de dire *un finale*, à moins que la mode ne vînt de tout franciser et de traduire exactement des phrases telles que celle-ci : *Jouez-nous un allégro d'opéra sur le piano ;* en disant : *Jouez-nous un gai d'œuvre sur le doux*, ce qui ressemblerait assez au baragouin du Limousin dont parle Rabelais.

FLAGEOLET, s. m. Instrument de musique à vent et à bec. Le *flageolet* est percé de six trous seulement ; son diapason est borné à deux octaves environ. Il est difficile de moduler sur cet instrument. On a porté remède à ce double inconvénient, en faisant des *flageolets* de cinq dimensions différentes, pour jouer dans tous les tons avec une égale facilité. Il y a donc cinq espèces de *flageolet*, savoir, en *ut*, en *ré*, en *mi* ♭, en *fa* et en *sol*. Quelques musiciens ont cultivé avec succès ce petit instrument, qui ne figure pourtant que dans la musique de bal. On a même écrit des concertos à grand orchestre pour le *flageolet*.

On écrit sur la clef de *sol* la musique destinée au *flageolet*.

FLAGEOLET, jeu d'orgue le plus aigu de tous; ses tuyaux sont d'étain combiné avec le zinc et le plomb. C'est au moyen de cet alliage, qui augmente considérablement la sonorité des tuyaux, et leur donne le timbre le plus agréable, que M. Piantanida, facteur d'orgues de Milan, a porté le jeu de *flageolet* une quarte au-dessus de la huitième octave complète, et lui a fait franchir ainsi les limites que les géomètres regardaient comme insurmontables. Le système de l'orgue, et par conséquent le système général de la musique, se trouve augmenté de cinq degrés depuis le perfectionnement de M. Piantanida. Cet habile facteur a placé deux jeux de *flageolet* dans l'orgue de Saint-Pierre, à Avignon, dont il est l'auteur; un dans les basses pour servir aux imitations, et un dans les dessus.

FLAUTINO, s. m. Mot italien qui signifie petite flûte. On l'appelle aussi quelquefois *octave*, attendu qu'il sonne l'octave de la flûte ordinaire.

Il y a trois espèces de *flautino*, savoir, en *ré*, en *mi* ♭, en *fa*.

Le système du premier se règle sur le diapason ordinaire; c'est le *flautino* dont on se sert dans les orchestres.

Le second est en *mi* ♭, et s'emploie dans les musiques militaires accordées en *mi* ♭.

Le troisième est en *fa*, et s'emploie dans les musiques militaires accordées en *fa*.

Par ces moyens, le *flautino* joue toujours en *ré*, *la*, *si mineur* etc. Ses tons favoris et son intonation changée en raison des dimensions données à l'instrument présente à l'oreille les tons de *mi* ♭, de *si* ♭, d'*ut mineur*, ou de *fa*, d'*ut*, de *ré mineur* dont l'exécution sur cet instrument seroit d'une grande difficulté et d'un résultat mesquin sans cette ingénieuse transposition.

Dans la musique militaire, les parties de *flautino* s'écrivent, par conséquent, en *ré* si la pièce est en *mi* ♭ ou en *fa*; en *la* si elle est en *si* ♭ ou en *ut*; en *si mineur* si elle est en *ut* ou en *ré mineurs*.

La musique destinée au *flautino* est notée sur la clef de *sol*.

FLEBILE, adj., plaintif. *Largo flebile*, largo d'un caractère plaintif et lamentable.

FLON FLON, s. m. Mot qui n'a aucune signification et qui se trouve dans le refrain d'un vieux vaudeville : ou s'en sert comme terme de mépris pour indiquer qu'un air est ignoble, trivial et barbare, et qu'il est composé dans le goût de nos vieux vaudevilles. *Cela sent le* flon flon, *il ne compose que des* flon flons.

FLOTOLLE, s. f. Espèce de barcarolle. (*Voyez* BARCAROLLE.)

FLUTE, s. f. Instrument de musique à vent et à embouchure. Les poëtes en attribuent l'invention à Apollon, à Mercure, à Pallas, à Pan. Les anciens avaient des *flûtes* courbes, de longues, de petites, de moyennes, de simples, de doubles, de gauches, de droites, d'égales, d'inégales etc.; on distinguait les *flûtes* sarranes, phrygiennes, lydiennes; celles des spectacles, qui étaient d'argent, d'ivoire ou d'os; et celles des sacrifices, qui étaient de buis. Toutes ces *flûtes* n'étaient que de grossières ébauches de celle que nous possédons.

Parmi les instrumens à vent la *flûte* est celui dont le diapason est le plus élevé. Il se compose de deux octaves et demie qui commencent au troisième *ré* du piano en comptant du grave à l'aigu. La *flûte* a beaucoup de brillant et de douceur. Son octave basse que l'on néglige ordinairement produit d'excellens résultats depuis l'addition des nouvelles clefs : on peut en faire la remarque dans la marche religieuse *d'Alceste*. Dans la symphonie, on n'écrit souvent que pour une seule *flûte ;* il est bon de faire observer que si les sons de la seconde se perdent au milieu d'un tutti bruyant, on les retrouve avec plaisir quand le calme renaît. Il est d'ailleurs des passages qui exigent que cette partie soit doublée.

On écrit sur la clef de *sol* la musique destinée à la *flûte*.

Nos *flûtes* sont ordinairement de bois d'ébène, de grenadille, de buis. M. Laurent a trouvé le moyen d'en faire en cristal de très-belles, qui donnent une excellente qualité de son.

Il y a encore une espèce de *flûte* pastorale qui reçoit l'intonation par un bec; elle est plus courte que la précédente, et a moins d'étendue ; mais comme elle est peu propre à l'harmonie, l'usage s'en est perdu.

Flute, jeu d'orgue. Il y a plusieurs jeux de *flûte*, savoir ; la *flûte traversière*, la *grande flûte conique*, ainsi nommée à cause de la forme des tuyaux de ce jeu; la *petite flûte* qui tient toute l'étendue du clavier. (*Voyez* Flautino, traversière.)

Fluté, ée, adj. On dit une voix *flûtée*, pour exprimer celle dont la qualité douce et ronde s'approche le plus de la qualité du son de la flûte.

Flutet, s. m. (*Voyez* Galoubet.)

Fois, s. f. *première fois*, *seconde fois*. (*Voyez* Reprise.)

Fondamental, adj. Son *fondamental* est celui qui sert de fondement à l'accord ou au ton; basse *fondamentale* est celle qui sert de fondement à l'harmonie ; accord *fondamental* est celui dont la note la plus basse est *fondamentale*, et dont les sons se trouvent arrangés selon l'ordre de leur génération : mais comme cet ordre écarte extrêmement les parties, on les rapproche par des combinaisons ou renversemens, et pourvu que la basse reste la même, l'accord ne laisse pas pour cela de porter le nom de *fondamental*. Tel est, par exemple, cet accord *ut mi sol*, renfermé dans un intervalle de quinte : au lieu que dans l'ordre de sa génération *ut sol mi*, il comprend une dixième et même une dix-septième, puisque l'*ut fondamental* n'est pas la quinte de *sol*, mais l'octave de cette quinte.

FORCE, s. f. Qualité de son appelée aussi quelquefois *intensité*, qui le rend plus sensible et le fait entendre de plus loin. Les vibrations plus ou moins fréquentes du corps sonore, sont ce qui rend le son aigu ou grave; leur plus grand ou moindre écart de la ligne de repos, est ce qui le rend fort ou faible. Quand cet écart est trop grand et qu'on force l'instrument ou la voix, le son devient bruit et cesse d'être appréciable.

FORCER LA VOIX. C'est excéder en haut ou en bas son diapason, à force d'haleine ; c'est crier au lieu de chanter. Toute voix qu'on *force* perd sa justesse : cela arrive même aux instrumens où l'on *force* le vent ou l'archet. (*Voyez* EFFORT.)

FORLANE, s. f. Air d'une danse de même nom commune à Venise, surtout parmi les gondoliers. Sa mesure est à six-huit, elle est vive et la danse est fort gaie. On l'appelle *Forlane*, parce qu'elle a pris naissance dans le Frioul, dont les habitans s'appellent *Forlans*.

Fort, adj. *Temps fort.* (*Voyez* Temps.)

Fort, te, adj. Pris substantivement, signifie habile, expérimenté. C'est dans ce sens que l'on dit : *ce pianiste est* fort, *cette dame est très-*forte *sur la harpe. Il y a maintenant des amateurs de la plus grande force.*

Forte. adv. Italien *fort.* Ce mot s'écrit dans les partitions et les parties pour marquer qu'il faut donner toute la voix ou tout le son d'un instrument.

Le superlatif *fortissimo*, très-fort, veut que l'on ajoute encore au *forte* en portant à son dernier période l'éclat des voix et des instrumens.

On marque *forte* par F, et *fortissimo* par FF, et quelquefois par FFF.

Forte-piano, s. m. (*Voyez* Piano.)

Fourche, s. f. Terme dont on se sert à l'égard du doigter des instrumens à vent et à trous pour indiquer la position des trois grands doigts dont les deux extrêmes sont posés sur les trous, tandis que celui du milieu est levé. Le *mi* ♭ du médium du basson s'obtient en faisant la *fourche.*

Ce mot vient de ce que les doigts posés de cette manière sur l'instrument présentent réellement la figure d'une *Fourche.*

Fourniture, s. f. Jeu d'orgue composé de plusieurs rangs de tuyaux qui servent à remplir l'harmonie. Ce jeu fournit au médium et à l'aigu, il est classé parmi les jeux à bouche.

Fragmens. On appelait ainsi à l'Opéra de Paris le choix de trois ou quatre actes de ballet, qu'on tirait de divers opéras, et qu'on rassemblait, quoiqu'ils n'eussent aucun rapport entre eux, pour être représentés successivement le même jour, et remplir avec leurs entr'actes la durée d'un spectacle ordinaire.

On donnait encore le nom de *Fragmens* à un drame lyrique en plusieurs actes, qui, sans avoir aucun rapport entre eux, en avaient cependant avec le titre commun sous lequel ils étaient réunis. L'*Europe galante*, quoique composée entièrement par les mêmes auteurs, était appelée *Fragmens*.

Les Italiens représentent souvent deux actes tirés de deux opéras différens. Nous avons vu madame Pasta ne chanter que le dernier acte de *Roméo*. Nos comédiens de province suppriment ordinairement le premier acte et quelquefois le troisième de *Raoul de Créqui*. Ce sont là de véritables *fragmens*.

Frappé, adj. Pris substantivement. (*Thesis.*) C'est le temps où l'on baisse la main ou le pied, et où l'on frappe pour marquer la mesure. Les Allemands l'appellent *niederstreich*, coup en bas.

Fredon, s. m. Vieux mot qui signifie un passage rapide et presque toujours diatonique de plusieurs notes sur la même syllabe. Ce mot est toujours pris en mauvaise part : on dit, *ce sont de vieux* fredons, *de gothiques* fredons, en parlant des agrémens de l'ancien chant français, et même des motifs de Rameau et de ses contemporains.

FREDONNER, v. n. et a. Ce mot ne signifie plus *faire des fredons*, mais chanter à voix basse quelques passages détachés et sans suite que la mémoire rappelle dans les momens où l'esprit est distrait.

FUGATO, mot italien qui signifie *fugué*. On se sert de ce terme pour désigner certains morceaux écrits dans le style de la fugue, sans que l'on se soit conformé strictement aux lois établies à l'égard de cette espèce de composition. Le *fugato* est, à proprement parler, une fugue plus ou moins irrégulière.

FUGUE, s. f. La *fugue* est une pièce de musique fondée sur les règles de l'imitation périodi-méthodique. (*Voyez* IMITATION.)

L'objet essentiel de la *fugue* est d'enseigner, au moyen d'imitations de divers genres, artistement combinées, à déduire une composition toute entière d'une seule idée principale, et par là, à y établir en même temps l'unité et la variété. L'idée *principale* s'appelle *sujet de la fugue*; on appelle *contre-sujet* d'autres idées subordonnées à la première; et l'on donne le nom de *réponse* aux diverses imitations de sujets et de contre-sujets.

On conçoit, d'après cela, qu'il y aura un très-grand nombre d'espèces de *fugue*, selon la manière dont se fera la réponse. Cette première considération donne lieu de distinguer quatre espèces principales, savoir :

La *fugue* du ton,
La *fugue* réelle,
La *fugue* régulière modulée,
Et la *fugue* d'imitation.

La *fugue* du ton, ou tonale, est celle dans laquelle le sujet et la réponse sont contenus dans les limites de l'octave. La réponse s'y fait de manière à ne point moduler.

La *fugue* réelle est celle dans laquelle la réponse se fait à la quinte supérieure, note pour note, intervalle pour intervalle, dans les mêmes temps de la mesure, et dont le sujet commence et finit par la même note.

La *fugue* régulière modulée est fondée sur la tonalité moderne; telles sont presque toutes les *fugues* de Jomelli, de Cherubini, de Handel, de Bach.

Enfin, la *fugue* d'imitation, dans laquelle la réponse imite le sujet à un intervalle quelconque. Toutes les autres espèces, telles que la *fugue* mixte, irrégulière, serrée, etc., se rapportent à ces quatre espèces.

Pour faire une *fugue* en autant de parties que ce soit, il faut considérer cinq choses :

1°. Le sujet, ou thême ;

2°. La réponse : c'est la reprise du sujet par la partie suivante ;

3°. Le contre-sujet, dont on accompagne la première partie ;

4°. La modulation : c'est l'ordre dans lequel le sujet et sa réponse se font alternativement dans les différentes parties ;

5°. Le contrepoint, dont on remplit l'espace d'une modulation à l'autre.

Voilà les cinq points caractéristiques d'une *fugue*, lesquels, observés à la rigueur suivant les règles établies pour chacun de ces points, forment la *fugue* régulière, et qui, négligés en partie, rendent la *fugue* irrégulière.

La *fugue* régulière est ou obligée ou libre.

Une *fugue* est appelée régulière ou obligée, quand on ne traite que du sujet durant toute la *fugue*, en ne le quittant que pour le mieux reprendre, soit en entier, soit en partie, et en n'y admettant aucune harmonie qui n'en dérive, soit par augmentation ou diminution, soit par opposition de temps ou de mouvement.

Elle est irrégulière ou libre, quand on ne traite pas du sujet seul, et qu'on le quitte de temps en temps pour passer à une autre idée qui, quoiqu'elle ne soit pas tirée du sujet, doit néanmoins y avoir un parfait rapport.

La *fugue* n'a qu'un seul sujet, ou en a plusieurs : une *fugue* qui n'a qu'un seul sujet, est appelée simplement *fugue*; et celle qui en a davantage s'appelle *fugue* à deux, trois, quatre sujets. A quatre parties, la *fugue* n'a néanmoins que trois sujets; pour en avoir quatre, il faut que la *fugue* soit à huit parties.

Le chant par lequel la *fugue* à deux sujets commence, est toujours le premier sujet, nommé simplement sujet; et tous les autres qui le suivent sont autant de contre-sujets ou contre-thêmes.

S'il est nécessaire, après les premières entrées ou modulations ordinaires de la *fugue* fixées sur le nombre des parties, que le sujet et sa réponse se rapprochent pour produire de la diversité, la *fugue* à plusieurs sujets demande que les différens sujets dont elle est composée se présentent tour à tour moyennant l'inversion ou renversement des parties, tantôt en bas, tantôt en haut, ou dans les parties du milieu. L'une et l'autre de ces choses exigent une connaissance du double contrepoint, au moyen duquel on apprend à renverser les sujets.

A l'égard des différentes espèces d'imitation, on peut ranger celles de la *fugue* sous trois classes, dont la première contient les imitations à l'unisson, à la seconde, à la tierce, quarte, quinte, sixte, septième et octave.

La plus usitée, et en même temps la plus parfaite de ces imitations, c'est sans doute celle à la quinte, qui, par renversement peut être une quarte, parce qu'elle fait entendre les principales cordes du ton, c'est-à-dire les octaves de la tonique et de la dominante. Pour ce qui est des imitations à la seconde, tierce, sixte et septième, on ne s'en sert que dans le cours de la précédente, pour rapprocher les sujets.

La seconde contient les imitations par mouvement semblable, contraire, rétrograde, et rétrograde par mouvement contraire : ces deux dernières ne s'emploient que dans le cours des deux premières.

La troisième contient les imitations par augmentation et par diminution : elles ne servent qu'au milieu d'une *fugue* ordinaire.

Les anciens se servaient du terme de *fuga composita*, ou *recta*, quand les notes du sujet marchaient par degrés conjoints ; de *fuga incomposita*, quand elles marchaient par degrés disjoints ; de *fuga authentica*, quand elles allaient en montant jusqu'à la quinte du ton ; de *fuga plagalis*, quand elles allaient en descendant jusqu'à la quarte. Les modernes ont conservé particulièrement ces deux dernières dénominations.

On voit que *fugue* vient du latin *fuga*, fuite, parce que les parties, partant successivement, semblent se fuir et se poursuivre l'une l'autre. (*Fig.* 22.)

Un élève se destine à la carrière du théâtre, pourquoi le retenir pendant plusieurs années au travail fastidieux de la *fugue*, puisqu'il n'aura jamais l'occasion d'en placer dans ses opéras? Ce travail purement mécanique, ces *difficiles nugæ*, dont le résultat est quelquefois déplaisant et bizarre, donnent les moyens de franchir aisément des obstacles insurmontables pour celui qui ne s'y est point exercé. C'est en se créant des difficultés, que l'on apprend à connaître ses forces et à dérober, sous un maintien libre et gracieux, la contrainte du labeur : tel ce danseur, qui répétait son rôle avec une chaussure armée de fer et de plomb.

Pour se servir de la *fugue* au théâtre, il faudrait la

faire chanter par des personnages animés du même sentiment; les motifs et les entrées étant parfaitement symétriques, un tel morceau serait néanmoins d'une froideur glaciale. Cependant les imitations que l'on rencontre dans certains finales sont dessinées en *fugue*; et l'ouverture de *la Flûte enchantée* est elle-même une *fugue*, irrégulière à la vérité, mais riche de science et de mélodie. C'est dans ces morceaux que le compositeur peut déployer ses talens et mettre à profit, sous d'autres formes, les marches figurées, les imitations, les renversemens, et toutes les subtilités harmoniques qui semblaient n'être faites que pour les pédans. C'est à force de ratiociner sur les bancs, en soutenant des propositions extravagantes avec des argumens captieux, que nos plus grands orateurs ont acquis cette logique pressante et persuasive que nous admirons dans leurs discours : le goût en a banni le fatras scolastique, et la force de raisonnement est restée.

Fusée, s. f. Trait rapide et continu qui monte ou descend pour joindre diatoniquement deux notes à un grand intervalle l'une de l'autre. A moins que la *fusée* ne soit notée, il faut, pour l'exécuter, qu'une des deux notes extrêmes ait une durée sur laquelle on puisse passer la *fusée* sans altérer la mesure. (*Fig.* 57.)

On rencontre beaucoup de *fusées* dans la musique de flûte et de piano.

G.

G. G-RÉ-SOL. G SOL-RÉ-UT. (*Voyez* A.)

GALOUBET ou FLUTET, s. m. Instrument à vent dont l'usage est fort ancien en France, et qui, depuis plus de deux siècles, n'est cultivé que dans la Provence. Le *galoubet* est le plus gai de tous les instrumens champêtres et le plus aigu de tous les instrumens à vent. Ce n'est qu'à force de travail et de soins que l'on parvient à bien joùer d'un instrument qui n'emploie que la main gauche, et sur lequel il faut former deux octaves et un ton, avec trois trous seulement. L'artifice de l'embouchure supplée à des moyens si bornés. Le ton du *galoubet* est celui de *ré*. La gamme se fait de trois vents différens; le *ré* d'en bas commence par un vent doux, que l'on augmente jusqu'au *si*; le *si* par un vent modéré, que l'on augmente jusqu'au *fa*; et le *fa* par un vent fort et pincé, qu'on augmente jusqu'au dernier ton. Il est à présumer que c'est la grande difficulté de jouer de cet instrument qui l'a fait abandonner dans les provinces du nord.

Le *galoubet* ne va pas sans le tambourin, sur lequel l'exécutant marque le rhythme et la mesure en le frappant avec une baguette.

Les joueurs de *galoubet* sont très-communs en Provence. Il y en a d'une force extraordinaire, et qui exécutent des concertos de violon sur leur instrument. On en rassemble jusqu'à vingt-cinq dans une fête champêtre; et quoique leur musique soit toujours gaie et rapide, l'ensemble le plus parfait ne cesse jamais d'exister entre eux. Je crois en trouver la raison dans les frappemens rhythmiques du tambourin qui les soutiennent constamment dans la mesure. (*Voy.* TAMBOURIN.)

GAMME, s. f. Table ou échelle inventée par Guido Arezzo, sur laquelle on apprend à nommer et entonner juste les degrés de l'octave par les six notes de musique *ut ré mi fa sol la*, suivant toutes les dispositions qu'on peut leur donner; ce qui s'appelle *solfier*.

La *gamme* a aussi été nommée *main harmonique*, parce que Guido employa d'abord la figure d'une main, sur les doigts de laquelle il rangea ses notes, pour montrer les rapports de ses hexacordes avec les cinq tétracordes des Grecs. Cette main a été en usage pour apprendre à nommer les notes, jusqu'à l'invention du *si*, qui a aboli les muances, et par conséquent la main harmonique qui sert à les expliquer.

Guido, selon l'opinion commune, a ajouté au diagramme des Grecs un tétracorde à l'aigu et une corde au grave, ou plutôt, selon Meibomius, ayant, par ces additions, rétabli ce diagramme dans son ancienne étendue, il appela cette corde grave *hypo-proslambanomenos*, et la marqua par le Γ (1) des Grecs; et comme cette lettre se trouva ainsi à la tête de l'échelle, en plaçant dans le haut les tons graves, selon la mé-

(1) Le *G*, que les Grecs nommaient *Gamma*.

thode des anciens, elle a fait donner à cette échelle le nom de *gamme*.

Cette *gamme* donc, dans toute son étendue, était composée de vingt cordes ou notes, c'est-à-dire de deux octaves et d'une sixte majeure. Ces cordes étaient représentées par des lettres et par des syllabes. Les lettres désignaient invariablement chacune une corde déterminée de l'échelle, comme elles font encore aujourd'hui; mais comme il n'y avait d'abord que six lettres, enfin que sept, et qu'il fallait recommencer d'octave en octave, on distinguait ces octaves par les figures des lettres. La première octave se marquait par des lettres capitales de cette manière Γ, A, B, etc.; la seconde par des caractères courans g, a, b; et pour la sixte surnuméraire, on employait des lettres doubles gg, aa, bb, etc.

Quant aux syllabes, elles ne représentaient que les noms qu'il fallait donner aux notes en les chantant : or, comme il n'y avait que six noms pour sept notes, c'était une nécessité qu'au moins un même nom fût donné à deux différentes notes; ce qui se fit de manière que ces deux notes *mi fa* ou *la fa* tombassent sur les demi-tons. Par conséquent, dès qu'il se présentait un dièse ou un bémol qui amenait un nouveau demi-ton, c'étaient encore des noms à changer; ce qui faisait donner le même nom à différentes notes, et différens noms à la même note, selon le progrès du chant : ces changemens s'appelaient *muances*.

Ces muances ne sont plus en usage; notre *gamme* lève les embarras de tous ces changemens, et supprime les distinctions qui existaient entre *C* ou *ut*, *C sol ut*, et *C sol fa ut*, et que le systême de Guido avait rendues nécessaires. (*Voyez* Muances, Propriétés, Solfier.)

Gammes, s. f. plur. Exercices que l'on fait faire aux chanteurs et aux instrumentistes, en suivant lentement ou avec rapidité tous les degrés de l'échelle. C'est pour leur faire acquérir une belle qualité de son et une intonation de la plus grande justesse, que la nouvelle école retient long-temps les jeunes élèves aux exercices des *gammes*. Ces faciles leçons, cette musique uniforme et lente ne donnent aucune distraction, et l'on s'occupe exclusivement de la tenue du corps, de la position de l'instrument, de l'action de l'archet, de l'embouchure et de la pureté des sons.

Gavotte, s. f. Sorte de danse dont l'air est à deux temps et d'un mouvement modéré. Les *gavottes* d'*Armide* et d'*Orphée* sont des modèles de grâce et d'amabilité; celle de *Panurge*,, que l'on danse dans tous les bals, a eu une vogue prodigieuse qu'elle doit à son rhythme fortement marqué, qualité précieuse pour les danseurs vulgaires. Cette *gavotte* n'a pas de seconde partie, et, pour y suppléer, l'auteur fait redire la première à la quarte, ce qui est trivial, et forme une suite de répétitions fastidieuses.

Gemässigt. (*Voyez* Moderato.)

Génie, s. m. Ce terme de *génie* semble devoir désigner, non pas indistinctement les grands talens, mais ceux dans lesquels il entre de l'invention. C'est surtout cette invention qui paraissait aux anciens un don des dieux, cet *ingenium quasi ingenitum*, une espèce d'inspiration divine. Or, un artiste, quelque parfait qu'il soit dans son genre, s'il n'a point d'invention, s'il n'est point original, n'est point réputé *génie* : il ne passera que pour avoir été inspiré par les artistes ses prédécesseurs, quand même il les surpasserait.

(1) Ne cherche point, jeune artiste, ce que c'est que le *génie*. En as-tu? tu le sens toi-même; n'en as-tu pas? tu ne le connaîtras jamais. Le *génie* du musicien soumet l'univers entier à son art; il peint tous les tableaux par des sons; il fait parler le silence même; il rend les idées par des sentimens, les sentimens par des accens; et les passions qu'il exprime, il les excite au fond des cœurs. La volupté, par lui, prend de nouveaux charmes; la douleur qu'il fait gémir arrache des cris; il brûle sans cesse et ne se consume jamais. Il exprime avec chaleur les frimas et les glaces; même en peignant les horreurs de la mort, il porte dans l'âme ce sentiment de vie qui ne l'abandonne point, et qu'il communique aux cœurs faits pour le sentir. Mais, hélas! il ne sait rien dire à ceux où son germe n'est pas, et ses prodiges sont peu sensibles à qui ne les peut imiter. Veux-tu donc savoir si quelque étincelle de ce feu dévorant t'anime? Cours, vole à Naples écouter

---

(1) Quoique l'on rencontre dans cette déclamation quelques idées plus brillantes que justes, nous avons cru devoir la donner telle que Rousseau l'a composée. Le premier paragraphe appartient à Voltaire.

les chefs-d'œuvre de *Leo*, de *Durante*, de *Jomelli*, de *Pergolèse*. Si tes yeux s'emplissent de larmes, si tu sens ton cœur palpiter, si des tressaillemens t'agitent, si l'oppression te suffoque dans tes transports, prends le Métastase (1) et travaille : son *génie* échauffera le tien (2); tu crééras à son exemple : c'est là ce que fait le *génie*, et d'autres yeux te rendront bientôt les pleurs que les maîtres t'ont fait verser. Mais si les charmes de ce grand art te laissent tranquille, si tu n'as ni délire ni ravissement, si tu ne trouves que beau ce qui te transporte, oses-tu demander ce qu'est le *génie*? Homme vulgaire, ne profane point ce nom sublime. Que t'importerait de le connaître? tu ne saurais le sentir.

Genres. Il y a trois *genres* dans la musique ; le diatonique, le chromatique et l'enharmonique.

Le *genre* diatonique procède par tons et par demi-tons naturels, c'est-à-dire sans altérations; ainsi les deux demi-tons qui se trouvent dans la gamme sont du *genre* diatonique; et la gamme, soit en montant, soit en descendant, se nomme gamme ou échelle diatonique.

Le *genre* chromatique ne procède que par demi-tons ; ainsi une gamme, en montant ou en descendant

(1) Métastase, auteur élégant et pur, n'est pas assez dramatique : c'est ce qui l'a fait délaisser par les compositeurs de l'école moderne.

(2) Il refroidirait les plus échauffés par ses comparaisons et ses madrigaux à la glace, dont les faiseurs de chansons et de nocturnes se sont emparés avec raison.

par demi-tons, se nomme gamme ou échelle chromatique.

On emploie en montant le chromatique par dièses, et en descendant le chromatique par bémols, suivant la manière la plus naturelle : on peut l'employer cependant des deux manières, en montant et en descendant.

Le *genre* enharmonique est le passage d'une note à une autre, sans que l'intonation de la note ait été changée d'une manière sensible.

Par exemple, d'*ut* à *ut* ♯ on compte un demi-ton, et d'*ut* à *ré* ♭ on compte également un demi-ton : ces deux sons ont donc la même intonation, suivant le tempérament; ainsi, après un *ré* ♭ faites un *ut* ♯, ou après un *ut* ♯ faites un *ré* ♭, ces deux notes ne changeront pas sensiblement d'intonation, quoiqu'elles aient changé de nom. Le passage d'une de ces notes à l'autre s'appelle *enharmonie.*

GIGUE, s. f. Air d'une danse de même nom, dont la mesure est à six-huit et d'un mouvement assez rapide. La *gigue* n'est plus en usage qu'en Angleterre.

Corelli a fait un grand nombre de *gigues.*

GOUT, s. m. De tous les dons naturels, le *goût* est celui qui se sent le mieux et qui s'explique le moins ; il ne serait pas ce qu'il est, si l'on pouvait le définir ; car il juge des objets sur lesquels le jugement n'a plus de prise, et sert, si j'ose parler ainsi, de lunettes à la raison.

Il y a dans la mélodie des chants plus agréables que

d'autres, quoique également bien modulés; il y a dans l'harmonie des choses d'effet et des choses sans effet, toutes également régulières; il y a dans l'entrelacement des morceaux un art exquis de faire valoir les uns par les autres, qui tient à quelque chose de plus fin que la loi des contrastes. Il y a dans l'exécution du même morceau des manières différentes de le rendre, sans jamais sortir de son caractère : de ces manières, les unes plaisent plus que les autres, et loin de les pouvoir soumettre aux règles, on ne peut pas même les déterminer. Lecteur, rendez-moi raison de ces différences, et je vous dirai ce que c'est que le *goût*.

Chaque homme a un *goût* particulier, par lequel il donne, aux choses qu'il appelle belles et bonnes, un ordre qui n'appartient qu'à lui. L'un est plus touché des morceaux pathétiques, l'autre aime mieux les airs gais. Une voix douce et flexible chargera ses chants d'ornemens agréables; une voix sensible et forte animera les siens des accens de la passion. L'un cherchera la simplicité dans la mélodie, l'autre fera cas des traits recherchés; et tous deux appelleront élégance le *goût* qu'ils auront préféré. Cette diversité vient tantôt de la différente disposition des organes, dont le *goût* enseigne à tirer parti; tantôt du caractère particulier de chaque homme, qui le rend plus sensible à un plaisir ou à un défaut qu'à un autre; tantôt de la diversité d'âge ou de sexe, qui tourne les désirs vers des objets différens. Dans tous ces cas, chacun n'ayant que son *goût* à opposer à celui d'un autre, il est évident qu'il n'en faut point disputer.

Mais il y a aussi un *goût* général sur lequel tous les gens bien organisés s'accordent ; et c'est celui-ci seulement auquel on peut donner absolument le nom de *goût*. Faites entendre un concert à des oreilles suffisamment exercées et à des hommes suffisamment instruits, le plus grand nombre s'accordera, pour l'ordinaire, sur le jugement des morceaux et sur l'ordre de préférence qui leur convient. Demandez à chacun raison de son jugement, il y a des choses sur lesquelles ils la rendront d'un avis presque unanime : ces choses sont celles qui se trouvent soumises aux règles ; et ce jugement commun est alors celui de l'artiste ou du connaisseur. Mais de ces choses qu'ils s'accordent à trouver bonnes ou mauvaises, il y en a sur lesquelles ils ne pourront autoriser leur jugement par aucune raison solide et commune à tous ; et ce dernier jugement appartient à l'homme de *goût*. Que si l'unanimité parfaite ne s'y trouve pas, c'est que tous ne sont pas également bien organisés, que tous ne sont pas gens de *goût*, et que les préjugés de l'habitude ou de l'éducation changent souvent par des conventions arbitraires l'ordre des beautés naturelles. Quant à ce *goût*, on en peut disputer, parce qu'il n'y en a qu'un qui soit le vrai : mais je ne vois guère d'autres moyens de terminer la dispute, que celui de compter les voix, quand on ne convient pas même de celle de la nature.

Au reste, le génie crée, mais le *goût* choisit ; et souvent un génie trop abondant a besoin d'un censeur sévère qui l'empêche d'abuser de ses richesses. Sans *goût* on peut faire de grandes choses ; mais c'est lui qui les rend intéressantes. C'est le *goût* qui fait saisir au compositeur les idées du poëte ; c'est le *goût* qui fait saisir à l'exécutant les idées du compositeur ; c'est le *goût* qui fournit à l'un et à l'autre tout ce qui peut orner et faire valoir leur sujet ; et c'est le *goût* qui donne à l'auditeur le sentiment de toutes ces convenances. Cependant le *goût* n'est point la sensibilité. On peut avoir beaucoup de *goût* avec une âme froide, et tel homme transporté des choses vraiment passionnées est peu touché des gracieuses. Il semble que le *goût* s'attache plus volontiers aux petites expressions, et la sensibilité aux grandes.

Le *goût* en musique est-il bon en France ? Oui, s'il s'agit du grand monde, de la brillante société : non, et mille fois non, s'il s'agit de la multitude. En voici la raison.

La brillante société fréquente les concerts et les exercices musicaux ; se rend avec exactitude au théâtre Italien pour entendre les sublimes compositions des Mozart, des Cimarosa, des Paër. Elle se plaît au Grand Opéra quand on y danse, ne va à Feydeau que les bons jours, et fuit le Vaudeville comme on fuit la peste et la lèpre. Les gens du monde, par ce moyen, acquièrent l'exercice de la belle musique et de la bonne exécution, et se plaisent à retrouver ensuite dans les salons les mélodies qui les ont charmés au théâtre. Ils pourraient cependant épurer encore leur *goût*, en proscrivant d'insipides cantilènes qui, sous le nom de *romances*, osent se montrer à côté des compositions les plus élégantes, et prier surtout les grasseyeurs, qui croyent chanter, de se rendre agréables en gardant le silence.

Quant à la multitude, elle est essentiellement barbare à Paris; elle se porte aux lieux où l'on répète sans cesse les misérables refrains du Pont-Neuf et de la guinguette : elle ne fera cas d'un opéra, que si l'on y rencontre des chants qui ressemblent à ceux qu'elle affectionne. Le Vaudeville ne corrompt pas le *goût* de la multitude, cela est déjà fait, mais il l'entretient dans sa corruption. Comment porter une oreille exercée à Feydeau, à l'Académie royale, si l'on est dès long-temps accoutumé aux cris effroyablement discordans des virtuoses à flon flon? On peut impunément chanter faux sur nos théâtres lyriques, on peut y grasseyer, perdre la mesure, attaquer mollement la note, partir à contre-temps, laisser échapper des hoquets pendant une tenue, estropier un chœur ou un finale, personne ne dira rien, tout passera à la faveur de l'ignorance du parterre. Je sais bien que ce parterre renferme des connaisseurs, mais ils ne sifflent pas; ils se contentent d'applaudir quand ils le peuvent en conscience. En se rendant à nos théâtres lyriques, ils savent bien qu'ils y rencontreront un bon nombre de très-honnêtes routiniers, véritables mannéquins sonores, qui, faisant tous leurs efforts pour plaire, méritent une indulgence sans bornes de la part d'un galant homme. Dans les tavernes, sur les places publiques, on n'entend que de gothiques refrains braillés à l'unisson, et les orgues de Barbarie les répètent d'une manière plus discordante; comment voulez-vous que le peuple parisien, à qui la nature semble avoir refusé l'organisation musicale, se forme le *goût* au milieu d'une pérennité de cacophonies? Ayez des chanteurs pour les théâtres où le chant est l'objet principal ; faites-y exécuter plus souvent de la musique, et non pas une suite de chansons comme celles de la plupart de vos opérettes, lesquelles ne sont, à proprement parler, que des vaudevilles renforcés, et l'on verra parmi la multitude le *goût* pour la musique s'épurer peu à peu, comme il s'est épuré à l'égard de la poésie et de la danse.

Goût du chant. Il consiste à donner à la mélodie la grâce, et aux paroles l'expression qui leur convient.

Gout dans l'exécution de la musique. On appelle *goût* l'art de chanter ou de jouer les phrases avec les agrémens qui leur conviennent. *Chanter avec goût, jouer avec goût.*

Graduel, s. m. Pour occuper le chœur pendant les cérémonies qui ont lieu entre l'épître et l'évangile, on chante des versets, des psaumes, ou d'autres prières tirées de l'Ecriture Sainte. Ce chant se nomme *graduel*, parce que, dans une grand'messe, il se chante sur les degrés du lutrin ou du sanctuaire, *in gradu*.

Grand jeu. Le *grand jeu* de l'orgue se compose de jeux d'anches, tels que les trompettes, clairons, hautbois, etc., et des bourdons et prestans.

Grasseyement, s. m. Défaut de l'organe qui gâte la prononciation ordinaire, celle que nous désirons dans la déclamation et le chant. On parle gras, on chante gras, lorsqu'on double les *r*, et qu'on prononce les *l* comme s'il y avait un *y*, en disant *perre, merre, aurrorre; famye, groseye, caryon*.

Le *grasseyement* sur les autres lettres, quoique plus supportable, n'en est pas moins un grand défaut : on le corrige très-facilement dans les sujets très-jeunes. Les personnes qui passent vingt ans ne peuvent pas toujours vaincre une habitude qu'elles ont quelquefois cultivée avec soin, car il y en a qui s'imaginent se donner de la grâce en affectant de grasseyer.

Lorsqu'il est question du chant, le *grasseyement* est encore plus vicieux que dans le parler. Le son à donner change, parce que les mouvemens que le *grasseyement* emploie sont étrangers à celui que forment, pour rendre l'*r*, les voix sans défaut.

Presque tous les routiniers grasseyent. Cette prononciation vicieuse donne au chant une âpreté insupportable ; le son émis par la poitrine se trouvant intercepté, retenu par les organes qui doublent et triplent l'articulation de l'*r*, perd de son volume, de son timbre et de sa qualité.

Et pourrre parrrurrre un chaperrron.

Carrra, carrra non dubitarrre.

Kyrrrie, glorrria, rrrorrrate.

Ne voilà-t-il pas des mots bien favorables à la mélodie ? Le français, l'italien même, chanté de cette manière, est plus dur à l'oreille que l'arabe. Un chanteur de la bonne école a mis toute son étude à faire filer avec douceur des consonnes qui viennent s'opposer sans cesse à la grâce et à la légèreté de l'élocution.

Les Parisiens grasseyent naturellement ou par affectation. Le *grasseyement* n'est peut-être pas sans agrémens dans la bouche d'une jolie femme, si elle l'emploie dans la conversation; mais il est incompatible avec le chant; c'est un défaut, un vice intolérable qui détruit tout le charme de la voix la plus brillante. Nous avons des maîtres de préparation au chant; il me semble que leur premier soin devrait être de donner à l'élève une prononciation mélodieuse, en délivrant son organe des entraves et de la dureté du *grasseyement*. Un professeur de chant a tort de garder dans sa classe le grasseyeur qu'il n'a pu guérir. Je ne sache pas que M. Coulon apprenne à danser aux boiteux. Mais comme le *grasseyement* est à-peu-près général dans la capitale, et que l'on y rencontre des grasseyeurs qui osent chanter dans les sociétés, sur les théâtres, à la Chapelle du Roi, et qu'il y a même des professeurs de chant qui grasseyent, et montrent par conséquent à grasseyer, les habitans de Paris ne sont pas choqués d'une manière de prononcer qui déchire l'oreille d'un Italien, d'un Provençal, et même d'un Anglais. Le chant du grasseyeur n'étant, pour l'ordinaire, qu'un croassement qui cause plus de peine que de plaisir aux personnes qui sont condamnées à l'entendre, nous conseillerons à ceux qui ne pourront pas se corriger, de ne se servir de leur voix que pour parler.

Les Italiens, les Provençaux, les Languedociens ne

grasseyent pas. Je ne crains pas d'affirmer que c'est principalement au *grasseyement* habituel de nos chanteurs, que l'on doit attribuer la différence qui existe entre le chant français et le chant italien, et non à l'harmonie des langues, comme on le pense en général. Quand il n'y aura pas de grasseyeurs parmi nos chanteurs, on s'apercevra bien moins de la dureté de certains mots français, et nos vers lyriques seront plus coulans et plus harmonieux.

Le *grasseyement* a lieu toutes les fois que le son de l'*r* se forme dans le gosier, et qu'il est modifié au moyen de la racine de la langue. Ce son guttural produit un *r* double, et même triple. Il faut, pour s'en corriger, s'exercer long-temps, et avec opiniâtreté, à produire le son de l'*r* avec la pointe de la langue, que l'on fait vibrer rapidement contre le palais et les dents supérieures de devant : c'est ce qu'on appelle vulgairement *rouler l'*r.

Quand l'élève sera parvenu à prononcer librement et avec grâce les vers suivans, on pourra le faire passer à l'étude du chant.

> Oui, Mitrane, en secret l'ordre émané du trône
> Remet entre tes bras Arzace à Babylone.

La terreur et la mort errant de toutes parts.

> Un ordre affreux, entre deux crimes
> Me contraint de choisir.

> . . . . *il rauco suon*
> *Della tartarea tromba.*

Ergò ægrè rastris terram rimantur aratro.

Grasseyer, v. n. Parler gras, prononcer mal certaines consonnes, et particulièrement l'*r*. (*Voyez* Grasseyement.)

Grave, adv. italien, *gravement*. Adverbe qui marque lenteur dans le mouvement, et de plus, une certaine gravité dans l'exécution.

Grave, adj., est opposé à aigu. Plus les vibrations du corps sonore sont lentes, plus le son est *grave*.

Grave, *fugue grave*. C'est celle dont le mouvement est lent et les notes d'une longue valeur. Cette espèce de fugue est fort rare.

Gravé, ée, musique *gravée*. C'est par la gravure plutôt que par l'impression en caractères mobiles, qu'on est dans l'usage de multiplier aujourd'hui les exemplaires des ouvrages en musique que l'on veut mettre au jour; cet usage ne remonte guère plus loin que le commencement du dix-huitième siècle. Tous les opéras de Lulli et de ses contemporains furent imprimés. La gravure ne commença que pour la musique instrumentale. C'est ce moyen qui nous transmit les ouvrages de Corelli, de Vivaldi, de Locatelli, de Tartini, etc., et c'est à la France que l'on en doit l'invention. Comme on ne gravait alors que sur cuivre, et que cette pratique était fort dispendieuse, on ne pouvait guère l'employer que pour des ouvrages peu volumineux; mais on trouva bientôt la manière de la rendre plus économique en se servant de l'étain, et l'on en vint à graver des opéras entiers.

La gravure a de grands avantages sur l'impression en caractères mobiles ; elle est infiniment plus nette et plus agréable à l'œil : elle en a même sur l'écriture à la main, en ce qu'elle est plus égale ; qu'exécutée par un artiste habile, elle est plus régulière dans ses formes ; qu'elle peut être absolument exempte de fautes, puisqu'on y corrige aisément celles qui auraient échappé à de premiers examens, et qu'enfin, une fois la planche faite, on en peut tirer le nombre qu'on désire, et se régler même, pour ce tirage, sur le débit plus ou moins grand de l'ouvrage *gravé* ; tandis que l'impression en caractères mobiles exige que le tirage soit fait en une seule fois, ce qui rend les chances du commerce moins favorables pour l'éditeur.

GRAVEUR, EUSE, adj. Celui ou celle qui fait profession de graver de la musique.

La musique se grave sur des planches d'étain ou de cuivre, et les principaux instrumens dont se sert le *graveur* sont des poinçons et des burins. Chacun de ces poinçons porte à son extrémité, et gravé en relief, un signe musical quelconque, tel qu'une tête de note noire ou blanche, une clef, un dièse, un bémol, un A, un B, un 2, un 3, etc. Le nombre des poinçons égale par conséquent celui des caractères de la musique, des lettres de l'alphabet et des chiffres.

Le *graveur* doit commencer d'abord par lire le manuscrit du compositeur, ou le parcourir simplement, pour marquer au crayon la division de ses pages, et les ajuster de manière que l'exécutant ne soit obligé de tourner le feuillet qu'à la fin d'un morceau ou pendant un silence; observation qui devient inutile s'il s'agit d'une partition. Cette première opération faite, il prend la planche et trace, avec une règle de fer et une pate, les lignes et les portées, en donnant à ces dernières, de l'une à l'autre, un espace plus ou moins grand, selon la nature de la musique à graver. Il dessine légèrement, à la pointe du burin, les diverses phrases musicales, les divisions des mesures telles qu'elles devront être disposées sur les portées, sans omettre le moindre signe : à l'égard des notes, il se borne à marquer avec des *o* les places que leurs têtes doivent occuper.

Ce croquis terminé, le *graveur* prend tour à tour chaque poinçon, le pose juste sur la ligne ou l'espace, et lui fait marquer son empreinte en le frappant sur l'autre bout avec un petit marteau : il ne quitte pas le poinçon qu'il tient, qu'il n'ait gravé tous les caractères de son espèce qui sont dans la page; ainsi il frappera successivement toutes les clefs, les dièses et les bémols qui doivent les armer, toutes les têtes noires, toutes les têtes blanches, tous les soupirs, tous les demi-soupirs, tous les dièses, tous les bémols, tous les bécarres, tous les points, tous les *f*, tous les *ff*, tous les *p*, tous les *pp*, etc. Quand la planche ne présente plus rien à frapper au poinçon, le *graveur* prend le burin pour tracer les queues des blanches et des noires, les crochets des croches, les liaisons et autres lignes déliées. Il se sert d'une onglette pour marquer les barres qui réunissent un groupe de croches ou de doubles croches, les reprises, les barres d'abréviation, les barres finales. et tous les traits fortement prouoncés. Les paroles placées sous la musique vocale se gravent de suite, en changeant de poinçon à mesure qu'une nouvelle lettre se présente.

Lorsqu'un ouvrage n'a pas de succès, on fait polir le revers des planches pour les graver une seconde fois, et l'on bâtonne la première gravure pour prévenir les méprises de l'imprimeur : le revers étant foulé et refoulé par la presse, ne pourrait plus donner des épreuves.

Après toutes ces opérations, le *graveur* plane la planche au marteau, la polit avec le brunissoir pour enlever les aspérités laissées par le poinçon et le burin, et la livre à l'imprimeur pour en tirer des exemplaires. On a soin de signaler les fautes qu'elle peut renfermer ; le *graveur* les corrige en repoussant par derrière la note ou le signe défectueux, de manière à l'effacer entièrement, et il établit sur cette surface repolie le signe, la note ou le groupe de notes que le texte manuscrit réclame. La planche ne se brisant pas, et ces corrections pouvant se renouveler à chaque tirage, il est aisé d'obtenir, au moyen de la gravure, des éditions absolument exemptes de toute espèce de fautes.

GRAVITÉ, s. f. C'est cette modification du son, par laquelle on le considère comme *grave* ou *bas* par rapport à d'autres sons qu'on appelle *hauts* ou *aigus*. Il n'y a point, dans la langue française, de corrélatif à ce mot : nous avons proposé celui d'*acuïté*. (*V*. Acuïté.)

La *gravité* des sons dépend de la grosseur, longueur, et du diamètre des tuyaux, et en général du volume et de la masse des corps sonores. Plus ils ont de tout cela, plus leur *gravité* est grande; mais il n'y a point de *gravité* absolue, et nul son n'est grave ou aigu que par comparaison.

GRAVURE, s. f. On grave aujourd'hui presque toute la musique. Les Allemands continuent à l'imprimer en caractères mobiles. Si cette méthode n'a point réussi en France, quoique MM. Olivier et Godefroy l'eussent portée à un degré qui approchait beaucoup de la perfection, on ne doit l'attribuer qu'à l'obligation où se trouve l'imprimeur de tirer sur-le-champ toute son édition; ce qui rend la perte énorme, dans le cas où l'ouvrage n'obtient pas de succès. Le premier tirage d'une musique gravée peut n'être que de vingt-cinq exemplaires, et c'est avec le produit de ces vingt-cinq exemplaires, que l'on peut en faire tirer cent autres.

La musique gravée est imprimée avec des presses à rouleau, comme les estampes et les cartes de géographie. (*Voyez* LITHOGRAPHIE.)

GRAZIOSO. Mot italien qui signifie *gracieux*, et qui se traduit par *gracieusement*. Placé à la tête d'un air, il en indique, et le mouvement qui tient de l'*andante* et de l'*andantino*, et la nuance d'expression qu'il convient de lui donner.

GROS-FA. Certaines vieilles musiques d'église, en

notes carrées, rondes ou blanches, s'appelaient jadis du *gros-fa*.

Groupe, s. m. Plusieurs notes réunies ensemble par leurs queues, au moyen d'une ou de plusieurs barres, forment un *groupe*. Il y a des *groupes* de deux, de trois, de quatre, de six notes. Les fusées et les gammes chromatiques présentent des *groupes* de trente-deux, de soixante, de quatre-vingt notes.

Groupe désigne encore la réunion de plusieurs cordes d'un instrument, lesquelles sont accordées à l'unisson ou à l'octave, et doivent être attaquées ensemble avec le doigt, la touche ou par tout autre moyen. Les vingt-quatre cordes du luth formaient douze *groupes* de deux cordes chacun. Les touches d'un grand piano font résonner chacune un *groupe* de trois cordes.

Grupetto, s. m. Mot italien qui signifie petit groupe. C'est un agrément du chant, composé de trois petites notes, prises, non sur la valeur de la note qui en est affectée, mais au lever de la mesure qui précède cette note.

Cet agrément peut se faire en montant ainsi qu'en descendant.

Les trois petites notes qui composent le *grupetto*, procurent par degrés conjoints, une tierce mineure, et quelquefois une tierce diminuée. Mais elles ne doivent en aucun cas former une tierce majeure.

Afin d'exécuter parfaitement ce *grupetto*, il faut l'articuler légèrement, mais la première note doit être attaquée plus fort que les autres, et soutenue plus longtemps.

Il y a une autre espèce de *grupetto* que l'on n'articule qu'après la note qui en est affectée, et que l'on marque sur cette même note par ce signe ∽.

Il est essentiel d'observer que le mouvement du *grupetto* doit suivre celui du morceau de musique et le caractère de la phrase musicale dans lequel il est placé; c'est-à-dire, dans un chant lent, le *grupetto* doit être prononcé lentement; dans un andante il sera moins lent, et dans un chant vif on l'attaquera avec énergie et vitesse. (*Fig.* 23.)

Gueschwind. (*Voyez* Presto.)

Guide, s. f. C'est la partie qui entre la première dans une fugue, et annonce le sujet.

Guidon, s. m. Petit signe de musique, lequel se met à l'extrémité de la portée sur le degré où sera placée la note qui doit commencer la portée suivante. Si cette première note est accompagnée accidentellement d'un dièse, d'un bémol ou d'un bécarre, il convient d'en accompagner aussi le *guidon*. On ne se sert plus que très-rarement du *guidon*, et seulement quand on est obligé de couper une mesure en deux parties, dont une termine la portée et l'autre commence la portée suivante. (*Fig.* 51.)

Guitare, s. f. Instrument de musique à six cordes, dont trois de soie filées en laiton et trois en boyau. Le diapason de la *guitare* est de trois octaves environ, qui commencent au premier *mi* grave du piano. Quoique ce diapason soit presque en entier dans le domaine de la clef de *fa* sur la quatrième ligne, on se sert néanmoins de la clef de *sol* pour noter la musique destinée à la *guitare* : l'oreille entend, par conséquent, résonner les sons à l'octave basse des notes qui les représentent sur le papier.

La *guitare* est le dernier rejeton de la famille du luth autrefois si nombreuse. Elle a succédé au luth, au théorbe, au sistre, à l'angélique, à la mandore, à la pandore, à la chélis, au colachon, à la mandoline, aux lyres de toutes les espèces. Quelques musiciens, trop sévères sans doute, semblent fatigués de ce qu'elle s'obstine à leur survivre; je ne partage pas leur opinion, je pense au contraire que la *guitare* n'est point à dédaigner. Une cavatine, un nocturne, une romance, un duettino, seront accompagnés convenablement par cet instrument. Ses sons voilés et d'un diapason grave, donnent des masses d'harmonie très-favorables à la voix qu'ils soutiennent sans la couvrir. Le *rasgado* du boléro plaît infiniment.

Il faut avoir une parfaite connaissance des renversemens des accords pour les faire marcher avec une certaine régularité sur la *guitare*, et éviter les bizarres écarts que l'on rencontre trop souvent dans la musique écrite pour elle.

Cet instrument diffère des autres, en ce qu'il donne beaucoup de son dans l'accompagnement, et qu'il est presque réduit au silence si on le fait chanter. En voici la raison, sa force consiste dans les vibrations multipliées de plusieurs cordes pincées tour-à-tour ou simultanément. Dès que l'on est obligé de laisser les arpèges pour l'unisson, et de passer des basses sonores à l'octave aiguë qui n'est composée que de tons obtenus sur une corde raccourcie et qui ne vibre plus, le chant faible et languissant, privé du secours de l'harmonie, n'est plus qu'un pizzicato maigre, sec et dépourvu de toute espèce de charme.

Nous conseillons aux guitaristes de consacrer leurs talens précieux à l'accompagnement, et de réserver pour les exercices de l'étude, de prétendues sonates dans lesquelles on trouve des traits, des trilles, des coulés, des gammes, des cadences, des points d'orgue qui n'existent réellement que sur le papier, et que l'on écoute avec les *oreilles de la foi*, sans acquérir la certitude de les avoir entendus. (*V.* LYRE, RASGADO.)

GUITARISTE, s. de t. g. Musicien qui joue de la guitare.

GUITERNE, s. f. Nom que l'on donnait autrefois à la guitare.

H.

H, lettre qui désigne en Allemagne le *si* naturel.

HACHE. (*Voyez* PAS DE HACHE.)

HALALI, s. m. Nom du ton de chasse que l'on sonne pour annoncer que la bête se rend. Les chasseurs crient alors *halali! halali! halali!* c'est-à-dire victoire! victoire! victoire!

Méhul s'est servi du *halali* pour terminer sa belle ouverture du *Jeune Henri*; cet air y forme le motif que tous les instrumens à vent attaquent fortissimo après le point d'arrêt. Philidor et Haydn ont aussi fait entendre le *halali* dans la chasse de *Tom-Jones*, et dans celle de l'oratorio des *Saisons*. (*Fig.* 24.)

Ce mot vient de *halala*, clameur des soldats grecs quand ils allaient à l'ennemi. En pareille circonstance certains peuples crient maintenant *houra*, à l'imitation des Cosaques. (*Voyez* TONS DE CHASSE.)

HARMONICA, s. m. Instrument composé avec des gobelets de verre de différentes grandeurs, que l'on assujétit par leurs pieds sur une petite table, et que l'on accorde en mettant plus ou moins d'eau dans chacun d'eux. En frottant légèrement les bords de ces verres avec les doigts mouillés, on obtient des sons doux qui tiennent de la nature des sons harmoniques. C'est ce qui a fait nommer l'instrument *harmonica*.

Il y a plusieurs sortes d'*harmonicas*, celui que nous venons de décrire est le plus en usage. D'autres sont à cylindre ou à clavier. On n'exécute sur l'*harmonica* que des morceaux lents et peu étendus; il n'est guère possible de faire entendre toujours deux parties, et ceux qui jouent de cet instrument se bornent à rendre le chant, en l'accompagnant de temps en temps d'un second dessus bien simple. Le principal charme de l'*harmonica* est dans la qualité de ses sons, dont l'extrême douceur inspire la mélancolie.

Harmonie, s. f. Plusieurs sons résonnant ensemble, forment un accord. La succession de plusieurs accords forme l'*harmonie*.

Deux voix ou deux cors, dont l'un fait entendre *ut, sol, mi,* tandis que l'autre porte à l'aigu *mi, ré, ut*, à l'aigu donnent une *harmonie* simple et agréable. La réunion de deux parties suffit pour constituer l'*harmonie*, mais on ajoute à son effet en augmentant leur nombre et celui des exécutans. Une marche guerrière, une symphonie à grand orchestre, un chœur dramatique, un psaume en faux bourdon, et soutenu par les sons pleins et majestueux de l'orgue sont de beaux résultats harmoniques.

Les anciens ne connaissaient pas l'*harmonie*, et ce mot, qui nous vient des Grecs, n'était point chez eux un terme particulièrement consacré à la musique (1). Leurs chants, entièrement mélodiques, s'exécutaient à

(1) *Harmonia*. Proportion des choses qui s'entretiennent. (M. Gail, *Racines grecques*.)

l'unisson ou à l'octave, selon le diapason des voix et des instrumens.

Les morceaux de musique que la liturgie chrétienne nous a conservés, et les auteurs qui ont écrit sur cette matière, s'accordent à nous prouver que le chant à plusieurs parties diversement coordonnées, étoit ignoré des anciens. Ce fait n'est plus contesté. D'ailleurs on sait que *l'harmonie* n'a été inventée que pendant le huitième siècle, et que parconséquent son existence ne remonte pas au-delà du moyen âge. Il me semble que cela devrait suffire aux littérateurs qui perdent encore leur temps à fouiller dans les bibliothèques pour recueillir des autorités à l'appui de leurs conjectures. Il serait sans doute à souhaiter que l'on retrouvât ces hymnes fameux, ces chœurs ravissans qui tant de fois ont fait retentir les temples et les théâtres d'Athènes. De pareils monumens seraient d'un grand prix comme objets de curiosité, mais l'art ne gagnerait rien à leur découverte. A quoi pourraient-ils nous servir? à donner le type de la musique ancienne? nous l'avons déjà, et nous entendons tous les jours, dans nos églises, de superbes fragmens de la mélodie antique. Les documens et les traités relatifs à une musique qui n'employait que l'unisson, ne sauraient être d'un grand secours pour les modernes, qui tirent leurs plus beaux effets des combinaisons de *l'harmonie*.

Avant d'être admis à l'étude de la composition, un élève est retenu pendant un an ou deux à celle de *l'harmonie*. Par cette étude il parviendra à connaître tous les accords reçus dans la musique, leur enchaînement, leur marche, la manière de les préparer, de les tenir, de les résoudre. Les leçons d'*harmonie* ne se composent que de grosses notes, et l'on s'attache peu à leurs résultats mélodiques : il s'agit seulement de former des accords et de les faire marcher régulièrement ; c'est une musique purement scolastique et qui ne doit pas s'exécuter. L'harmoniste passe ensuite à la composition, et dès ce moment il est obligé de créer des chants agréables et de les ajuster sur les masses en accords, que ces études précédentes lui ont appris à disposer selon les règles de l'art.

Un élève qui se présente pour suivre un cours d'*harmonie*, doit savoir lire parfaitement la musique, sur toutes les clefs. Voilà la seule connaissance préliminaire que l'on exige de lui.

Cette espèce d'*harmonie* peut recevoir le nom de *scolastique*. Nous venons d'indiquer la manière adoptée pour l'enseignement de l'*harmonie* scolastique à l'École royale de Musique. Il nous semble cependant qu'on ferait bien d'astreindre l'élève à donner à son canevas harmonique des tours gracieux, et la marche élégante et suivie de la mélodie, pour l'accoutumer de bonne heure à employer en même temps les deux puissances musicales. (*Fig.* 25.)

HARMONIE, musique d'instrumens à vent. (*Voyez* MUSIQUE MILITAIRE.)

HARMONIE, s. f. Terme de facteur d'orgue. On entend par *harmonie* dans la confection des différens jeux de l'orgue la qualité de son qui convient à chaque jeu, soit jeu d'anche ou jeu à bouche. On ne dit point ce jeu est d'un bon timbre, d'une belle qualité, mais on dit *ce jeu a une belle* harmonie, *il est d'une* harmonie *ronde, moëlleuse, grêle, sourde, éclatante,* etc.

HARMONIEUX, adj. Tout ce qui fait de l'effet dans l'harmonie. Plusieurs voix réunies dans l'exécution d'un morceau de musique à plusieurs parties rendent un son *harmonieux*.

HARMONIQUE, (*Voyez* SONS HARMONIQUES.)

HARMONISTE, s. des 2. g. Musicien savant dans l'harmonie. Handel, Bach, Mozart, Haydn, Chérubini, sont de grands *harmonistes*.

HARPE, s. f. Instrument de musique monté avec des cordes de soie filées en laiton et des cordes de boyau dont on obtient des sons en les pinçant.

La *harpe* est un instrument de la plus haute antiquité; mais son existence musicale dans la musique moderne ne doit être comptée que du moment où elle a reçu des pédales dont le mécanisme ingénieux donne les moyens de parcourir tous les tons du système et de former des modulations; ce qui était impossible autrefois, la *harpe* étant bornée au seul ton dans lequel on la montait. On peut en faire la remarque en entendant les petites *harpes* portatives des Calabrois musiciens ambulans; elles fatiguent l'oreille par l'éternelle répétition des mêmes accords pris dans le même mode.

Les sons flatteurs de la *harpe* perfectionnée, ses

arpèges riches d'harmonie reposant sur les vibrations des cordes graves mettraient cet instrument au-dessus du piano si ses moyens d'exécution n'étaient pas retenus dans des limites trop étroites. Les changemens de ton, les traits enharmoniques bien fréquens dans le récitatif, font naître tout à coup des difficultés que les plus grands talens ne surmontent qu'avec peine. Il est bien peu de harpistes qui accompagnent sur la partition, et je ne sache pas qu'il y en ait qui puissent suivre exactement les marches d'une harmonie serrée et un motif traité en fugue. Une sonate, un concerto de *harpe* produisent un effet satisfaisant lorsqu'ils sont bien exécutés et que les cordes ne cassent pas. Un solo de *harpe* est agréable à entendre à l'orchestre. Cet instrument accompagne bien le cor. La réunion de plusieurs *harpes* donne de beaux résultats dans les *Bardes*, *Uthal*, la *Vestale*, *Vallace*.

La musique de *harpe* s'écrit à deux parties comme celle de piano. On emploie la clef de *sol* pour la première partie et celle de *fa* quatrième ligne, pour la seconde.

La *harpe* est composée de cinq parties principales qui sont :

Le corps de la *harpe*,

La console,

Le mécanisme,

La colonne,

Et la cuvette.

Le corps de la *harpe* est concave; il comprend le dos de l'instrument et la table d'harmonie.

La console renferme le mécanisme principal de la *harpe*. C'est encore sur la console que se trouvent les chevilles, les boutons de cuivre qui servent d'appui aux cordes et les sabots. Ces sabots faits en forme de bec de canne, sont vissés dans une petite verge de fer saillante et attachée au mécanisme enfermé dans la console. Presque sous les sabots sont de petits crans de cuivre appelés sillets : ils servent à recevoir la corde. Quand le pied est appuyé sur la pédale celle-ci attire le sabot en faisant rentrer la verge dans la console ; par ce moyen, la corde qui se trouve pressée entre le sabot et le sillet est raccourcie d'une longueur relative à l'augmentation d'un demi-ton.

La colonne est creuse et donne passage à sept tringles de fer qui correspondent par le haut au mécanisme de la console et vont aboutir au mouvement des pédales qui se trouvent sous la cuvette, laquelle sert de base à l'instrument.

Le mot *harpe* vient du grec *arpé*, faux, attendu que la *harpe* antique, privée de la colonne, ressemblait parfaitement à une faux. (*Voyez* Colonne, Console, Cuvette, Pédale, Sabot.)

Harpiste, s. des 2. g. Musicien qui joue de la harpe.

Haut, adj. Ce mot signifie la même chose qu'*aigu*, et ce terme est opposé à *bas*. C'est ainsi qu'on dira que le ton est trop *haut*, qu'il faut monter l'instrument plus *haut*.

Hautbois, s. m. Instrument de musique à vent et

à anche, dont la famille a été conservée dans son intégrité lors des réformes opérées dans le système des instrumens à vent; cette famille, pareille en tout à celle du violon, se compose :

Du hautbois, du cor anglais, quinte de *hautbois*, du basson, basse de *hautbois* et du contrebasson, contrebasse de *hautbois*. Le diapason du *hautbois* est de deux octaves et demie; il commence au grave à l'*ut*, placé sur la ligne qui traverse la clef d'*ut*, c'est le troisième *ut* du piano en comptant du grave à l'aigu.

Martial ou champêtre, joyeux ou mélancolique, le *hautbois* plaît toujours; c'est l'instrument favori des compositeurs, celui dont l'usage est le plus ancien et le plus fréquent. Sa voix mordante, même dans ses accens les plus doux, se fait entendre au-dessus de celle des violons.

La musique de *hautbois* est écrite sur la clef de *sol*.

HAUTBOIS, jeu d'orgue compris parmi les jeux d'anches; il ne tient que la moitié du clavier, le jeu du basson lui servant de basse.

HAUTBOÏSTE, s. des 2 g. Musicien qui joue du hautbois.

HAUTE-CONTRE. (*Voyez* CONTRALTE, TÉNOR.)

HEXACORDE, s. m. Instrument à six cordes, ou système composé de six sons, tel que l'*hexacorde* de Guido d'Arezzo.

HUIT PIEDS. On nomme ainsi un orgue dont les tuyaux les plus grands ont huit pieds de haut.

La quatrième corde du violoncelle sonne l'unisson du *huit pieds*.

HUIT PIEDS BOUCHÉ. (*Voyez* TUYAUX.)

HYMNE, s. m., ou f., selon l'emploi qu'on en fait. Chant en l'honneur des dieux et des héros. Il y a cette différence entre l'*hymne* et le cantique, que celui-ci se rapporte plus communément aux actions, et l'*hymne* aux personnes. Les premiers chants de toutes les nations ont été des cantiques ou des *hymnes*. Orphée et Linus passaient, chez les Grecs, pour auteurs des premiers *hymnes*; et il nous reste, parmi les poésies d'Homère, un recueil d'*hymnes* en l'honneur des dieux.

Hymne s'emploie ordinairement au féminin en parlant des *hymnes* qu'on chante dans l'église : *entonner une* hymne, *chanter une* hymne, *une belle* hymne. Santeuil a fait un grand nombre de belles *hymnes*, parmi lesquelles on remarque celle pour le jour de la Purification, *Stupete, gentes*; et une de celles pour la fête de sainte Cécile, *Festis læta sonent*.

HYPO - PROSLAMBANOMENOS. Nom d'une corde ajoutée, par Guido d'Arezzo, un ton plus bas que la proslambanomène, ou dernière corde grave des Grecs, qui sonnait le *la*. L'auteur de cette nouvelle corde l'exprima par la lettre Γ *gamma* de l'alphabet grec, et de là nous est venu le nom de la gamme.

I.

Idée, s. f. On appelle, en musique et dans les arts en général, *idée*, ce que, dans un langage plus exact, on nomme *pensée*. Quoi qu'il en soit, la *pensée* ou *idée* musicale est ordinairement un trait de chant qui se présente à l'esprit du compositeur, avec tous les accessoires qu'il comporte : on voit par là qu'il y a beaucoup d'espèces d'*idées* différentes selon le genre d'effets, soit simples, soit composés, qu'elles emploient. On doit aussi distinguer les *idées*, en *idées principales* et en *idées secondaires*. Les premières sont propres à faire la base ou le fond d'une composition; les autres, destinées au développement de l'*idée* principale.

Il faut de l'art et de l'expérience pour discerner si une *idée* est de l'une ou de l'autre de ces espèces; il n'en faut pas moins pour reconnaître à quel genre une *idée* est propre, savoir si c'est au style libre, ou au style sévère, et pour être en état de la développer selon les règles de chacun d'eux.

Imitation, s. f. La musique dramatique, ou théâtrale, concourt à l'*imitation*, ainsi que la poésie et la peinture. C'est à ce principe commun que se rapportent tous les beaux-arts, comme l'a montré Batteux; mais cette *imitation* n'a pas pour tous la même étendue. Tout ce que l'imagination peut se représenter est du ressort de la poésie. La peinture, qui n'offre point ses tableaux à l'imagination, mais aux sens et à un seul sens, ne peint que les objets soumis à la vue (1). La musique semblerait avoir les mêmes bornes, par rapport à l'ouïe. Cependant elle peint tout, même les objets qui ne sont que visibles. Par un prestige presque inconcevable, elle semble mettre l'œil dans l'oreille, et la plus grande merveille d'un art qui n'agit que par le mouvement, est d'en pouvoir former jusqu'à l'image du repos; la nuit, le sommeil, la solitude et le silence entrent dans le nombre des grands tableaux de la musique. On sait que le bruit peut produire l'effet du silence, et le silence l'effet du bruit, comme quand on s'endort à une lecture égale et monotone, et qu'on s'éveille à l'instant qu'elle cesse.

Mais la musique agit plus intimement chez nous, en excitant par un sens des affections semblables à celles qu'on ne peut exciter par un autre; et comme le rapport ne peut être sensible que l'impression ne soit forte, la peinture, dénuée de cette force, ne peut rendre à la musique les *imitations* que celle-ci tire d'elle. Que toute la nature soit endormie, celui qui la contemple ne dort pas, et l'art du musicien consiste à substituer à l'image insensible de l'objet, celle des mouvemens que sa présence excite dans le cœur du contemplateur.

(1) Cette idée de Rousseau n'est pas juste. La *Transfiguration*, de Raphaël, la *Cène*, de Léonard de Vinci, le Laocoon, l'Apollon Pythien, parlent aussi vivement à l'âme que les vers de Racine et la musique de Mozart.

Non seulement il agitera la mer, animera la flamme d'un incendie, fera couler les ruisseaux, tomber la pluie et grossir les torrens; mais il peindra l'horreur d'un désert affreux, rembrunira les murs d'une prison souterraine, calmera la tempête, rendra l'air tranquille et serein, et répandra de l'orchestre une fraîcheur nouvelle sur les bocages; il ne représentera pas directement les choses, mais il excitera dans l'âme les mêmes mouvemens qu'on éprouve en les voyant.

L'harmonie et la mélodie concourent également à l'*imitation* musicale.

IMITATION, dans son sens technique, est l'emploi d'un même chant ou d'un chant semblable dans plusieurs parties qui le font entendre l'une après l'autre à l'unisson, à la quinte, à la quarte, à la tierce, ou à quelqu'autre intervalle que ce soit. L'*imitation* est toujours bien prise, même en changeant plusieurs notes, pourvu que ce même chant se reconnaisse toujours, et qu'on ne s'écarte point des lois d'une bonne modulation. Souvent, pour rendre l'*imitation* plus sensible, on la fait précéder de silences ou de notes longues qui semblent laisser éteindre le chant au moment que l'*imitation* le ranime. On traite l'*imitation* comme on veut; on l'abandonne, on la reprend, on en commence une autre à volonté; en un mot, les règles en sont aussi relâchées, que celles de la fugue sont sévères. Les grands maîtres ont toujours fait un usage fréquent de l'*imitation* dans leurs ouvrages : les symphonies de Haydn, les opéras de Mozart offrent une infinité d'*imitations* ingénieuses et piquantes.

Répéter, en musique, c'est faire entendre deux ou plusieurs fois de suite le même chant dans la même partie et sur les mêmes cordes.

Changer de corde en répétant un chant dans une même partie, c'est faire une transposition.

Changer de partie, en répétant ou en transposant ce chant, c'est *imiter*.

Une octave n'étant composée que de huit intervalles, toute *imitation*, de quelle nature qu'elle soit, ne peut se faire que de huit manières, une *imitation* de neuvième, dixième, etc., étant considérée exactement comme une *imitation* de seconde, de tierce, etc.

Le mouvement des notes qui composent le chant d'*imitation* peut être semblable ou contraire.

Cette *imitation* par mouvement contraire est libre ou contrainte.

Libre, quand la partie suivante ne reprend pas le chant de la première dans le même ordre de tons et de demi-tons;

Contrainte, quand elle imite ton pour ton et demi-ton pour demi-ton.

Quand une partie suit l'autre en rétrogradant, c'est une *imitation rétrograde;* cette *imitation* est souvent accompagnée d'un mouvement contraire.

Voilà donc quatre sortes de mouvemens dont l'*imitation* est susceptible; le mouvement semblable, contraire, rétrograde, et rétrograde par mouvement contraire.

Les parties ne se répondent pas toujours par des notes de la même figure. On en diminue souvent, ou on en augmente la valeur dans la réplique de la voix commençante; ce qui produit encore deux nouvelles espèces d'*imitation*, celle d'augmentation et celle de diminution.

En coupant le chant d'*imitation* par des pauses, on établit une sorte d'*imitation*, que l'on nomme interrompue.

Lorsque les parties s'entre-suivent par des temps opposés, c'est-à-dire quand l'une commence sur le temps fort de la mesure, et que l'autre y répond soudain sur le temps faible suivant et ainsi réciproquement, c'est une *imitation* à contre-temps ou par syncopation.

Quand l'*imitation* se fait de manière que les parties puissent se renverser, on l'appelle *imitation convertible*.

Toutes ces espèces d'*imitation* sont ou *périodiques* ou *canoniques*.

Périodiques, quand la partie suivante n'imite la précédente qu'en partie, c'est-à-dire pendant quelques mesures. On appelle *sujet* ou thême cette portion de chant sur laquelle roule l'*imitation périodique*.

Canoniques, quand une partie imite le chant de l'autre, note à note, depuis le commencement jusqu'à la fin. Un air composé selon les règles de l'*imitation canonique*, s'appelle *canon*.

Il y a deux manières d'employer l'*imitation périodique*.

1° Arbitrairement, en telle pièce ou en tel endroit de la pièce que l'on voudra ;

2° Méthodiquement, en soumettant le caprice à de certaines règles établies sur le bon goût et la raison, pour la conduite et la reprise alternative du sujet. (*F.* 26.)

Improviser, v. n. C'est faire et exécuter impromptu un morceau de musique vocale ou instrumentale. Il y a d'excellens improvisateurs parmi les pianistes. En Italie, on rencontre des chanteurs qui *improvisent* en même temps les paroles et la musique. La diversité des tons du chant d'église, et l'obligation où l'on est de s'y conformer; la durée plus ou moins longue des intervalles qui, dans l'office, doivent être remplis par la musique ; le caractère plus ou moins solennel, joyeux ou triste de la cérémonie, exigent que l'organiste soit improvisateur pour donner à l'instant ce qu'on lui demande, jouer entre des versets qui commencent quelquefois dans un ton et finissent dans un autre ; remplir les vides que laisse le silence du chœur, et guider les chantres dans leurs intonations.

La musique étant une langue naturelle, parfaitement régulière, et conforme à notre organisation, il est plus facile d'*improviser* dans ce langage, que dans ceux dont les mots sont de convention; mais la plupart des improvisations sont des lieux communs de musique ou d'éloquence, qui supposent plus de mémoire encore que de génie. Pour *improviser* avec succès, il faut, à une grande habitude du langage que l'on emploie, et de l'instrument dont on se sert, unir une âme qui s'exalte aisément, un cœur facile à échauffer et à émouvoir, avec un esprit assez présent pour ne pas laisser les idées qu'il convient de rappeler plusieurs fois, afin qu'il y ait plus d'unité et d'ensemble dans les pensées qui composent un morceau créé de cette manière.

Incomposé, adj. Un intervalle *incomposé* est celui qui ne peut se résoudre en intervalles plus petits, et n'a point d'autre élément que lui-même. Nous n'avons, dans notre système, qu'un seul intervalle *incomposé*, c'est le demi-ton.

Inganno, s. m. (*V*. Cadenza per inganno.)

Instrumens, s. m. plur. Les *instrumens* sont des corps artificiels qui peuvent rendre et varier les sons, à l'imitation de la voix. Tous les corps capables d'agiter l'air par quelque choc, et d'exciter ensuite par leurs vibrations, dans cet air agité, des ondulations assez fréquentes, peuvent donner du son; et tous les corps capables d'accélérer ou retarder ces ondulations peuvent varier les sons.

Il y trois manières de rendre des sons sur des *instrumens*, savoir : par les vibrations des cordes; par celles de certains corps élastiques, et par la collision de l'air enfermé dans des tuyaux.

Les *instrumens* se divisent en *instrumens* à cordes, tels que le violon, la harpe, le piano.

Instrumens à vent, tels que l'orgue, le hautbois, la flûte, etc.

Instrumens de percussion, tels que le tambour, le triangle, les timbales.

En les classant d'après les diverses formes qu'on leur a données depuis l'origine de l'art, le nombre des *instrumens* de musique sera infini. Mais si on les considère sous leur véritable point de vue, c'est-à-dire d'après leurs résultats sonores, il se trouve considérablement réduit, et nous avons la preuve que les anciens ne connaissaient pas le quart de ceux que nous possédons.

Qu'importe qu'un *instrument* soit prolongé en ligne droite ou recourbé en spirale, si le son en reste le même? On a toujours adopté la forme la plus commode pour l'exécutant, et la plus agréable à l'œil. Le cor en *si* ♭ a dix-huit pieds et demi de long, il a donc fallu replier ses tuyaux en plusieurs cercles pour que le pavillon se trouvât à portée de la main. Le basson se double sur lui-même, et par ce moyen les doigts peuvent atteindre et couvrir tous les trous.

La figure et la construction intérieure des *instrumens* ont reçu les mêmes perfectionnemens, et par conséquent éprouvé d'aussi grandes variations que la composition musicale. On a cherché à obtenir de meilleurs résultats avec des combinaisons plus simples, et l'on n'a pas craint d'ajouter quelquefois de nouvelles difficultés au jeu d'un *instrument* pour en épurer les sons, leur donner plus de justesse et d'intensité, ou pour étendre son diapason. Les musiciens ont abandonné un *instrument* à mesure qu'un autre de même nature, préférable par divers avantages et des calculs acoustiques plus parfaits leur a été offert. Ainsi le violon a succédé à la vielle et au rebec, la lyre, le luth, le théorbe, la mandoline, ont été remplacés par la guitare, comme le clavecin, l'épinette, par le piano.

Tout en réformant une quantité d'*instrumens* inutiles, on a conservé avec soin tous ceux qui, par la douceur ou le brillant, la gravité ou l'élévation de leurs sons avaient un caractère particulier, et par cette raison occupaient une place essentielle dans l'orchestre. Cette diversité de timbres et de diapasons produit d'agréables contrastes, étend les bornes de l'échelle mélodique, donne de la physionomie au chant, et du mordant et de l'ordre à l'harmonie.

Nous divisons encore les *instrumens* en deux classes:

1.° Ceux qui offrent les moyens d'exécuter un chant et les parties diverses qui forment son harmonie, et qui, pris individuellement, suffisent à l'accompagnement de la voix. Tels sont l'orgue, le piano, la harpe, et même la guitare.

2.° Ceux qui ne sauraient fournir une harmonie complette, sans se prêter un secours mutuel, soit qu'on les emploie dans la symphonie ou à l'accompagnement des voix. Tous les *instrumens* qui concourent à la formation d'un orchestre sont rangés dans cette catégorie, savoir:

Le violon,
La viole,
Le violoncelle,
La contrebasse,
La flûte,

Le hautbois,
La clarinette,
Le cor anglais,
Le cor de basset,
La trompette,
Le cor,
Le basson,
Le trombone,
Les timbales,
Le triangle,
Le beffroi,
Le tambour.

Avant Lulli les *instrumens* à vent ne faisaient point partie de l'orchestre : on ne reconnaissait alors de parfaite harmonie que dans une réunion de sons homogènes. Les dessus de violon étaient accompagnés par les quintes et les basses de violon. Comme les flûtes, les hautbois, les trompettes devaient être entendus chacun séparément, on imagina de former à ces *instrumens* des systèmes harmoniques complets pareils en tout à celui du violon. Il y eut donc des dessus, des quintes, des basses, des contrebasses, de hautbois, de flûte, de trompette. Les *instrumens* de différentes espèces ne jouant jamais ensemble, on donnait un concert de violons, un concert de flûtes, un concert de trompettes.

La réunion des violons aux *instrumens* à vent, a rendu inutile cette multitude de dérivés. Ceux que l'on n'a pas supprimés, ont acquis dans l'orchestre une parfaite indépendance. Le basson y est considéré comme basson, et non comme basse de hautbois. En se débarrassant d'un remplissage qui n'était plus d'aucun secours à cause du volume de son que les contrebasses, les violoncelles, les violes, fournissent dans les régions inférieures, on pensa néanmoins que les marches d'une harmonie rapprochée que l'on confie aux *instrumens* à vent, auraient plus de charme en étant rendues par des sons de même nature. On plaça donc un second dessus de flûte, de hautbois, de clarinette, de cor, de trompette, de basson, pour porter la tierce, la quinte ou la sixte, avec son premier. Le trombone seul fut l'objet d'une exception, et par la raison que nous donnerons en son lieu. (*Voyez* TROMBONE.) On établit qu'il en fallait un ou trois.

Dans les réformes que la nouvelle manière d'écrire et d'exécuter la musique provoqua, la flûte perdit sa quinte et sa basse. La famille du hautbois resta dans son intégrité. La trompette ne conserva que son dessus et sa basse qui est le trombone. La clarinette n'était point encore en usage et le cor ne servait qu'à guider une meute.

Après les parties vocales, le quatuor d'*instrumens* à cordes est la base sur laquelle repose toute musique dramatique. Il se compose du premier violon qui joue la partie aiguë du chant ou de l'accompagnement; du second violon, de la viole qui tiennent l'harmonie intermédiaire, et du violoncelle qui exécute la partie de basse conjointement avec la contrebasse.

Les *instrumens* à vent employés avec art dans l'orchestre et se faisant entendre par intervalles, jettent des fleurs dans le discours, colorent les motifs avec suavité, ajoutent au pouvoir de l'harmonie en renforçant les bonnes notes, varient les effets par leurs accens pathétiques ou leurs folâtres badinages. Pareils aux bas-reliefs, aux pilastres, aux statues ils ne suffiraient point pour la construction de l'édifice, mais ils servent à l'embellir. (*Fig.* 27.)

INSTRUMENTAL, adj. Qui a rapport aux instrumens, qui s'obtient au moyen des instrumens. Style *instrumental*, musique *instrumentale*, concert *instrumental*.

INSTRUMENTAL (CHANT). L'idée musicale, le motif, la mélodie, le chant enfin, car tous ces mots sont synonymes, est confié principalement aux voix dans la musique dramatique et au premier violon dans la symphonie. Mais tous les instrumens s'en emparent ensemble ou tour à tour pour laisser reposer le chanteur, remplir les intervalles destinés au jeu de scène ou varier le discours par des solos contrastés. L'on peut dire qu'ils chantent tous puisque dans certains passages les sons du trombone, des timbales, du triangle même arrivent seuls à l'oreille des écoutans.

Il y a donc deux puissances qui concourent également à l'exécution d'une composition lyrique. Les personnages scéniques pour le chant vocal, et l'orchestre pour faire entendre les ouvertures, les airs de danse, les marches, les ritournelles, les bruits de guerre et de chasse, les tempêtes, tout ce qui a rapport à l'imitation pittoresque, les traits aimables ou passionnés qui coupent le récitatif, se mêlent aux airs, aux duos, aux chœurs et tous les effets que le *chant instrumental* doit produire. Soit que dans un finale ou un morceau d'action il soutienne lui seul le discours musical, soit que dans une lutte brillante il se joue d'un motif que la voix lui cède pour le reprendre encore.

Le chant vocal exprime les passions. L'action est réservée au *chant instrumental*.

Le personnage trop occupé de ce qu'il fait, de ce qu'il voit, de ce qu'il craint, de ce qu'il souffre, ne peut point nous entretenir des sentimens qui règnent dans son âme. Son discours n'ayant pas de suite ne saurait fournir un chant régulier. Comme il faut pourtant que ce chant existe on ne le composera pas moins en ayant soin d'en confier l'exécution à l'orchestre. Quelques mots échappés à l'acteur indiquent sa peine ou sa satisfaction et ces exclamations fugitives, ces phrases isolées, disposées sur les traits de violon jetteront par intervalles leurs précieuses clartés sur les tableaux de la musique.

Le dialogue vif et pressant d'un finale, le récit d'un combat, un oracle, la lecture d'une lettre doivent être débités sur le ton de la simple déclamation. L'intérêt est tout dans les paroles, il faut donc les présenter avec clarté, et dégagées des ornemens du chant. Les voix déploieront ensuite leur force dramatique et leur douce mélodie quand on passera de l'action aux sentimens qu'elle a fait naître.

Comme le chant vocal celui des instrumens suit ordinairement le sens des paroles. Il se rencontre pourtant des situations qui exigent qu'il le contrarie ouvertement : on en peut faire la remarque dans *Iphigénie en Tauride* et *Zémire et Azor*. Oreste nous dit : *le calme rentre dans mon cœur*, et l'orchestre est toujours agité. Ali prétend que l'orage va cesser et les vents redoublent leur fracas.

Dans les airs mesurés comme dans le récitatif, le *chant instrumental* prépare les changemens de ton et dispose l'âme aux sensations qu'on veut lui faire éprouver. Si la voix se repose, un ou plusieurs instrumens s'emparent aussitôt du discours musical, deviennent parties principales, trouvent dans les autres un accompagnement, et le motif suivant toujours son cours ne fait que changer d'organe. C'est la flûte mélodieuse, le hautbois, le violon, le violoncelle qui répètent les chants simples ou les brillantes périodes de la voix. En nous retenant sur le même objet l'orchestre supplée au silence du personnage, nous le montre toujours occupé de la même pensée et sert ainsi de complément à son expression. (*Fig.* 28.)

Les plus beaux effets de l'air d'*Armide*; *plus j'observe ces lieux*, sont dus au *chant instrumental*. Dans l'air de la *Mélomanie*, chanté par Crispin, et les scènes du *Maestro di Capella*, tout l'intérêt est dans le *chant instrumental*. Pareil aux démonstrateurs des cabinets de curiosités, l'acteur n'est en scène que pour dire : C'est la flûte, le hautbois, *il violoncello*, *il fagotto*, *il flauto* que nous allons entendre. Dans l'introduction de l'opéra de *Lodoïska* de M. Kreutzer, l'orchestre forme un tout symphonique parfaitement complet, et le chœur : *allons, mes belles, suivez-nous*, se fait entendre en même temps. Une part des instrumens récite tandis que l'autre accompagne, et les voix forment un groupe séparé, indépendant qui concourt à l'effet général.

Placé au second rang dans un opéra, le *chant instrumental* n'a plus de rival dans les ballets : airs de danse, marches, symphonies, airs d'expression, proverbes musicaux, tempêtes, chasses, etc., tout est du ressort de l'orchestre et c'est lui qui doit tout exprimer.

On trouvera dans le livre intitulé *De l'Opéra en France*, un long chapitre sur le *chant instrumental*.

INSTRUMENTISTE, s. des 2. g. Musicien qui se livre à la culture d'un ou de plusieurs instrumens.

INTENSE, adj. Les sons *intenses* sont ceux qui ont le plus de force, qui s'entendent de plus loin ; ce sont aussi ceux qui, étant rendus par des cordes fort tendues, vibrent par là même plus fortement. Ce mot est latin, ainsi que celui de *rémisse* qui lui est opposé ; mais on les a francisés dans les écrits de musique théorique.

INTERMÈDE, s. m. Pièces de musique et de danse qu'on insérait à l'Opéra, et quelquefois à la comédie, entre les actes d'une grande pièce, pour égayer et reposer en quelque sorte l'esprit du spectateur attristé par le tragique et tendu sur les grands intérêts.

Plusieurs de ces *intermèdes*, tels que la *Servante Maîtresse*, étaient de véritables opéras comiques ou bouffons, lesquels coupaient ainsi l'intérêt par un intérêt tout différent, balottaient et tiraillaient pour ainsi dire l'attention du spectateur en sens contraire, et d'une manière très-opposée au bon goût et à la raison. C'est ce qui a fait abandonner tout-à-fait ce genre de pièces, et si l'on joue maintenant la *Servante Maîtresse*, cet *intermède* tient son rang dans le spectacle comme un autre opéra, et n'est plus intercalé dans les actes d'un drame lyrique comme autrefois.

INTERVALLE, s. m. L'intervalle est la distance d'un son à un autre, plus grave ou plus aigu; c'est tout l'espace que l'un aurait à parcourir pour arriver à l'unisson de l'autre. La différence qu'il y a de l'*intervalle* à l'*étendue*, est que l'*intervalle* est considéré comme indivisé, et l'étendue comme divisée. Dans l'*intervalle* on ne considère que les deux termes; dans l'étendue on en suppose d'intermédiaires.

A prendre ce mot dans le sens le plus général, il est évident qu'il y a une infinité d'*intervalles*; mais comme en musique, on borne le nombre des sons à ceux qui composent un certain système, on borne aussi par là le nombre des *intervalles* à ceux que ces sons peuvent former entr'eux; de sorte qu'en combinant deux à deux tous les sons d'un système quelconque, on aura tous les *intervalles* possibles dans ce même système; sur quoi il restera à réduire sous la même espèce tous ceux qui se trouveront égaux.

En mélodie, les *intervalles* sont successifs; en harmonie, ils sont à la fois successifs et simultanés. Successifs dans les parties et simultanés par l'accord des parties entr'elles.

Les *intervalles* simultanés sont divisés en *intervalles* consonnans et dissonans : les *intervalles* consonnans sont la tierce, la quinte, la sixte et l'octave.

Les *intervalles* dissonans sont la seconde et la septième. La quinte ne pouvant être altérée sans cesser d'être consonnante, on doit regarder la quinte diminuée et la quinte augmentée, comme *intervalles* dissonans.

La quarte étant un renversement de quinte, devrait être considérée comme consonnance; mais son effet ne donnant pas comme celui de la quinte une seule et même appréciation du mode où on la pratique, chaque terme de la quarte, soit l'aigu ou le grave, pouvant être considéré comme tonique, il en résulte que cet *intervalle* est regardé comme dissonant contre la note de basse, et consonnant entre les parties, et même sur la basse lorsqu'il est accompagné de sixtes, et que la modulation est décidée; ce qui arrive fréquemment dans les cadences harmoniques finales.

Tout *intervalle* est simple ou redoublé. L'*intervalle* simple est celui qui est contenu dans les bornes de l'octave. Tout *intervalle* qui excède cette étendue est redoublé, c'est-à-dire composé d'une ou plusieurs octaves, et de l'*intervalle* simple dont il est la réplique.

Les *intervalles* simples se divisent encore en directs et en renversés : prenez pour direct un *intervalle* simple quelconque : son complément, à l'octave, est toujours le renversement de celui-là, et réciproquement.

Il n'y a que six espèces d'*intervalles* simples, dont trois sont complémens des trois autres à l'octave, et par conséquent aussi leurs renversés.

Si vous prenez d'abord les moindres *intervalles*, vous aurez pour directs la seconde, la tierce et la quarte; pour renversés, la septième, la sixte et la quinte. Que ceux-ci soient directs, les autres sont renversés: tout est réciproque.

L'*intervalle* se mesure en degrés de l'échelle diatonique, et c'est le nombre de ces degrés qui sert à nommer l'*intervalle*.

Lorsque deux notes sont sur le même degré, il y a *unisson*; lorsqu'elles diffèrent d'un degré, l'*intervalle* s'appelle seconde; il s'appelle tierce, quand elles diffèrent de deux; quarte, quand elles diffèrent de trois; quinte, quand elles diffèrent de quatre, et ainsi de suite jusqu'à l'octave.

En continuant de la même manière depuis l'octave, on obtiendra la neuvième, la dixième, la onzième, la douzième, la treizième, la quatorzième, et la quinzième, ou double octave. En continuant encore au-delà de la double octave, on aurait la seizième, la dix-septième, la dix-huitième, la dix-neuvième, la vingtième, et ainsi de suite dans toute l'étendue du système.

On compte les *intervalles* du grave à l'aigu, attendu que dans l'harmonie tout se rapporte à la basse.

Un *intervalle* peut, en comprenant toujours le même nombre de degrés, et par conséquent, en conservant toujours les mêmes notes, être de genres très-différens, à raison, soit de sa position dans l'échelle, soit des altérations que peuvent éprouver les notes qui le composent. (*Fig.* 18.)

INTONATION, s. f. Action d'entonner. L'*intonation* peut être juste ou fausse, trop haute ou trop basse, trop forte ou trop faible, et alors le mot *intonation*, accompagné d'une épithète, s'entend de la manière d'entonner.

INTRADA, s. f. Entrée, introduction. (*Voyez* INTRODUCTION.)

INTRODUCTION, s. f. Morceau de musique d'un mouvement grave, composé d'un petit nombre de phrases, souvent même de quelques mesures ou de quelques accords solennels destinés à annoncer le premier allégro d'une symphonie, d'une ouverture ou de toute autre pièce instrumentale. L'ouverture d'*Iphigénie en Aulide*, et celle de *la Flûte Enchantée*, commencent par une *introduction*.

Quelques compositeurs dramatiques, donnant plus d'extension et un mouvement plus animé à l'*introduction*, lui ont fait tenir la place de l'ouverture dont elle n'a pourtant ni les formes ni les développemens. L'opéra d'*Ariodant* s'ouvre par une très-belle *introduction*.

Lorsque la pièce étale en commençant un grand spectacle, lorsqu'elle débute par quelque pompe triomphale, par l'arrivée d'une foule innombrable, une entrée magnifique, quelque sacrifice solennel, quelque cérémonie auguste, quelque phénomène terrible de la nature, comme un naufrage, une tempête, un tremblement de terre. Tous ces objets sont si beaux, que le musicien peut les montrer tout d'un-coup sans les annoncer : ils n'en frapperont que davantage. C'est ainsi que Gluck a supprimé dans *Iphigénie en Tauride* l'ouverture proprement dite, et y a substitué la représentation du premier événement de la pièce. Sa tragédie débute par le grand tableau du calme, d'une tempête qui lui succède, de la foudre qui éclate, de la mer soulevée qui menace de tout engloutir, de la désolation d'Iphigénie et des prêtresses de Diane, dont les cris plaintifs, les voix touchantes, les prières tendres et animées, contrastent avec les mugissemens des flots, les sifflemens des vents et le fracas retentissant du tonnerre.

Cette manière de commencer un opéra par un tableau pittoresque, une scène mêlée de récits et de sentimens, d'action et de passions, est très-brillante. Le morceau de musique composé sur ces élémens divers s'appelle aussi *introduction*. Il y a donc deux sortes d'*introduction*; la première est purement symphonique, nous en avons déjà parlé : c'est l'ébauche d'une ouverture, une pièce dont la brièveté semble être motivée par le désir qu'éprouve le musicien de nous livrer le plutôt possible un objet d'un intérêt plus grand, en nous offrant à la fois les charmes de la poésie et de la musique.

L'*introduction* de la seconde espèce est faite au

contraire pour captiver l'attention du spectateur au lever du rideau, en lui présentant de magnifiques images, une action déjà liée, et l'expression des sentimens quand il ne s'attend qu'aux récits de l'exposition. Ces récits viendront ensuite, et on leur donnera tous les développemens nécessaires pour l'instruire de ce qui s'est passé et de ce que l'on va faire. Il est beau de marquer le début du drame par un morceau d'éclat. Le dessin, la coupe de cette *introduction* varient selon la situation des personnages, le lieu de la scène, la nature des événemens que l'on prépare; tantôt c'est un air, un duo, un chœur; mais ce chœur, ce duo, cet air, ont des formes particulières à l'*introduction*, et tiennent tous du genre descriptif ou du récit: car il faut nécessairement que les écoutans sachent de quoi il s'agit, et un air consacré entièrement aux passions, ouvrirait mal un opéra, puisqu'on ne connaîtrait point la cause qui les a excitées. Le premier air de *Joseph* est un heureux mélange de récits et de sentimens. Celui qui ouvre l'opéra de *Bion* est tout descriptif.

Cette seconde espèce *d'introduction* que l'on pourrait appeler *scénique*, n'exclut pas l'ouverture. *Elisa*, *les deux Lodoïska*, *Don Juan*, *les Noces de Figaro*, *Bion*, *Tamerlan*, *Pierre le Grand*, *le Calife de Bagdad*, le prouvent assez.

Quelques opéras, tels que *Richard Cœur de Lion*, les *Bardes*, *Paul et Virginie*, de M. Lesueur, réunissent les deux espèces d'*introduction*.

Les opéras d'*Orphée*, *Don Juan*, *les Noces de Figaro*, *Elisa*, *les deux Lodoïska*, *Médée*, les

Bardes, *Paul et Virginie*, de M. Lesueur; *Bion*, *Sémiramis*, ont de belles *introductions* scéniques.

L'*introduction* instrumentale d'*Ariodant* est la meilleure que puisse fournir notre répertoire.

INVENTION, s. f. On nomme *invention* l'art, ou, pour mieux dire, la faculté de trouver des idées. Ce terme indique suffisamment que nous la regardons presque entièrement comme un don de la nature. On ne peut donc point prescrire de règles à ce sujet, mais seulement tracer quelques observations qui peuvent être utiles.

On distingue deux sortes d'*invention*; l'*invention* proprement dite, et l'*invention* par imitation. C'est à la première espèce que s'applique particulièrement ce que nous venons de dire. C'est elle qui crée ces productions neuves et originales qui ne ressemblent à rien de ce qui les a précédées, et qui servent de modèles à tout ce qui les suit. Elle est le caractère le plus distinctif du génie : elle s'attache aussi bien aux détails qu'à l'ensemble, à la manière qu'au fond; et souvent l'artiste montre autant de génie en traitant une idée commune, qu'en produisant de nouvelles idées.

L'*invention* par imitation consiste à se rapprocher, dans le plan, la conduite, les tours et la manière, de quelque autre production déjà connue. Quoique elle paraisse plus facile que l'autre, elle a néanmoins ses écueils et ses difficultés : la principale est le danger que l'on court de tomber dans le plagiat, si l'on n'a pas assez d'imagination, de goût et d'adresse pour enrichir d'accessoires qui nous soient propres, ou dénaturer habilement le fond dont on veut s'emparer. Une heureuse imitation peut valoir une *invention* réelle.

L'ouverture de *l'Opéra-Comique* est calquée sur celle du *Prisonnier*; et Della Maria s'est imité lui-même dans cet œuvre. Presque tous les débutans disposent leurs premières compositions sur des patrons qu'ils choisissent.

Dans un ouvrage musical, il y a le lot de l'inventeur et celui du maître habile qui polit, dessine, ordonne et bâtit un édifice élégant et régulier avec les matériaux précieux, quoique informes, donnés par l'imagination. Les belles mélodies qui précèdent les opéras de *la Caravane* et de *Panurge* sont trouvées; elles attendent un harmoniste, un compositeur qui les mette en œuvre pour en faire des ouvertures.

INVERSION, s. f. L'*inversion* consiste à prendre un sujet ou trait quelconque de mélodie, dans un ordre différent de celui où il est proposé. Cette opération se nomme autrement, *imitation inverse*. (*Fig.* 26.)

Il y a quatre sortes d'*inversion*.

La première se nomme *inversion simple*; elle consiste à renverser tous les intervalles d'un trait de mélodie, de manière que ceux qui sont ascendans dans le sujet, soient descendans dans la réponse, et réciproquement. On ne s'astreint néanmoins pas toujours à conserver les mêmes intervalles. Cette *inversion* peut se faire à l'octave, à la quinte, à la seconde ou à l'unisson.

La seconde est appelée *inversion stricte* : elle se fait comme la précédente, mais sans prendre aucune licence, et de manière que les tons répondent aux tons, et les demi-tons aux demi-tons. Pour cela il faut commencer l'inversion à la septième, à la sixte ou à la tierce majeure en dessus, et laisser les demi-tons sans altération dans la partie répondante.

La troisième espèce d'*inversion* se fait en copiant toutes les notes, à commencer par la dernière, en rétrogradant jusqu'à la première inclusivement, soit sur le même degré, soit sur un degré plus haut ou plus bas, selon que l'exige la modulation. Cette *inversion* prend le nom de *rétrograde*, *inversio cancrisans*, ou *imitation en écrevisse*, parce qu'elle marche en reculant. (*Fig.* 11.)

Enfin, la quatrième espèce d'*inversion*, est celle où l'on renverse cette troisième sorte par mouvement contraire, depuis la première jusqu'à la dernière note : on la nomme *inversion rétrograde et contraire*.

Ces deux dernières espèces d'*inversion*, dans lesquelles on peut observer ou négliger l'ordre des tons et des demi-tons, ne seraient pas susceptibles d'être employées, si le sujet renfermait une note pointée, parce qu'elles donneraient un chant désagréable et boiteux. Mais les deux premières peuvent très-bien s'employer quand le thème n'a pas de ligature dissonante dans les bonnes parties de la mesure.

La fugue à trois parties, trois modes, quatre sujets,

quatre faces, en sens ordinaire, en sens contraire, la partition retournée, rétrograde par sens ordinaire, et rétrograde par sens retourné, composée et publiée par M. Perne, en 1800, est, peut-être, de toutes les imitations et les *inversions* possibles, l'exemple le plus étonnant et le plus régulier que l'on puisse citer.

IRRÉGULIER, adj. On appelle dans le plain-chant *tons irréguliers*, ou plutôt *pièces irrégulières*, certains chants dont il est difficile de déterminer le *ton*, parce qu'ils paraissent appartenir en même temps à plusieurs tons du plain-chant : de ce nombre sont, 1° le chant du psaume *In exitu Israël*, et son antienne ; 2° l'antienne *Hæc dies* des jours de Pâques.

J.

Jérémies, s. f. On donne ce nom aux parties ou leçons de l'office de la Semaine-Sainte, composées avec des fragmens du prophète Jérémie. On emploie, pour chanter ces leçons, une espèce de récitation mélodique plus variée que la psalmodie, et soutenue ordinairement par un instrument grave, tel que le basson ou le violoncelle.

Les *jérémies* sont notées dans les livres de plainchant. Quelques compositeurs ont écrit des *jérémies* en musique.

Jeu, s. m. L'action de jouer d'un instrument. (*V.* Jouer.) On dit jouer à *plein jeu*, à *demi-jeu*, selon la manière plus forte ou plus douce de tirer les sons de l'instrument.

Le jeu *de ce violoniste me rappelle celui de Kreutzer, de Rode.*

Jeu, s. m. Nom que l'on donne à un groupe de tuyaux d'orgue rangés sur un même registre.

Tous les tuyaux du même *jeu* rendent des sons qui ne diffèrent que du grave à l'aigu, au lieu que les tuyaux d'un autre *jeu* rendent des sons d'un autre timbre. (*Voyez* Harmonie.)

Les *jeux*, outre les noms qui les distinguent les uns des autres, comme *jeu* de flûte, *jeu* de trompette, *jeu* de prestant, prennent encore une dénomination de la longueur en pieds de leur plus grand tuyau.

On les divise en deux classes; savoir, les *jeux à bouche*, qui forment le fond de l'orgue; et les *jeux d'anches*, ainsi nommés, à cause que l'embouchure de chacun de leurs tuyaux est armée d'une anche en métal.

On appelle encore *jeu* l'association de certains *jeux* disposés pour être entendus ensemble : *le grand jeu, le plein jeu.*

JEU CÉLESTE. Qualité de son très-agréable et d'une grande douceur que l'on obtient sur le piano, au moyen de la pédale qui fait avancer des languettes de buffle entre les cordes et les marteaux. Le *jeu céleste* est d'un effet encore plus flatteur, si, pour prolonger les sons, on joint à cette pédale celle qui lève les étouffoirs, et que l'on nomme vulgairement grande pédale.

JONGLEURS, s. m. plur. Joueurs d'instrumens qui, dans la naissance de notre poésie, se joignaient aux Troubadours ou poëtes provençaux, et couraient avec eux les provinces.

L'histoire du Théâtre-Français nous apprend qu'on nommait ainsi des espèces de bateleurs qui accompagnaient les Trouveurs, fameux dès le onzième siècle. Comme ils jouaient de divers instrumens, ils s'associèrent avec les poëtes et les chanteurs, pour exécuter les ouvrages des premiers; et ainsi de compagnie, ils s'introduisirent dans les palais des rois et des princes, et en tirèrent de magnifiques présens. Leur jeux cousistaient principalement en gesticulations, tours de passe-passe, etc., ou par eux-mêmes, ou par les singes qu'ils portaient, ou en quelques mauvais récits du plus bas burlesque. Leurs excès ridicules et extravagans les firent tellement mépriser, que, pour signifier alors une chose mauvaise, folle, vaine et fausse, on l'appelait *jonglerie*. Philippe-Auguste les chassa; ses successeurs souffrirent qu'ils revinssent en France : on en trouve la preuve dans le tarif fait par Saint-Louis, pour régler les droits de péage dus à l'entrée de Paris, sous le Petit-Châtelet. Ce tarif, dans un de ses articles, dit que les *jongleurs* seront quittes de tout péage, en récitant un couplet de chanson, ou en faisant gambader leur singe devant le péager. De là vient le proverbe, *Payer en monnaie de singe*.

Vers 1400, les Trouveurs et les *Jongleurs* se séparèrent; on ne parla plus de ceux-ci, que l'on appela bateleurs ensuite, à cause des tours surprenans qu'ils s'étaient adonnés à faire avec des épées ou autres armes.

JOUER des instrumens. C'est exécuter sur ces instrumens des airs de musique, surtout ceux qui leur sont propres, ou les chants notés pour eux. Le mot *jouer* étant devenu générique, s'applique maintenant à tous les instrumens.

On disait autrefois *jouer du violon, pincer la harpe, toucher l'orgue, donner du cor, sonner de la trompette, blouser les timbales, battre le tambour*, etc. Le mot *jouer* a remplacé tous les termes propre, et il en résulte un double avantage : 1° de simplifier le langage et de prévenir toute fausse application, telle que donner de la harpe, toucher de la trompette.

2°. De pouvoir consacrer ces mêmes termes propres à des actions tout-à-fait étrangères à l'art musical, quoiqu'elles s'opèrent par les moyens qu'il fournit. Ainsi nous dirons sonner de la trompette, donner du cor, battre le tambour, lorsqu'il s'agira d'une charge de cavalerie, d'une chasse au cerf, ou de l'appel d'un régiment.

JOURNAL DE MUSIQUE. C'est une feuille qui paraît périodiquement et contient un ou plusieurs morceaux de musique vocale et instrumentale. Le *journal Hebdomadaire*, le *journal des Troubadours*, le *journal d'Euterpe*, le *Chantre du Midi*, etc., sont des *journaux de Musique*.

Il serait à désirer que l'on établît dans la capitale un *journal* littéraire spécialement consacré à la musique, tel que celui de Leipsik. Ce *journal* ferait connaître les productions vocales et instrumentales de tous les genres par des articles raisonnés, appuyés au besoin d'exemples gravés où la phrase analysée serait présentée avec les développemens et les corrections dont le critique la jugerait susceptible. Les nouvelles musicales de l'étranger fourniraient un chapitre d'un grand intérêt. Le musicien qui habite les provinces, pourrait au moins se régler sur des données certaines avant de demander telle ou telle nouveauté, tandis qu'il n'a maintenant pour garantie que le nom de l'auteur. Apprécié par des juges compétens, un opéra ne serait plus livré exclusivement aux éloges et à la critique d'une foule d'excellens littérateurs qui divaguent de la manière la plus comique en parlant d'un art dont le plus grand nombre n'ont pas même l'instinct. Les morceaux favoris seraient examinés avec soin et gravés à la suite du *journal*, autant pour l'agrément des abonnés que pour l'intelligence de certains articles. Je soumets ce projet aux amateurs de l'art musical, et je pense qu'il suffirait de l'entreprendre pour obtenir un plein succès.

Si les anciens compositeurs français ont réussi à nous faire passer pour des barbares en musique, la plupart de nos journalistes littéraires s'efforcent maintenant de nous faire considérer comme des ignorans. Analyses ridicules, grossières méprises, absurdités, faux raisonnemens dérivant d'un système faux sur tous ses points, voilà ce qu'on trouve journellement dans certains feuilletons, quand leurs rédacteurs ne se bornent pas au protocole dès long-temps adopté, lequel consiste à dire que la musique d'un opéra est belle, délicieuse, admirable, ou qu'elle est mauvaise, pitoyable, détestable.

Cet insipide radotage a pu nous faire tort autrefois chez nos voisins, quand ils conservaient des préjugés contre notre musique. Mais on représente maintenant nos opéras à Vienne, à Berlin, à Naples, et les étrangers ont pu connaître ce que nous savons faire. Il suffit d'ailleurs, pour l'honneur national, que l'École française proteste de temps en temps contre l'opinion des journalistes et prenne solennellement acte de son mépris pour les rapsodies dont ils se montrent, sans savoir pourquoi, les stupides prôneurs.

Juste, adj. Cette épithète se donne géneralement aux intervalles dont les sons se trouvent exactement dans le rapport qu'ils doivent avoir, et aux voix qui entonnent toujours ces intervalles dans leur justesse.

Juste, est quelquefois adverbe. *Chanter* juste, *jouer* juste.

K.

KYRIE. Mot grec qui signifie *Seigneur* au vocatif, et par lequel commencent les messes en musique. On s'en sert souvent comme d'un substantif ou comme si c'était le nom d'une pièce de musique. *Voilà un beau* kyrie, *un kyrie bien travaillé.*

FIN DU TOME PREMIER.

DICTIONNAIRE DE MUSIQUE MODERNE

PLANCHES..

Gravé par RICHOMME, graveur du Roi.

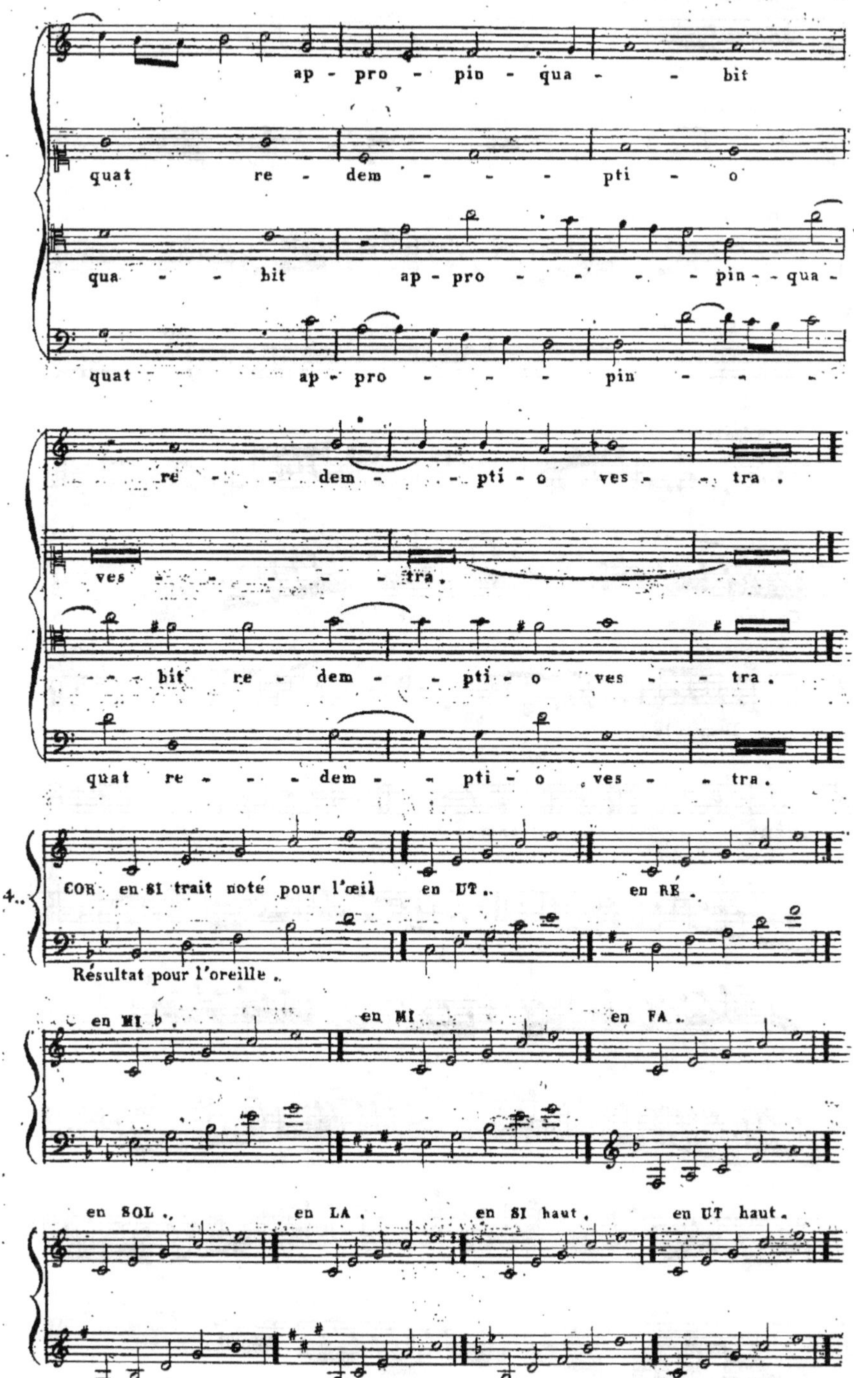
ap - pro - pin - qua - - bit
quat re - dem - - - - pti - - o
qua - - bit ap - pro - - - - - pin - - qua -
quat ap - pro - - - - pin - - - -
re - - dem - - pti - o ves - - tra .
ves - - tra .
bit re - dem - - pti - o ves - - tra .
quat re - - - dem - - pti - o ves - - tra .
4..
COR en SI trait noté pour l'œil
en UT ..
en RÉ .
Résultat pour l'oreille ..
en MI ♭.
en MI
en FA ..
en SOL .
en LA .
en SI haut .
en UT haut .

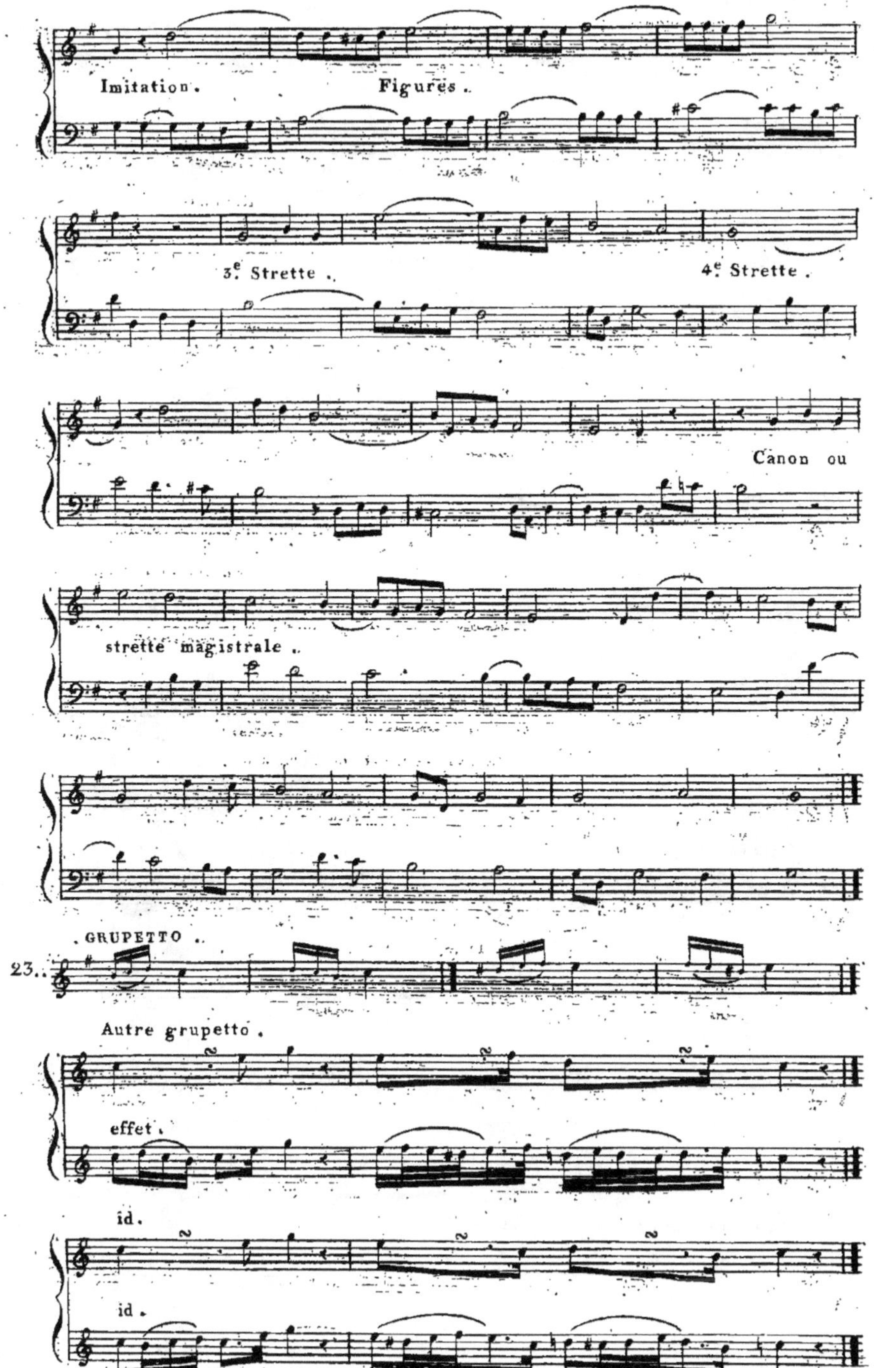
Imitation.
Figures.
3e Strette.
4e Strette.
Canon ou
strette magistrale.
GRUPETTO.
23.
Autre grupetto.
effet.
id.
id.

7... VOYEZ LE TABLEAU DE LA PORTÉE DES VOIX ET DES INSTRUMENS ..

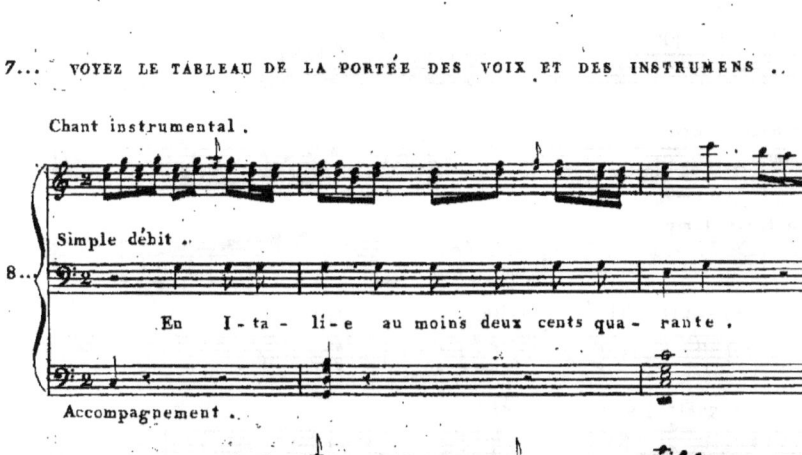

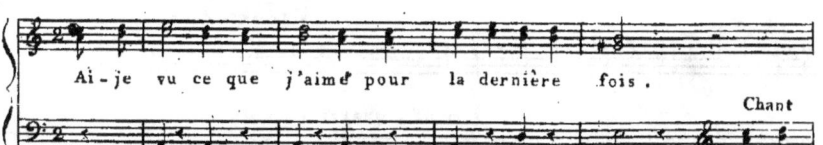

13

1.. MORDANT. effet.

Mouvement direct.

Mouvement oblique..

Mouvement contraire.

33.. Notes de passage.

Harmonie naturelle. Une note de passage à chaque temps faible.

Une note de passage à la partie faible de chaque temps.

Pédale au grave.

34..

Pédale intérieure. Pédale à l'aigu

NOËL attribué au   LA VEÏO DÉ NOUE.
Roi René d'anjou.
1450
All°.

RÉCITATIF ACCOMPAGNÉ.

Ha-bi-tans de Co-lo-ne et ci-toyens d'A-thè-ne prenez part au bon-heur que ce grand jour a-mè-ne pour gendre et pour a-mi je choisis ce hé-ros.

RÉCITATIF MESURÉ.

Le fier Ger-nand m'a con-traint à pu-nir sa téméraire au-dace d'une in-digne prison Gode-froi me menace et de son camp m'o-blige à me bannir

41.. RELATION.

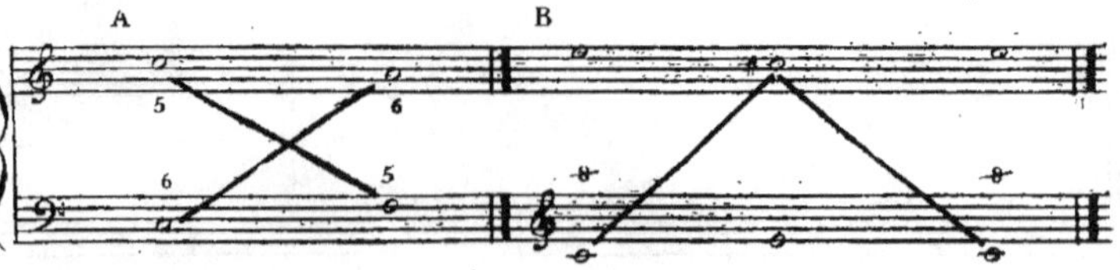

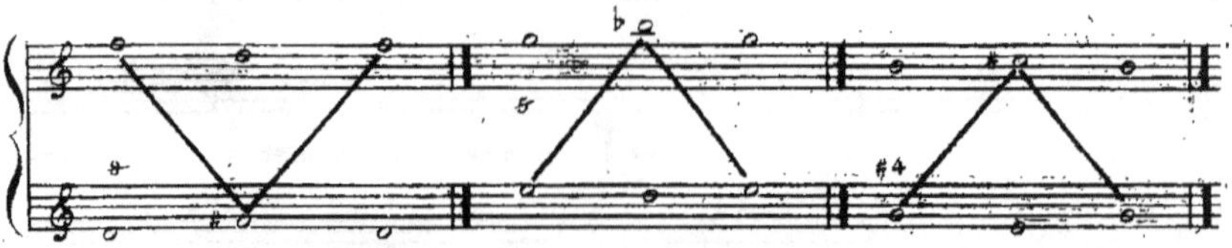

42.. RÉPLIQUE.

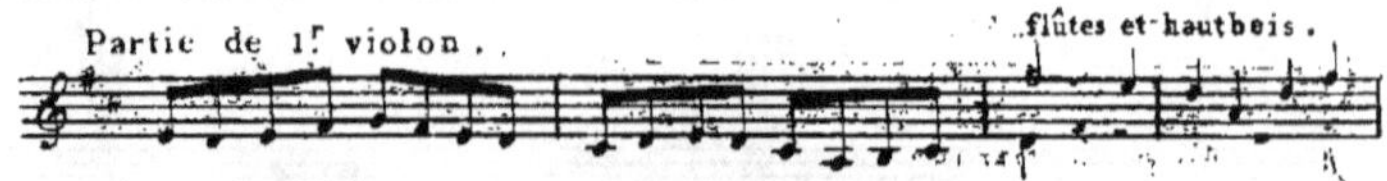

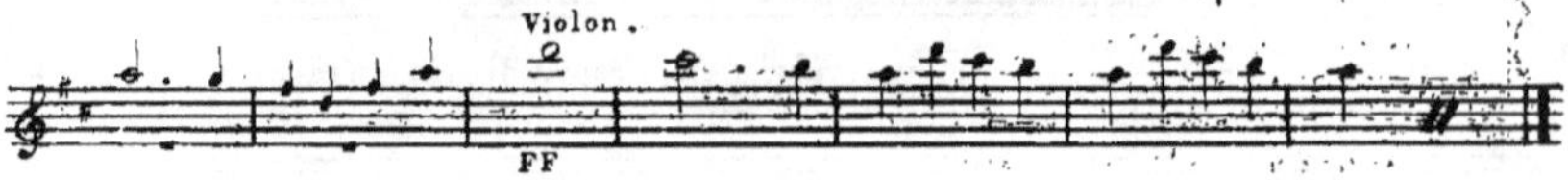

43..

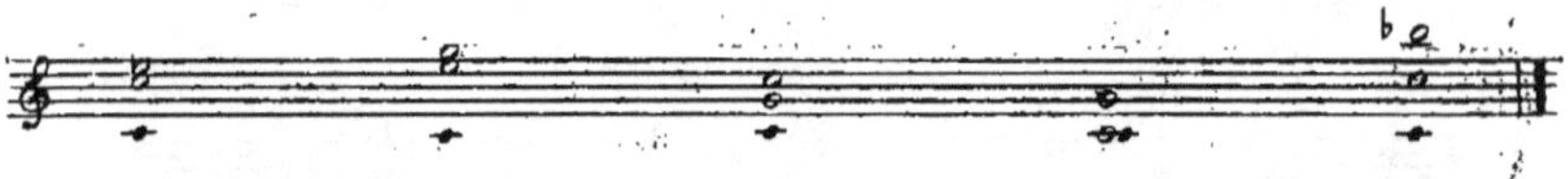

44..

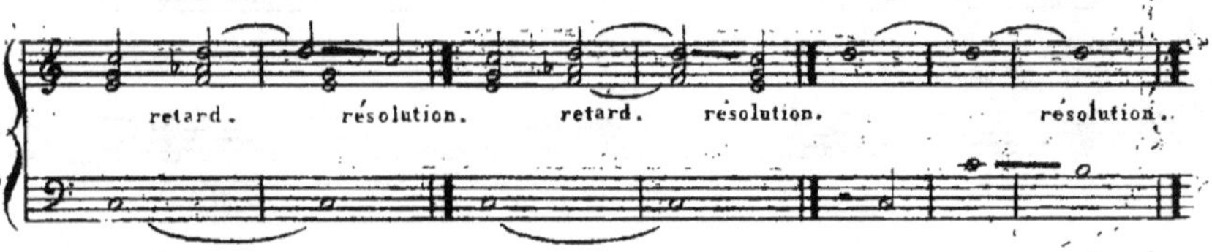

PRÉPARATION.

44.. (bis.)

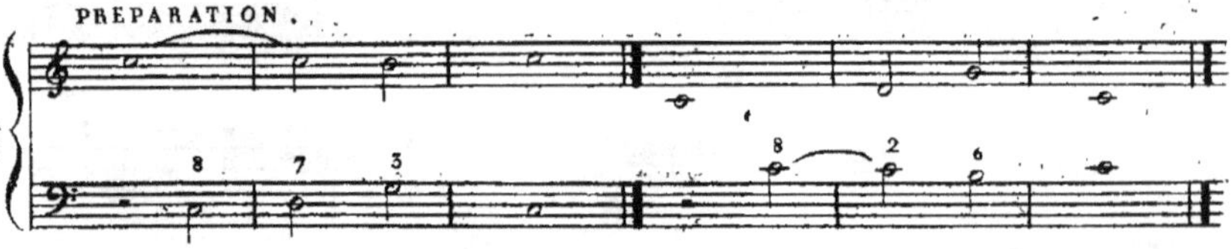

ROSALIE.

45..

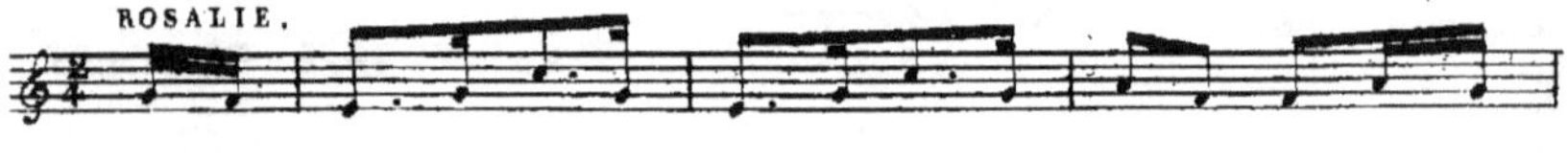

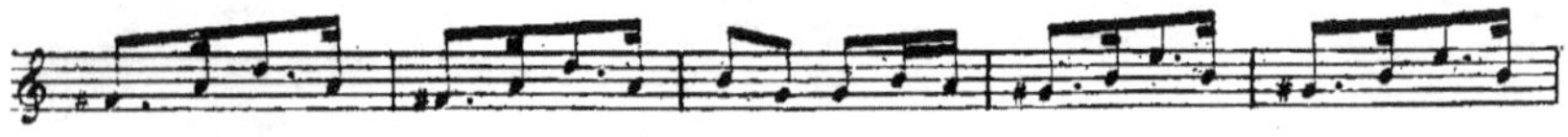

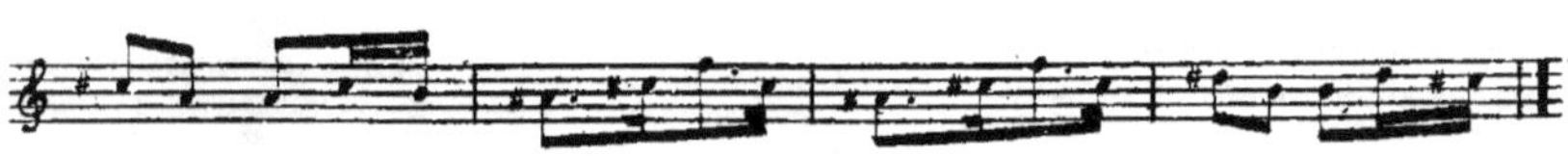

ROULADE.

46..

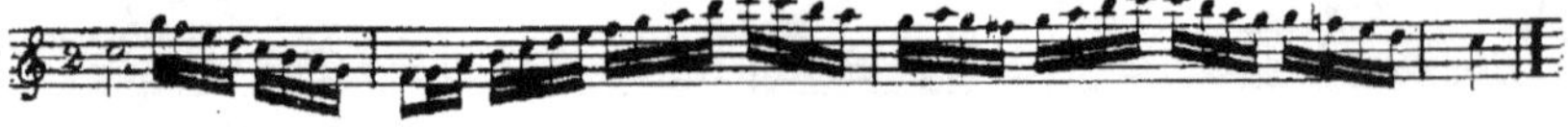

E

ROMANCE DE THIBAULT
Comte de Champagne
Troubadour du treizième siècle.

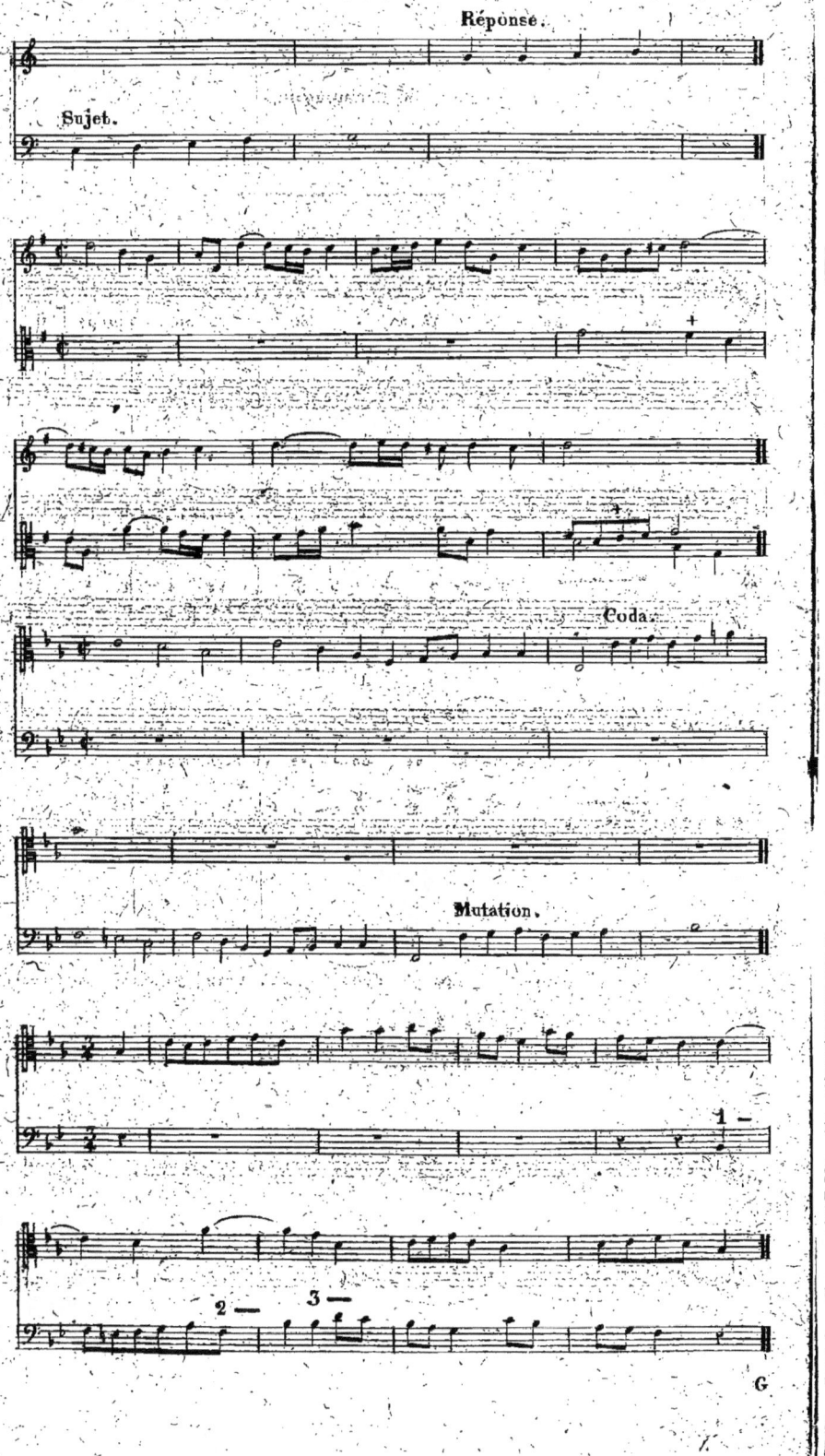

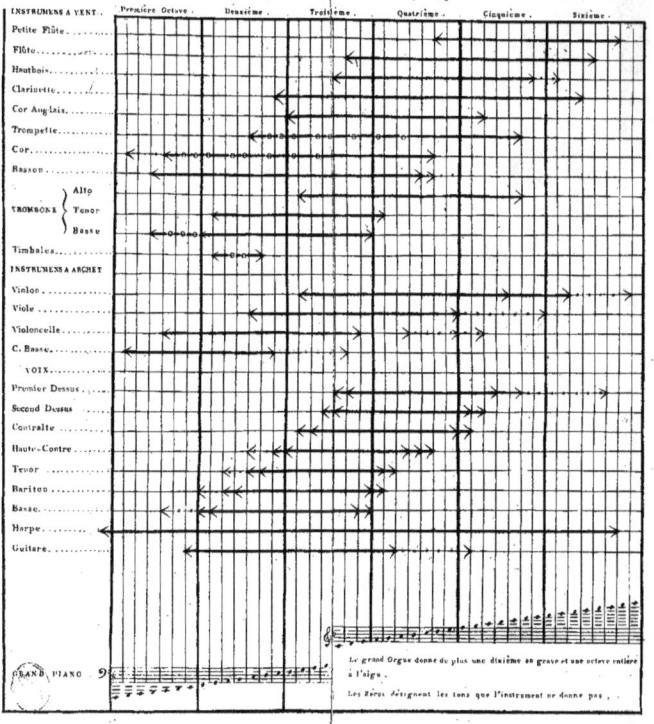

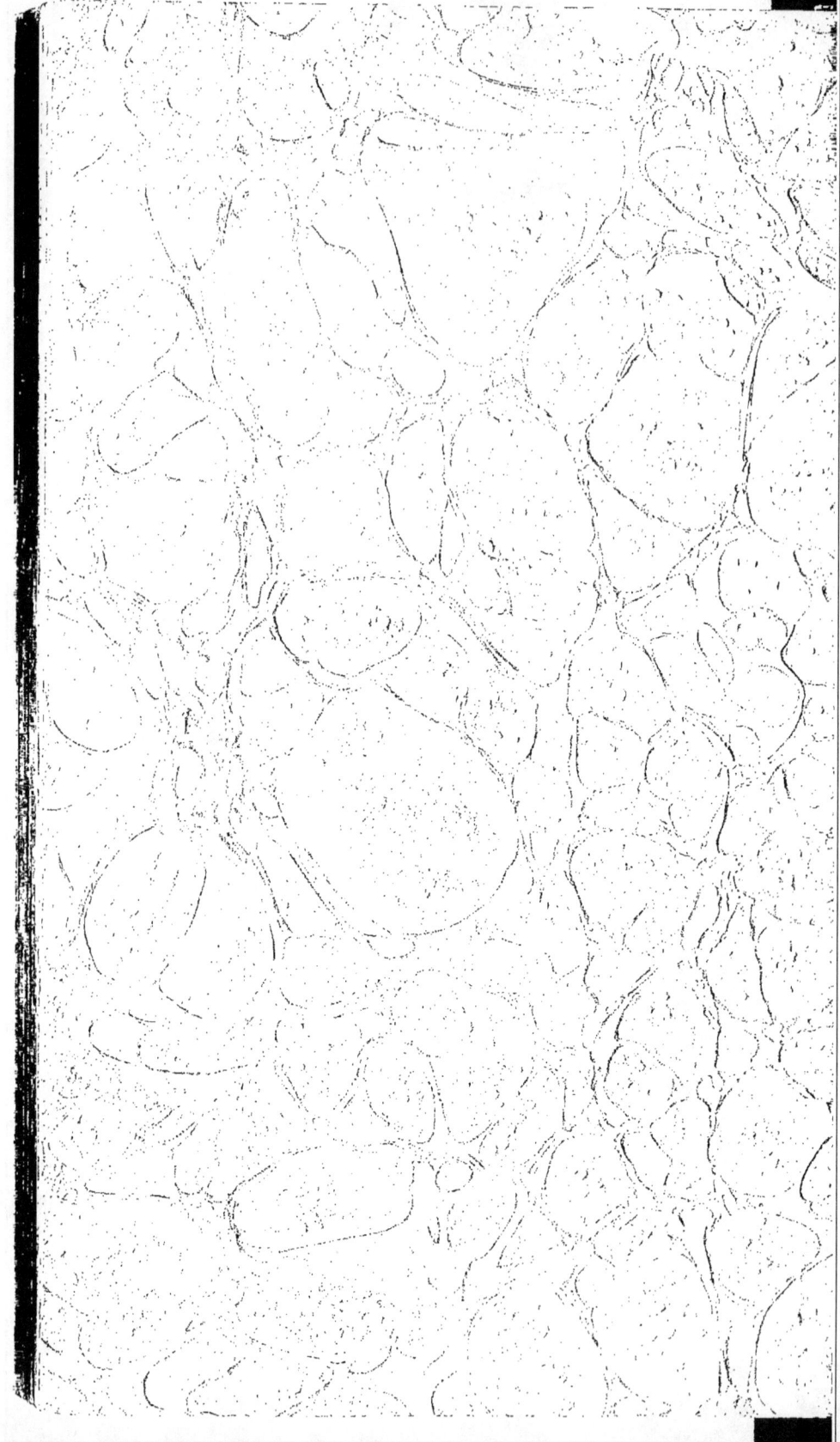

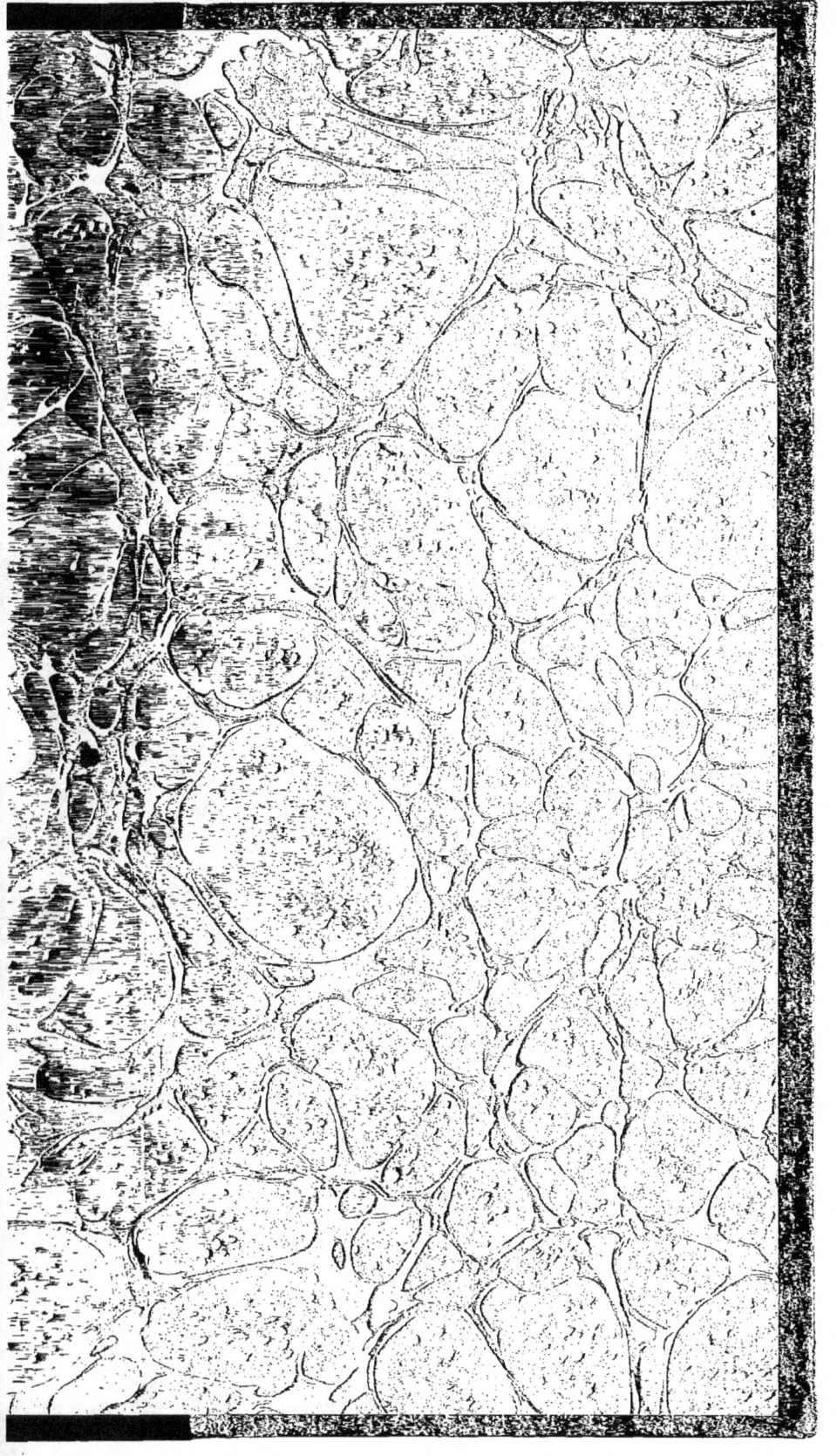

www.ingramcontent.com/pod-product-compliance
Lightning Source LLC
Chambersburg PA
CBHW060605170426
43201CB00009B/904